读懂投资 先知未来

大咖智慧
THE GREAT WISDOM IN TRADING

成长陪跑
THE PERMANENT SUPPORTS FROM US

复合增长
COMPOUND GROWTH IN WEALTH

一站式视频学习训练平台

拐点交易策略
——情绪指标定买卖点

（美）康福拉斯 / 著

武京丽 / 译

山西出版传媒集团
山西人民出版社

图书在版编目（CIP）数据

拐点交易策略/（美）康福拉斯著；武京丽译.
——太原：山西人民出版社，2012.3（2023.12 重印）
ISBN 978-7-203-07616-2

Ⅰ.①拐… Ⅱ.①康…②武… Ⅲ.①金融投资 Ⅳ.① F830.59

中国版本图书馆 CIP 数据核字（2012）第 033189 号
著作权合同登记号 图字：04-2012-001

Abe Cofnas. Sentiment indicators: Renko, price break, Kagi, point and figure.
Copyright©2011 by Abe Cofnas. All rights reserved.
Published by John Wiley & Sons., Hoboken, New Jersey. All rights reserved.
This translation published under license.
本书简体中文版由约翰威立国际出版公司授权，山西人民出版社出版。
本版本仅限在中国内地销售，不得在台湾地区、香港和澳门特别行政区以及海外销售。

拐点交易策略：情绪指标定买卖点

著　　者：（美）康福拉斯
译　　者：武京丽
责任编辑：梁晋华
装帧设计：蒋宏工作室

出 版 者：山西出版传媒集团·山西人民出版社
地　　址：太原市建设南路 21 号
邮　　编：030012
发行营销：0351-4922220　4955996　4956039　4922127（传真）　4956038（邮购）
E-mail：sxskcb@163.com　发行部
　　　　 sxskcb@126.com　总编室
网　　址：www.sxskcb.com

经 销 者：山西出版传媒集团·山西人民出版社
承 印 者：廊坊市祥丰印刷有限公司

开　　本：710mm×1000mm　1/16
印　　张：19
版　　次：2012 年 5 月第 1 版
印　　次：2023 年 12 月第 2 次印刷
书　　号：ISBN 978-7-203-07616-2
定　　价：78.00 元

如有印装质量问题请与本社联系调换

前 言

　　无论你是初涉市场的新手，还是资深的交易者，这本书都会让你有一种耳目一新的感觉，你们不仅会看到不一样的技术图形，还可以掌握在实践中应用它们的法则。这些图形都有一个共同的特征：那就是它们所展现的信息是可以独立于时间因素的。它们分别是价格反转图、钥匙图、砖块图、圈叉图和周期图。之所以说这些技术图形很重要，是因为交易者只要能够把它们运用得当，那么不论是在对市场情绪还是趋势形态的观察上，它们都能提供很不一样的视角。我们所希望看到的结果是，它们可以加强投资者判别趋势拐点的能力。投资者采用这些技术图形来分析市场都能显著提高自身的操盘水平，毕竟大多数投资者是希望不断进步的（只有极少数的交易者已经达到了炉火纯青的水平）。而这其中能保持住极高操盘水平的人就少之又少了。我们知道以帮助交易者为目的的培训是个巨大的产业，它以讲座或网络的形式源源不断地向人们提供各式各样的教材。大家在新工具和新技术手段的探索上可谓是费劲了心机，但是投资者交易水平的提高不是光靠某项新手段就能完成的，而是应该从他自身的行为上找到突破口。

　　在历经了十多年对交易者的培训生涯之后，我发现交易者在交易中最核心的错误是逆趋势而动，还有就是交易时机把握不好，这就导致了交易者在操作水平上起起落落，继而让他们的账户发生亏损。当然我们知道，事实上交易策略出现错误还有很多其它方面的原因，不过我们这本书关注的是其中相当重要的一方面，那就是如何来度量市场情绪的改变。我们的所有言行都是在围着交易打转，而市场的价格就是反映投资者情绪的一面镜子。如果我们能够更加准确地用图形将情绪能更好地直观化，就会对交易者达到专业自如的操盘水平产生巨大的影响。拿进化论的思想来做比喻的话，就是说如果交易者是个物种，那么为了生存，他就需要去不断复制那些盈利的交易，选好进场和离场的点位，而且在市场发生变化时要采取新的策略。所有这些技能都是使其成为卓越的交易者的必由之路。

本书对价格反转图、钥匙图、砖块图和圈叉图一一作出了点评，并分别介绍了它们的用途，原因在于这些技术图以它们独特的方式在直观显示价格的波动，应用效果极佳。它们带给我们的是把握市场情绪能力的提高。这些形态各异的技术图也有着它们共同的东西：那就是它们都是在计算机出现之前创立的。此外，这些技术图还有一个共性，它们都没有把时间作为可变的输入因子。而这些技术图中生成的价格走势与形态都可以作为市场情绪的"地标"或"示意图"。我们的目的是揭示出这些图中的奥秘，制定出交易策略和战术，并教给大家如何在自己的交易中运用这些技术图形。

那么问题就来了，我们为什么要选择现在出这本书呢？为什么要让一些早已淡出人们视线的技术图重出江湖呢？为什么不选那些在交易者做市场分析时广为使用各种蜡烛图的形态组合呢？难道那些蜡烛图中阴阳线的走势与形态无法有效反映市场的情绪吗？这些别具一格的图形真的能够在预估市场行情方面有过人之处吗？简单地来回答就是，市场情绪有很多在蜡烛图里反映不出来的层面。当情绪只能由蜡烛图中一根阴阳线的外形，或一组阴阳线的形态来表现的时候，那么对市场情绪状态的理解就被武断地限制于此。而蜡烛图中采集的数据有开盘价、高点、低点和收盘价，这也就造成图形中会有大量的"杂音"。

为了要对付蜡烛图中产生的所谓杂音，交易者采用了一些技术指标去处理价格数据，将这些杂音过滤掉。除此之外，国际市场之间的关联也日益加强，更好地理解市场情绪变得比以往任何时候都要重要。在当今全球化的市场中，将不同市场之间信息进行比较的能力，对操盘盈利能力的提高有着积极的作用。因此，这些有增值潜力的技术图，不仅可以用在价格数据分析上，对消费者和商业调查的分析也是很重要的，它们的重要性可以说是前所未有的。它们不但能够帮助交易者判别价格波动中的变化，也能预估出关键的阻力区或支撑区的点位，这是其他工具望尘莫及的，这样一来就能为交易者抢得先机。运用这些非比寻常的技术图来测算出价格波动中关键的地标性价位、阻力位或支撑位以及重要的反转点位，交易者在制定交易策略时就可以信心倍增，从而选择趋势方向和入场点位的能力也会提高。对于判别趋势方向和强弱的问题，价格反转图、钥匙图、砖块图和圈叉图上可以从不同角度对分析结果进行加强与确认。这些图只要使用得当，交易者就可以在趋势判断时减少对主观认识的依赖。有太多技术分析手段无法对分析进行量化处理，或是没有建立在交易行情的基础之上。我们希望本书中的这些方法可以为评估趋势指出一条新路。

我们也希望这本书能推动对这些技术图形的新型构建形式的研究，使其具有一些创新性的特征。将新的特征赋予到这些独特的技术图形中去，是一项有很大潜力的工作，它将会推动我们进入到"智能"图形的时代。以后的图形不仅可以记录不同市场的走势与形态，还能判断周期的波峰与波谷，甚至记录下交易者的操盘表现的想法也可以实现了。我写这本书，也是为了能引发人们对一些新的有关情绪的技术分析形式的关注。图形分析注重的是价格波动，而却没有量度价格波动背后的原动力。我们知道，关键的政策制定者，中央银行的银行家和市场专家的言论都会影响市场的走势。现在已经可以直接去分析这些言论的各种模式，我们将展示如何把这些"文字"转化为情绪的技术指标方面的最新进展。

说到底，要看是否你的交易表现有提高还需要进行对交易结果进行审计。因此，本书也为价格反转图、钥匙图、圈叉图和砖块图加入了一项独特的用途，即在交易表现分析中的应用。我们会演示给交易者如何进行并提升自我审计的水平。交易者可以将自己在交易期内的交易路径与技术图反映出的价格波动情况做比对，从而发现交易弱点，让自身的能力得到前所未有的提高。

交易者的决策路径

既然这本书是要提高交易者的战略战术水平，那么我们把交易做为决策过程来做一简要介绍应该是个不错的开场白。我们在这里所指的路径选择，贯穿了从交易者选择交易品种，到入场交易，仓位管理，直至离场的全过程。而我们所说的决策路径是交易者要遵循的一整套的逻辑步骤，要根据它们来决定是否开始交易。首先，交易者必须要对市场的情况进行一番巡视。无论在任何的市场中交易决策过程，都应该采用自上而下的逻辑，它的主要意图是要看看"全景图"，也就是掌握一下大势如何。这样的巡视中需要观察是哪几股力量在推动市场的运行。这其中就包括要了解经济情况和商业周期。而接下来，在交易决策的下一个环节，也就是如何来选择你想要的交易品种。这是个很主观的选择。并没有什么单一的方法可以告诉你，究竟应该选择什么交易品种。有些交易者可能对某个特定的交易品种有着自己的偏好，原因是多种多样的，而且已经超出了单纯技术分析的范畴。比如，交易者很崇拜日本的文化，或是对日本很熟悉的话，他当然就会对交易日元感兴趣。如果某个交易者是从事房地产行业的，他可能会选择费城住房指数，原因就是他熟悉房产业。就像我们所说的，这些因素都充满了主观的色彩。在决策选择具体的交易品种时，也有量化的方法。我们将这种方法归结为对有意思的价格走势的寻找。而这个寻找的过程可以很快，甚至是一眨眼的瞬间，也可能是费时较长的演绎过程。

从很多方面看，决定交易什么品种往往取决于你在调查某个有吸引力的领域后，最后能留下的东西。找到有意思的走势就好比是在价格运行中找到了"地标"。有时候，一个有趣的走势可以是价格运行中的波峰或波谷。而另外一些时候，它们也可以是一组蜡烛图构成的形态模式。非传统的图形可以给这个过程提速。一旦选定了交易品种，下一步就是要决定入场点位和离场的点位。交易的结果可能是赚钱，也可能是赔钱，或是不赔不赚。在交易的任何时段，交易者都需要能够对整个交易情况进行评估，判定操作中出现的优点和缺点。这会引领交易者来制定新的风险控制尺度。所有这些交易步骤都是在不断进行选择和决策，充满着不确定性。（见图1）

归根结底，交易就是在不确定和信息有限的情况下做出选择的过程。按照时下高级统计学的说法，这种决策被称之为"灰色"决策，而与之相对照的就是"白色"决策，即决策时的各方面信息都很完备。因此，交易也可看作时成本与收益之间的抗衡。所有的交易都需要一样可能是世界上最昂贵并稀缺的资源，那就是时间。如果能找到让交易者减少在分析市场时花费的时间，而且将交易亏损降到最低的高效工具，即便寻找的过程很辛苦，那也是值得的。接下来，交易者应该始终努力去做的就是降低决策中的不确定性。这个挑战是艰巨的，因为市场中到处都是杂音。预测是件很困难的事，也可以说是很难以捉摸的。交易者试图要过滤掉这些杂音，获取一些有用的信息。所有交易者都接受的是，价格技术图形是是在纷乱的市场中摸索前行的首要工具。那么这些技术图形究竟是什么样的？我们是否真的需要它们，又会以什么方式来用它们呢？当你开始思考这些问题，会从中获益良多。因为答案可能会让你大吃一惊。

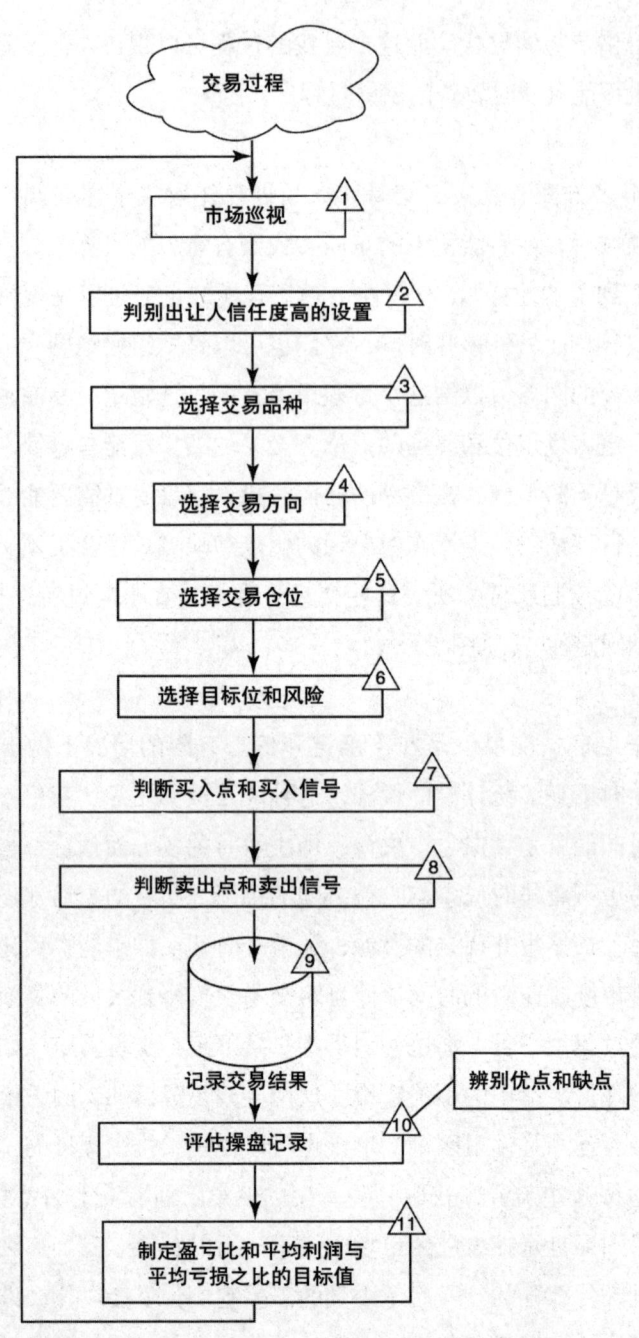

图 1 交易过程
资料来源：Abe Confnas 和 Sridhar Iyer

前　言

　　价格技术图形历来都是交易者用来掌握价格运行的大致情况或基本轮廓的。而原始价格数据的样本是可以从经纪公司的交易平台得到的。价格数据通常会转换为折线图、柱状图或蜡烛图。根据我们所用图形的类型不同，价格运行在图上呈现出的视觉效果自然也各异。蜡烛图是目前最常用的一种价格技术图形。而折线图在比较两个交易品种的走势上很有效。蜡烛图和柱状图所用的样本数据标准相同，它们都会显示出开盘价、高点、低点和收盘价。不过，这几种图形绝不是我们所能使用的技术图形的全部。在这本书中，我们将关注的是价格反转图、砖块图、圈叉图、钥匙图和周期图，一一展示它们是如何帮助交易者降低决策过程中的不确定性的。你们就会看到这些图形在显示价格运行的细节（或是细微之处）上有过人之处，能让你们增强交易时的信心。

　　所有这些与众不同的技术图形有着两大共同的特征：（1）消除了时间因素。（2）时间间隔上的收放自如。蜡烛图表现的是开盘价、高点、低点和收盘价这些数据所构成的价格运行轮廓图。这些价格的数据都是按照预先设定的时间间隔来抽样的。比如1小时图会在每个小时中取样4次，而1分钟图则会对每分钟内的数据点进行取样。与蜡烛图相比，本书中要讲到的这些技术图形只会把重心放在价格运行形态本身，而不是价格随着时间而进行变动上。它们会对下面的问题给出答案：是否创出了新高或新低？价格是否得以在某个间距内来回运行？价格在反转后是否走出了一段距离？其实时间因素并没有真的消除掉，它在这里是一个输入变量，我们将看到它成为了一个外在的变量，或是过滤器。

　　这些非同寻常的图形在时间间隔上可以收放自如，这一点也是很重要的。我们所说的收放自如就是这些图可以在不同的时间间隔下显示出相似的形态。在交易当中，那些较短的时间间隔下的价格走势图，比如1分钟图，除了因比例造成的时间跨度不同，它们与1小时图、日线图或周线图在形态上都大体类似。如果这些图的形态都彼此之间都很相似，就证明了有关支撑位与阻力位的概念总体上是对的，当然在具体位置上会有些许差异。这些技术图形的主要特征就是，无论把它们放在很小的时间框架中，还是放在很大的时间框架中，都一样简单易用。

使用这些技术图让我们可以看清市场运行的所谓"分形"的本性。尽管这些技术图形早在计算机时代之前就出现了（除了圈叉图），日本交易者采用它们的时间几乎已长达百年，而其实它们的潜在价值最近才开始被人们挖掘。交易者桌上的电脑接近于超级计算机的能力变革，大家对其多屏幕的显示技术也能负担得起了。新的数据显示水平当前已变得可行了。在这样一个视觉交易的新时代，交易者能够同时查看并检验价格运行中的多个地标性价格。自从用了这些技术图，交易者就能找到阻力区域和支撑线的位置，而这是其它的手段都做不到的。

本书中讲述的这些技术图也都可以单独使用。当它们单兵作战的时候，同样能够提升交易者的操盘能力，达到让交易胜算比较大的目标。比如，价格反转图在预估下一个反转点位方面比别的图形略胜一筹。而砖块图在早期判别交易情绪的微小变化时非常有效。圈叉图能为观察支撑线与阻力线提供很好的视野，可谓是独树一帜。钥匙图指明情绪拐点的作用尤为突出。（见表1）

如果我们将所有这些技术图都结合在一起使用，让它们的信号在一张图表上展示出来，那么会出现什么情况呢？结果就会同时产生多个阻力位和支撑位，以及来自各个图形的买入点和卖出点。这种方法可以让交易者对每个单一的技术图形发出的信号进行确认。本书认定的使用这些技术图的最佳方法，不是用它们来替代蜡烛图的，而是让它们可以与蜡烛图同台共舞，将各自的技术指标整合在一起发挥作用。

表1 各个图形的用武之地
资料来源：Abe Cofnas

图形名称	在交易中最能发挥其作用的地方
价格反转图	判断趋势的开始 预估下一个反转的点位 确认周期的转折点
砖块图	辨别在情绪与走势上的微小变化
圈叉图	预测整体上的阻力线与支撑线位置 预估突破的点位范围 体现牛市与熊市之间的平衡关系
钥匙图	判断情绪逆转的时间
周期图	预测未来会出现拐点的位置

本书提倡大家把这五种技术图形放在一起来使用，这样可以加强对那些关键价格点位的确认。我们已经在组织、量化和诠释数据方面开发出了新的方法，在此我们会将这些新方法和盘托出，有助于交易者从这些独特的技术图形的角度来分析价格的波动情况。这种做法与当前分析师和交易者的做法有些背离，一般来说，他们现在都是在某一个时段内只关注某一种技术图形的走势，而没有同时对多种技术图形进行对照分析。因此，以往对于这些技术图的讨论大部分都局限在某一种技术图中的趋势、支撑线和阻力线分析。而我们这里要倡导的，价格反转图、圈叉图、钥匙图和砖块图要展示出价格波动中新的数据挖掘形式。每一种图都要对价格数据进行各自的统计与总结，目的就是要该图形以新面目示人。本书相信综合使用像价格反转图、砖块图、钥匙图、圈叉图和周期图等这样的图表，在分析价格波动上的效果绝对会让人眼前一亮，值得交易者对它们进行关注。

目 录

第一章　技术图中藏玄机
　　建立投资者情商……………………………………………5

第二章　价格反转图的基本概念
　　胜算大的入场信号…………………………………………10
　　什么是价格反转图？它的基本概念是什么？……………14
　　反转后的运行距离：关键的量度问题……………………27
　　连续新高或新低的序列……………………………………29
　　反转是货真价实的吗？……………………………………34

第三章　价格反转图的一般应用策略
　　在反转柱体出现后进行顺势交易…………………………37
　　当第一个或第二个反转柱体出现后再入场交易…………41
　　斐波那契阻力位的确认……………………………………42
　　反趋势抢帽子………………………………………………43
　　常驻战法……………………………………………………44
　　忽上忽下抽风行情中的反转入场点位……………………45

跟着大势做交易——六线反转……………………………………45
股票的价格反转图与成交量数据…………………………………48
价格反转图的多重设置……………………………………………50

第四章　采用价格反转图分析市场与数据

标准普尔500指数：运用价格反转图的日线图来看走势………55
原油与价格反转图…………………………………………………58
情绪反转的微观体察：价格反转图助你跟着大势做交易………60
价格反转图与跳动点级别上的价格运行…………………………62
六线反转与斐波那契………………………………………………63

第五章　通道形态、循环周期与价格反转图

周期与价格反转图…………………………………………………66

第六章　价格反转图在多个市场中的应用

交易品种之间同期走势上的视觉相关性…………………………71
波动性与价格反转图………………………………………………77
价格反转图与情绪数据：富有创新性的应用……………………79
价格反转图与全球金融危机………………………………………82

第七章　价格反转图与期权交易

用价格反转图来选择交易方向……………………………………101
选择行权价格………………………………………………………103
风险反转率的价格反转图分析（供货币交易者使用）…………107

价格反转图与货币波动性笑脸⋯⋯⋯⋯⋯⋯⋯⋯⋯⋯⋯⋯112

第八章　卷土重来的砖块图——感应情绪的细微变化

什么是砖块图？⋯⋯⋯⋯⋯⋯⋯⋯⋯⋯⋯⋯⋯⋯⋯⋯117
砖块图的交易策略与法则⋯⋯⋯⋯⋯⋯⋯⋯⋯⋯⋯⋯123
采用砖块图交易的主要步骤⋯⋯⋯⋯⋯⋯⋯⋯⋯⋯⋯125
步骤一：砖块对应值和时间间隔的设置⋯⋯⋯⋯⋯⋯⋯127
步骤二：选择时间间隔：同时查看三种不同的时间
　　　　间隔下的砖块图⋯⋯⋯⋯⋯⋯⋯⋯⋯⋯⋯⋯133
步骤三：当交易达到交易者平均盈利的目标位，
　　　　启动砖块图⋯⋯⋯⋯⋯⋯⋯⋯⋯⋯⋯⋯⋯136
时间与砖块图⋯⋯⋯⋯⋯⋯⋯⋯⋯⋯⋯⋯⋯⋯⋯⋯137
砖块图与经济数据发布前后的交易方法⋯⋯⋯⋯⋯⋯⋯139
砖块图用来判定入场时机⋯⋯⋯⋯⋯⋯⋯⋯⋯⋯⋯⋯143
砖块图在多个市场中的应用⋯⋯⋯⋯⋯⋯⋯⋯⋯⋯⋯149
砖块图与六线反转图⋯⋯⋯⋯⋯⋯⋯⋯⋯⋯⋯⋯⋯⋯150
抢帽客的工具⋯⋯⋯⋯⋯⋯⋯⋯⋯⋯⋯⋯⋯⋯⋯⋯150
跳动点级别上的砖块图⋯⋯⋯⋯⋯⋯⋯⋯⋯⋯⋯⋯⋯153
砖块图与成交量⋯⋯⋯⋯⋯⋯⋯⋯⋯⋯⋯⋯⋯⋯⋯⋯155

第九章　钥匙图——等待情绪拐点的到来

钥匙图的基本知识⋯⋯⋯⋯⋯⋯⋯⋯⋯⋯⋯⋯⋯⋯⋯157
钥匙图发出的买卖信号——当阴线变成了阳线⋯⋯⋯⋯164
钥匙图：情绪转变的关键之处⋯⋯⋯⋯⋯⋯⋯⋯⋯⋯165
钥匙图反转设置中的其他方法⋯⋯⋯⋯⋯⋯⋯⋯⋯⋯168

量化钥匙图……………………………………………………… 169
钥匙图 PK 蜡烛图——哪个图更好些?………………………… 170

第十章 圈叉图
如何运用圈叉图……………………………………………… 173
设置因市场不同而有所变化………………………………… 181
趋势方向的强度……………………………………………… 187
多种技术图形相结合………………………………………… 190

第十一章 融汇贯通——整合价格反转图、钥匙图、砖块图和圈叉图
价格地标矩阵的运用………………………………………… 203

第十二章 投资者情绪分析的新方向:文字图示化
使用频率下降的比较………………………………………… 251

第十三章 趋势之外:独立于时间的循环周期指标
对周期的判别和预估………………………………………… 272

后记

第一章

技术图中藏玄机

本章要向大家说明的是市场情绪对价格波动产生的影响，以及在市场分析当中投资者情绪这部分占到的比重。在这一章里，我们会详细论述各种投资者的情绪表现与市场价格波动之间的关系，也会讲到各个技术图形在演绎这些关系时分别扮演的角色。

> 当群体形成时，集体意识就出现了，它使得个人意识融合成为了群体意识。群体中的个人失去了他们的个性。而没有了个性就导致了理性的缺失：诸如带情绪的、冲动的和不理性的行为、自我催化行为、记忆缺损、知觉扭曲、超灵敏和传统形式与结构的变形等。

让我们先来做一个重要的假设，将价格作为一个地标。那么问题就变成："它是什么的地标呢？"当然从直观上看，价格的运行轨迹显示出的是相对于时间而走出的一段距离，那么从这样的时间与价格的关系，我们就可以推断出价格的运行势头和波动性这两个概念，并可以将它们量化。蜡烛图和柱状图的结构就决定了它们可以提供更多这样的地标。在这两种技术图中，每天都会出现四种价格，即开盘价、最高点、最低点和收盘价，它们展现出来的就是市场上各种情绪力量之间博弈的成败。在蜡烛图中，那些让我们看多或看空后市的蜡烛图形组合更强化了这样一个共识：投资者情绪产生的力量是价格运行的幕后推手，而这些技术图形最终可以反映出投资者情绪处在哪个阶段,因此它们也就能体现出市场自身的面貌。现在已经形成了一整套的蜡烛图各种组合的模式库,不同的投资者情绪在蜡烛图中都有各自对应的单个蜡烛或多个蜡烛的组合。

但是我们仍然要回答一个关键的问题:什么是情绪?这是威廉·詹姆斯(William James,1842—1910)在他的文章中问过的问题,"什么是情绪?"这个问题终究是要回答的。从威廉·詹姆斯那个时代开始,它不仅吸引了无数神经学专家、心理学家和经济学家的注意,还派生出了新的学科——行为金融学。

这个问题对于交易者来说也是一个重要的问题,因为从很多方面讲,如果不考虑情绪变化对价格波动的影响,你就无法理解市场中出现的状况。从很多方面来看这个市场,它就是投资者的情绪在那里翻云覆雨。事实上,人们对市场有很多比喻,有人说它是汪洋大海,也有人认为它就是战场。市场中的交易者也就被称作是冲浪者,或是斗士。所有的这些比喻都试图抓住市场的这样一个特点,那就是这个市场可能是人类行为演变出来的世界上最复杂的一个地方。

目前最有效的办法可能就是将价格波动人格化,认为它们是恐惧和贪婪的表现。在现实生活中,相关的术语已经是捕捉情绪变化方面的通用词汇了。其中像市场情绪、风险偏好与风险厌恶是人们在解析各种情绪的内涵时最常用的术语。我们很熟悉这些将市场拟人化的说法,比如"市场受到了惊吓",这样的说法中,市场被看作是情绪化的有智力的个体。而这种假设与事实之间的差距可能并不大。

不过我们遇到的挑战是,当我们在讲市场情绪时,如何更好地界定它的范畴。我们该如何量化它呢?在我们探索市场的走势如何表达出

第一章 技术图中藏玄机

不同的投资者情绪之前,让我们先来明确有关情绪和情感的概念,并给一些关键的术语下定义。就与情绪有关联的语言词汇本身而言,这个话题不简单。像感觉、欲望、情感和精神状态这样的词汇通常都可以用来形容人们的情绪。在我们考察市场时,将市场定义为有情感的机器,或是能处理情绪的个体,都是很有用的思考方式。当市场的价格发生改变时,一定是某种情绪压制住了另一种情绪的结果。牛熊之间的激烈争战反映了在市场中无时无刻不在的情绪斗争。但是市场价格表现的是上百万个人的情绪化决策造成的结果。每个人的决策都会受到一系列投资情绪和其他人决策的影响。当群体情绪表达出的是市场的"精神状态"时,那些技术图形中各种价格走势的套路也就应运而生了。

我们仍然需要回答这个问题,即情绪是什么?至少我们要从投资者和交易者的角度去回答这个问题。情绪总是围绕着一些事情产生的。当一个人产生某种情绪时,必然会与让他产生情绪的东西有关联。交易者会因为看到盈利报告而兴奋不已,也会因为看到经济形势拐头向下而感到恐慌。投资者、交易者或是基金经理在操盘时就会在这样的情绪下做出交易决策。决策背后的动机是一张很复杂的网,它交织着各种情绪影响因素,很难把它们一一解释清楚。市场和行业指数也成为投资者情绪化决策和机构发布观点时要参考的内容。因此,市场价格就成为了大众行为的符号。

当市场对制定政策的决策人或是中央银行银行家的"言论"作出反应的时候,市场实际上就是一个有情感的人,在对这些话作出反应!这就是为什么几句话可以撼动市场的走向。结果那些咬文嚼字的学问竟成了正儿八经的交易工具。这种现象常被称作是羊群效应或群体行为。人们现在已经认识到,群体行为的存在会成为市场出现崩盘的关键诱因。简单说,市场崩盘就是一个极端的情绪化事件,它与市场中的同一种情绪被高度模仿有着密切的关系。在崩盘时,对未来不确定的情绪在市场中蔓延，打破了通常状态下看多后市与看空后市的投资者之间的平衡，从而导致市场出现破位下跌。而当市场有泡沫时，极度兴奋或贪婪的情绪在投资者中扩散。这两种状态都是乐观情绪与悲观情绪之间不平衡所导致的结果。对于市场是否会崩盘或已经产生泡沫，在技术图形中是有先兆来判别的，决定市场的各种情绪的混合体发生改变时，技术图中价格的走势与形态也会作出相应的改变。我们在直觉上都经历过"暴风雨前的平静"，而市场情绪的高涨与行情不确定性的提升总是如影随形。毫无疑问，市场是在用情绪的语言来讲话。

面对所有这些复杂的局面，普通交易者要如何做才能赢得先机呢？答案就是市场中任何一个认真的学生或是交易者都要加深对各种技术图形的理解，知道它们的作用不仅是价格运行的直观路径图，同时也是投资者情绪波动的示意图。在帮助交易者判别市场处在哪个情绪过程或阶段时，每一类技术图都有各自的用途，它们可以很直观地把这个过程用图形表示出来。情绪必然是对于某些事情有感而发的结果，为了让这一理念的探讨言之有物，让我们把与市场价格运行相关的主要情绪表现列出一个清单，并将它们与特定的价格走势来相互对应。当然在用价格的视觉路径图来表现不同的市场情绪时，会出现一些细微的差别。其中主要的细微差别在于程度的不同。每种情绪都在强烈程度上有都高低之分。而量化这些不同程度的情绪是有挑战性的工作。多重时间框架分析就是应对的方法之一，它通过比较不同的时间间隔内技术图形之间的差异，来更好地判断出情绪所引发的价格走势及其稳定性，技术图可以分别选择4小时图、15分钟图、5分钟图、1分钟图或是实时图。

下面这个各种情绪的一览表（详见表1.1）并没有说涵盖了所有的情绪表现，我们更看重它的提示性，它列出的是对投资者和交易者的期望和行为起作用的几种主要的情绪表现。

表 1.1　几种主要情绪及其相关的市场走势或指标

情绪名称	与之相关的指标或走势
害怕亏损	势头加强
害怕错失盈利机会	入场过早
贪婪或过度风险	价格抛物线、下跌缺口
过度兴奋/过度表现	维持过度势头、趋势线斜率大（大于70度角）
羞愧	群体行为
惊奇	尖顶
期待	尖顶
失望	回落
精疲力尽	回落宣告失败
忧虑	在窄幅通道中上下来回波动
十字星	多重回探阻力/支撑位
有信心	趋势通道、趋势线斜率大于45度
蓄势	回落宣告失败，多次考验阻力和支撑位
遗憾	回落
沮丧	多次回探阻力/支撑位
平静/镇定	旗形
对后市的把握度降低	三角形/楔形

建立投资者情商

如果情绪对于理解价格运行是很重要的，那么情商就是技术分析中必备的。换句话说，投资者或交易者必须要知道什么样的知识，才可以让他们有效判别出市场中的情绪，而他们又应该如何来运用这些知识呢？

下面是投资者情商包含的几项内容：

▶有能力通过市场走势来判别投资者情绪；

▶有能力辨别出市场情绪中发生的转换；

▶有能力理解那些情绪传达出的具有基本性与技术性的关系。

这本书的目的就是为交易者提供又一利器，让这些别具特色的技术图来帮助交易者在判断市场情绪的不同阶段上占尽先机。我们在本书中会看到的那些图形，它们在提炼或判别哪种情绪对价格波动起着主导作用方面，都有着各自独到的本领。蜡烛图（见图1.1）提供的是多空双方发生对抗的快照。白色蜡烛显示看多的一方有优势，黑色蜡烛就表示看空的一方占上风。折线图展现出的是阻力位和支撑位的边界线。当价格运行到这条线附近，回探或是跌破它都表明市场中的情绪在发生改变。价格反转图对市场情绪的高低有着独一无二的观察角度，因为它只会显示价格趋势中的突变或是反转，而这些可以视为市场情绪转变的主要指标。在圈叉图中会生成X列和O列，如同是组织内部具有连贯性的情绪，你可以把它们看作是感知情绪持续性的标尺。当阴线转为阳线时，钥匙图上就会突显出拐点，反之亦然。这些转折点可以当作是情绪的扰动点或是焦虑点。在本书中，我们将多种技术图形介绍给交易者，这些重要的工具不仅能提高投资者的交易水平，还可以帮他们建立起情商。

我们现在就开始详尽地剖析这些非同一般的技术图形及其应用。

图 1.1 美国 9·11 期间的情绪模式和美元 / 瑞郎的市场走势
资料来源：技术图的版权为 www.ProRealTime.com 所有

第二章 价格反转图的基本概念

从第二章到第七章，我们要讲述的是有关价格反转图的基本概念和结构逻辑，以及如何将其运用在各种不同的市场当中的方法。你可以学会用价格反转图及其技术分析方法来制定交易战略和战术。

形态认知是一门科学（也是艺术），它通过观察物体的形态，来推断物体的性质。所以，如果观察物体就是对它采用一系列的度量手段，而形态认知的一个目标就是将物体进行归类，即把它归到已经定义好的不同类别中去。从根本上说，这个基本观念还是很科学的。[1]

在市场交易中，我们面临的更大的挑战是，当价格形态给出一个入场信号的时候，如何对它加以确定，这即使对于更有经验的资深交易者也是一个难题。而这也就引出了一个基础的问题：什么是价格信号？从本质上来说，价格信号主要是指在价格形态上发生的改变，而这个改变提醒我们买入或卖出的机会到了。大量的市场分析文章都会着力向交易者描述各种可以入场的理想化市场状态。在市场中，人们常会提到的一个词，那就是争取做胜算大的交易，这也是我们一直以来的目标。对于不断进行交易活动的交易者来说，他在辨识各种价格形态上会越来越熟练。而问题在于要确定出现在交易者面前的哪些形态是有用的。这样的形态是否有很好的稳定性？是否还有隐含的形态需要去辨别？

交易者要想判断他所用的交易模型胜算大不大，他至少需要结合以下三个主要因素：

1. 价格形态有一个清晰的趋势方向；
2. 价格所处的价位是关键的阻力位或者是支撑位；
3. 走势已经转到交易者所预期的方向。

当所有这些因素都得到满足的时候，就可以认为会产生胜算大的交易行为。这些因素在所有的市场中都适用。交易者往往会将多种模型放到一起来用，其中包括度量市场趋势状况的指标，识别阻力位和支撑位强弱的指标，判断价格波动性和大势改变的指标等等。尽管在这本书里，我们的重点并不在这些胜算大的交易模型上，但是在第一章里，我们将给大家简明扼要地介绍一些与入场交易有关的价格形态，当这些形态出现时，入场交易的胜算就会比较大。

胜算大的入场信号

下面这张一览表把一些重要的入场标准都做了总结，它们都是胜算较高的入场信号。当然，这张表也不是囊括了所有的相关指标。但是当你在采用价格反转图、钥匙图、砖形图或是圈叉图时，同时也要将表中列出的各种确定交易可否进行的指标结合起来用。当你扫视价格形态，考虑是否进场时，就可以去回答这些问题，这样的训练是很有用的。

A. 趋势状况：
1. 按照你预期的趋势方向，价格是在当日趋势线的上方，还是在当日趋势线的下方？
2. 价格是在 50 天移动平均线的上方还是该线的下方？
3. 50 天移动平均线的趋势与目前的价格趋势在方向上是否一致？

第二章 价格反转图的基本概念

4. 21 天移动平均线与 50 天移动平均线是向上产生金叉,还是向下与 50 天移动平均线产生死叉?

B. 反转形态:

1. 价格是否处在当日走势图的支撑线或当日阻力线之上?
2. 价格是否处在 4 小时图的支撑线或阻力线之上?
3. 价格是否处在 15 分钟图的支撑线或阻力线之上?
4. 价格是否运行到布林带(Bollinger band)的上方,或者运行到了布林带的下方,接下来又重新返回原先的趋势方向?
5. 价格是否穿破了布林带,好像要沿着它向下滑,或者如果布林带是向上的,价格是否紧贴着布林带运行?
6. 在价格的支撑线或是阻力线上,是否出现了蜡烛图的十字星(Doji)形态?
7. 价格是否接近预期中的周期性变盘点?

C. 斐波那契(Fibonnacci)回调线:

1. 价格是否处在关键的 61.8% 斐波那契回调点位上,它是否会成为趋势的拐点?
2. 价格是否已经突破了 61.8% 斐波那契回调点位?
3. 价格是否在突破了 61.8% 斐波那契回调点位之后,又回撤到原来的点位?

D. 大势形态:

1. 内在的趋势线是否已经生成?
2. 随机指标交叉(stochastic crossover)的现象是否

已经发生？

E. 入场时的风险管理：
1. 止损金额是否不到账户中总现金的 2%？
2. 止损的风险是否以盈亏比（win/loss ratio）为标准做过校正？

　　本书关注的重点就是这样一个最为重要并极富挑战的命题：如何来对千差万别的被称为"趋势"的各种形态作出判断。想要长期提高交易盈利水平，正确判别各种趋势形态是不可或缺的本领。众所周知，逆趋势而动往往是造成交易亏损的罪魁祸首。如果交易者可以更有效地判断和量化趋势形态，他的交易亏损额就会减到最低的水平。当我们学会了价格反转图，我们将认识到价格反转图就能帮我们办成这件事。

　　关于趋势，让我们从投资者普遍接受的技术定义和如何让趋势视觉化开始说起吧。当价格出现高点和低点都在不断抬高时，技术上可以定义为上升趋势。而对于下跌趋势，它的定义就是价格的高点和低点都在不断走低的形态。有些技术派人士要求价格要两次触及到某个趋势线，这样就可以达到划这条线的条件，另外也有的技术派则要求价格要触及该线三次。当然，价格触到这条线的次数越多，对趋势的确认程度就越高。在划下跌趋势线时，一般是要把最高的高点与下一个次高点连起来，然后向下做出延长线（见图 2.1）。而划上升趋势线时，就是将最低的低点与下一个次低点连起来，然后划它的延长线（见图 2.2），即随着时间轴的延伸而向右展开。如果价格一直保持在这条趋势线所指向的价位之内，我们就要想办法知道它的趋势会延续到哪里。

第二章 价格反转图的基本概念

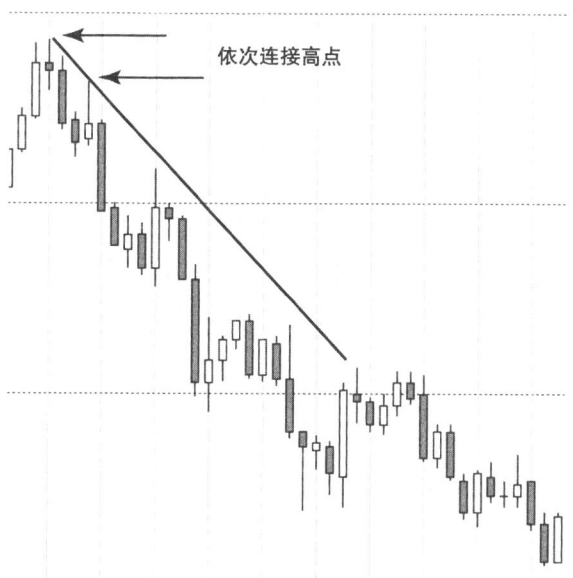

图 2.1 下降趋势线

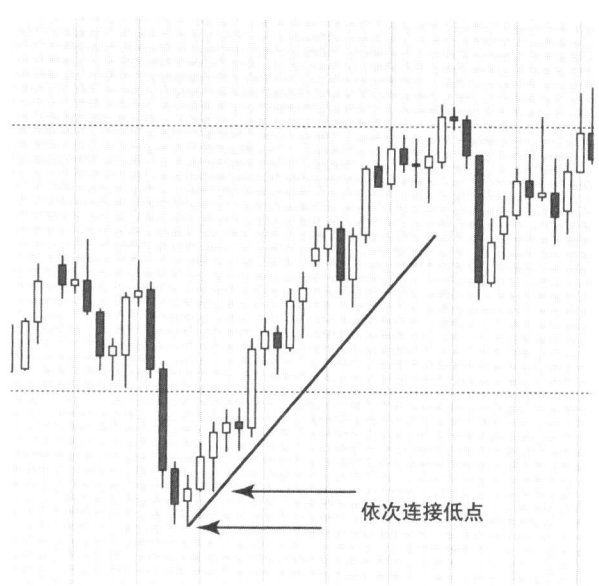

图 2.2 上升趋势线

趋势线的经典用法就是能生成原始的价格界线。一旦划出趋势线，它就会成为该图形的边界，而市场情绪的变化也会发生在其中。根据投资者的意愿，趋势线可以作为买入带和卖出带的边界。不过，投资者想要开始交易时，在趋势方向上还会有很多含糊的地方。有些问题会在投资者的头脑中浮现。这轮趋势是否很疲弱了，快走不动了？是否会存在反趋势周期？哪里是最好的进场点位？当趋势变弱或是发生反转时，交易者应该如何来判断？如果某个趋势已经被打破，什么时候能确认这个反转？这些让我们又回到了那句老话，"趋势在走到尽头之前，一直都会是你的朋友。"而其实更重要的问题是，"出现什么样的价格形态，才是你最佳的进场时机？"这是一系列很让人跃跃欲试的问题，很多书都讲过入场策略的问题。当你把这些问题抛给无论多少个交易者的时候，你都会得到五花八门的答案。

这一章目标就是让交易者遇到以下三个方面问题时，可以得出更明确的结论：a. 判别和评估趋势形态；b. 知道如何判别趋势方向；c. 把脉市场情绪的变化。我们希望交易者通过学习可以制定出更有效的交易策略，并将其投入到实战中去。

为了完成这些目标，我们首先要回到价格反转图的讲述上。只要理解好价格反转图，交易者的判断水平就会如虎添翼，可以更精确地对趋势进行确认。这样一来，他们把握市场情绪的能力也会较之从前有很大的进步。本章接下来的部分就会揭示价格反转图的内在含义。

什么是价格反转图？它的基本概念是什么？

价格反转图最早出自日本的交易者之手。而直至 1994 年 WILEY

第二章 价格反转图的基本概念

出版尼尔森的书《股票K线战法（Beyond Candlesticks: New Japanese Charting Techique Revealed）》之前，知道价格反转图的西方人还很少。实际上，这本书可以说是把价格反转图再次引入了美国。当时在交易者的圈子里，大家对价格反转图的认知度相当低。这不是因为价格反转图的应用效果不好，而是人们有一种普遍的误解，认为那些在计算机时代之前出现的技术图形不如现代的技术图好用。目前这一代交易者，他们长大成人时所处的年代看重的是凡事要讲究立竿见影，觉得那些图形都是马后炮。不过一旦交易者真正理解了价格反转图，并学会了如何运用它之后，他们就很有可能更频繁地使用它。彭博社的专业人士工作站近来就增加了价格反转图这个功能。这将显著提高专业分析师和交易者对价格反转图的认识水平，加深对该技术图形的价值和用法的了解。让我们先看价格反转图的一些基本概念。

价格反转图基本结构的法则

价格反转图看上去就像是没有烛芯的蜡烛图。在形状上呈方块状或是柱状。观察反转图的一个好方法就是，图中的柱体阶梯式向上或向下的走势，就是市场情绪的取向。通常在价格下跌时，柱体为黑色，也称黑线，而在价格上涨时，柱体为白色，也称白线（译者注：反转图中的黑白线之说类似于蜡烛图中的所谓阴阳线）。

决定是否要生成一个新的黑柱的条件，关键要看价格是否出现新低。如果新低出现了，在价格反转图上就会在右移一栏的相应价位之间加上或是画上一个新的黑柱。如果价格达到了新高，那么在价格反转图上就会用同样的方法增添一个白柱。如果新低或者新高都没有出现，图上就什么也不加了。价格反转图最大的优点之一就是它的法则十分清晰。因为它所参照的都是收盘价，所以绘图时就不会有什么可争执的地方。但是交易者也不应该简单地认定他们在客户终端平台接触到的那些价格反转图都划对了。这也是我们要把如何构建价格反转图的详细内容呈现于此的原因之一，我们鼓励那些有编程技能的交易者自己动手来做图。

很少有交易者会懂得结构逻辑可以让价格数据转化为价格反转图的过程。下面这个逻辑的陈述明白地告诉大家它是怎么做到的。对于那些会编程的读者，这些陈述可以成为生成价格反转图的基础。

结构逻辑由三个部分组成。第一部分为使用者做的一些设置。这里的设置采用的是变量，有些程序会限制可变的程度，交易者需要对此加以注意。第二部分是基本结构逻辑，采用"如果"和"那么"这样的关键路径来表示逻辑关系。基本结构逻辑后面是迭代结构逻辑。

下面我们就把价格反转图的结构逻辑展现给大家。它符合《股票K线战法》那本书里提到的价格反转图的相关法则。为了更进一步地展示其内部隐含的结构，我们还给出了结构逻辑的流程图。

基本结构逻辑
1. 读取基准日和基准收盘价
2. 读取日期和收盘价
3. 如果收盘价高于基准收盘价，那么
向上划一条白线，并标记为上升趋势
如果收盘价低于基准收盘价，那么
向下划一条黑线，并标记为下跌趋势
除此之外，忽略所读取的数据
4. 设定前期高点为收盘价和基准收盘价之中的最大值，
设定前期低点为收盘价和基准收盘价之中的最小值

第二章 价格反转图的基本概念

迭代结构逻辑

1. 读取日期和收盘价
2. 如果是上升趋势，并且收盘价高于前期高点

计算连续新高的次数

如果出现连续三个或三个以上新高

设定下一个的反转价格和前期低点设为倒数连续三根白线的最低价

从前期高点到收盘价向上划一条白线

设定前期高点等于该收盘价，则标记为上升趋势

如果是上升趋势，同时收盘价介于前期低点和前期高点之间，则忽略该数据

如果是上升趋势，同时收盘价低于前期低点

从前期顶部的低点收盘价到该收盘价向下划一条黑线

设定前期低点等于该收盘价，则标记为下跌趋势

如果是下跌趋势，同时收盘价低于前期低点，那么

计算连续新低的次数

如果出现连续三次或三次以上的新低

设定下一个反转价格，将最后出现的三根黑线的最高价设为前期高点

从前期低点到本收盘价向下划一条黑线

设定前期低点等于收盘价，则标记为下降趋势

如果是下跌趋势，同时收盘价处于前期低点和前期高点之间，则忽略该数据

如果是下跌趋势，同时收盘价高于前期高点，那么

从前期底部的高点收盘价到该收盘价向上划一条白线

设定前期高点等于收盘价，则标记为上升趋势

价格反转图看上去可能过于简单，这是因为它的一整套法则都很简单，但是价格反转图却可以带给你大量有价值的技术分析。从市场

情绪分析的角度来看，当价格出现新高或新低时，只需把发生的数据输入进去，价格反转图就会显示出市场情绪的持续性。而价格是否能够持续创出新高或者出现新低，都为我们指出了一个不同于传统趋势分析方法的量化趋势的新办法。它超出了以前那个简单的标准，即高点与低点不断抬高，或者是高点与低点不断下降。当我们说趋势已然成形的时候，我们难道不是在说市场中某种情绪在持续起作用吗？如果我们从情绪持续性的角度来看待趋势，在趋势变弱或是已经反转的时候，交易者就会开始对趋势进行量化，来确定趋势变化的真实程度。

价格反转图在监测市场情绪持续性上的功夫可是毫不含糊的。交易者只要是使用价格反转图，就会发现它反映的价格波动的事实是无可争辩的，价格或者是在持续创新高或新低，或者是并没有出现新高或新低。除此之外，交易者还能提前知道，在什么格局下，价格反转图会提示出价格走势已足够强劲，将会打破原来的趋势。在图 2.3a 和图 2.3b 的流程图中，我们会演示用电脑程序生成价格反转图的逻辑。

反转柱体的颜色

价格反转图的主要特征就是在趋势反转后生成新的柱体，并转换柱体颜色的法则。采用"三线法则"，是指如果前面三个柱体的高点被新高突破时，这组黑色柱体的后面一栏就会出现一个白色柱体（见图2.4）。如果前面三个白色柱体的低点被跌破了，价格反转图上就会增加一个黑色柱体（见图 2.5）。

反转参数

这里有很重要的一点要说明，那就是"三线法则"是默认的参数，但是它并不是一成不变的。形成这个概念的原因还不是很清楚。但是

第二章 价格反转图的基本概念

以"三"为判别标准的法则似乎是贯穿了技术分析的所有领域。举个例子，就拿交易者都很熟悉的验证支撑或阻力位的方法来说吧，看该点位是否有效也是要求价格三次触及它才能确认。实际上，当你在自己设置价格反转图的参数时，不一定非要将决定是否反转的条件定在三线反转，你可以去尝试采用其他不同的设置。在这一章中，我们就会让你看到各种不同反转参数的价格反转图，最多的设为六线反转，这样给交易者带来的新的视觉效果也非常有效。

选择时间间隔

在使用价格反转图时，另外一个关键的变量就是时间间隔的选择。交易者可以按照交易目标的不同来选择一系列的时间间隔，从按月到按分钟，甚至到按毫秒计的实时图不等。每个时间间隔的价格反转图都能提供出关键的信息，帮助投资者促成交易。而把不同时间间隔的价格反转图结合到一起，就会让交易者得到更充分的信息，它不仅可以支持交易者建仓，还可以帮助交易者管理仓位。

交易者需要知道的是，在时间间隔的选择和图形的舒展程度上有互相制衡的问题。时间间隔越短，出现反转柱体的次数就会越多。在图2.6中的两张价格反转图中，5分钟图的走势就比15分钟图的走势显得起伏性更大。如果时间间隔太小，就会有违价格反转图的所谓去除"杂音"的本意。

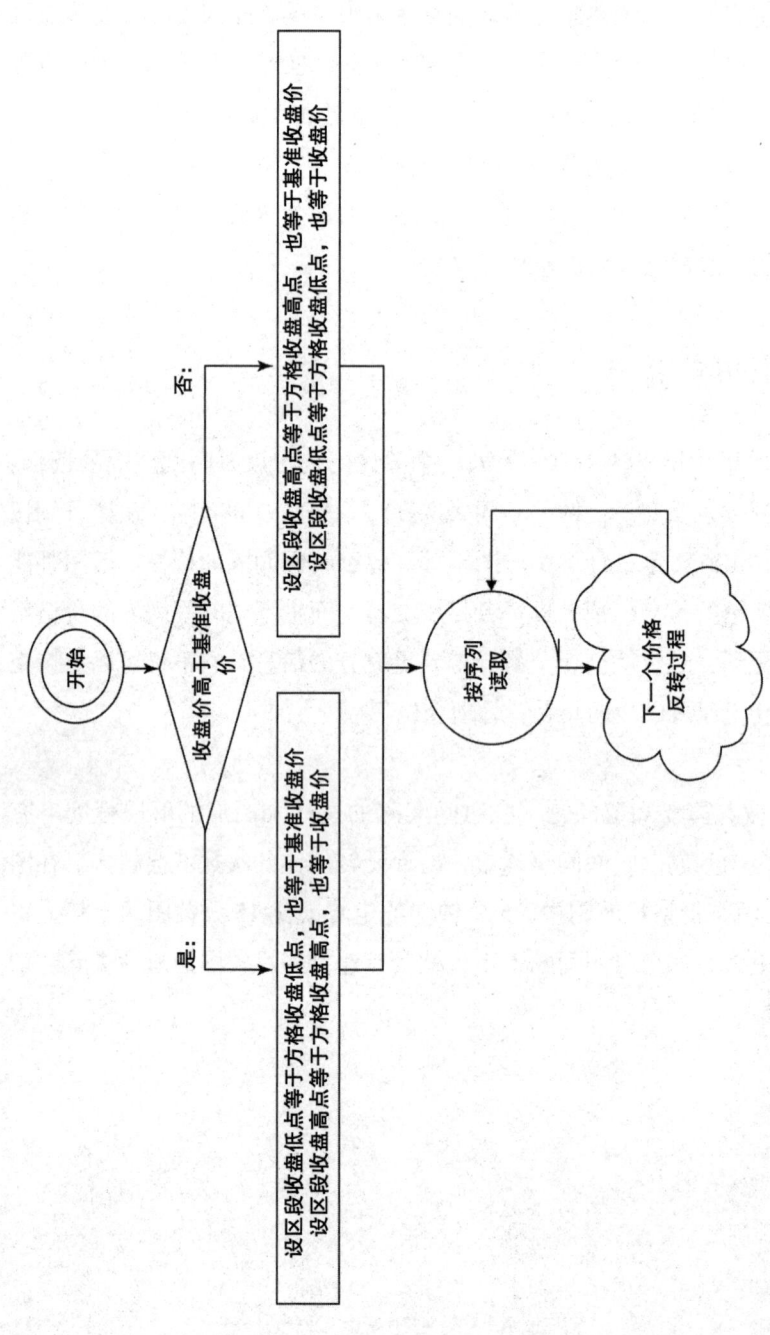

图 2.3 a 三线反转的结构逻辑

资料来源：Abe Confnas 和 Sridhar Iyer

第二章 价格反转图的基本概念

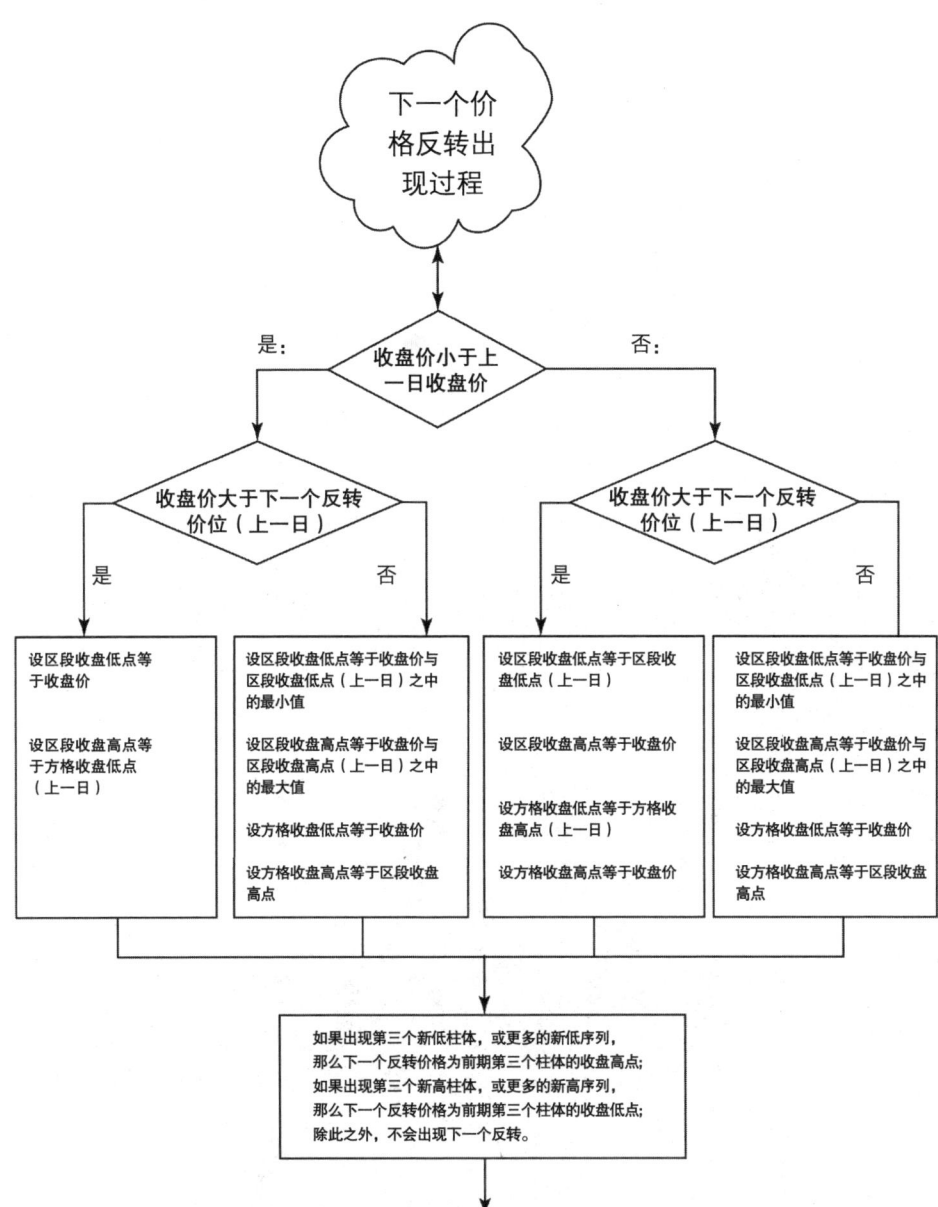

图 2.3b 三线反转的结构逻辑（续）
资料来源：Abe Confnas 和 Sridhar Iyer

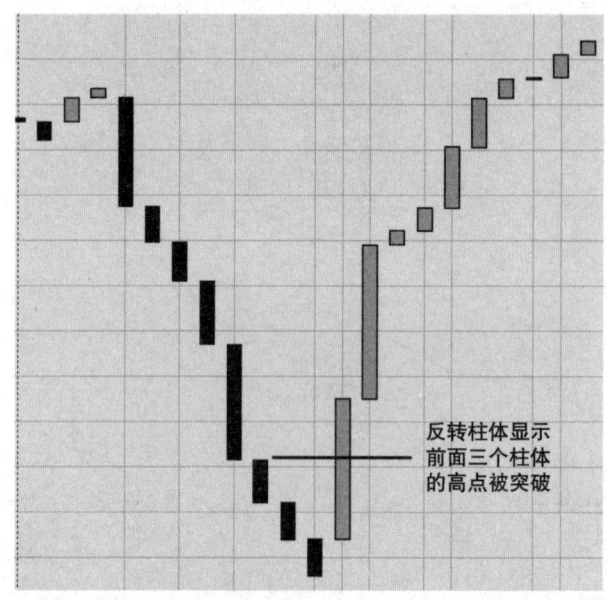

图 2.4　价格反转图中空翻多的格局

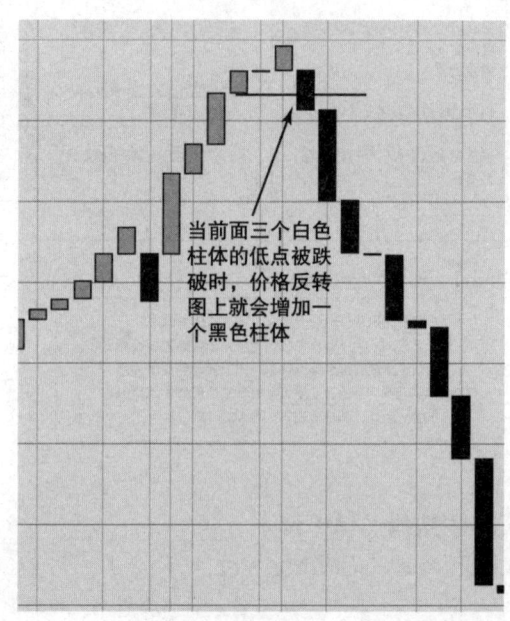

图 2.5　价格反转图中多翻空的格局

第二章 价格反转图的基本概念

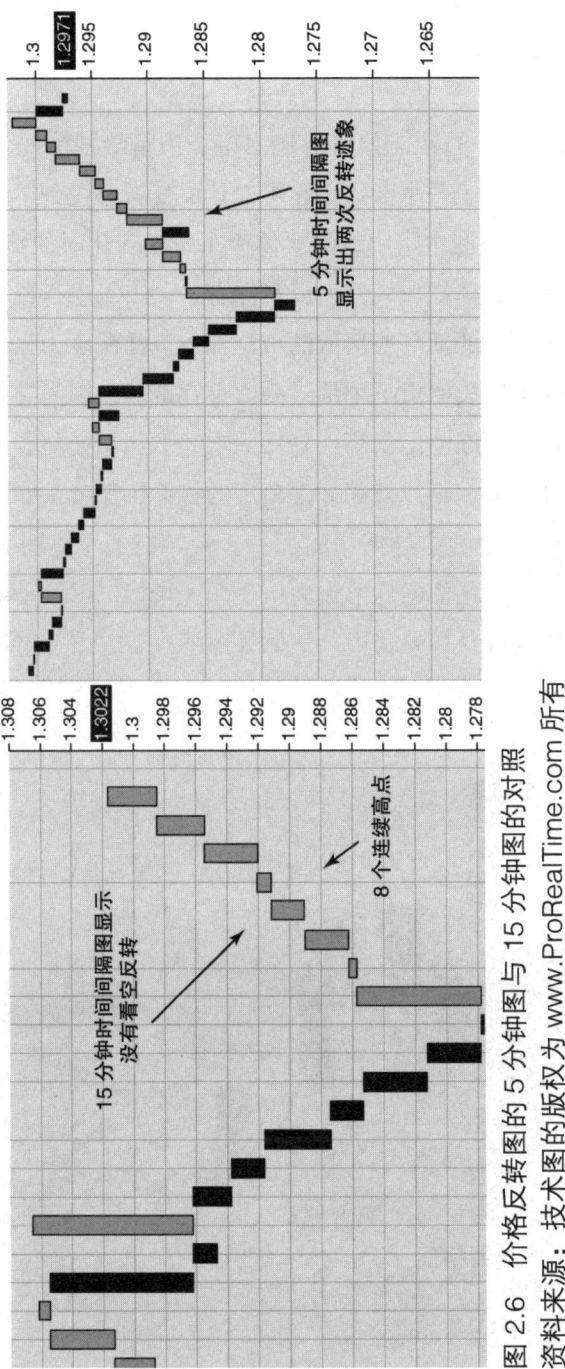

图 2.6 价格反转图的 5 分钟图与 15 分钟图的对照
资料来源：技术图的版权为 www.ProRealTime.com 所有

柱体外形的改变

价格反转图中的柱体如何传递出市场中情绪强弱的信息呢？其实柱体的外形本身就是一个参数，它可以让交易者感受到情绪的高低与改变（这类似于蜡烛图中阴阳线的实体大小发生变化时的指示意义）。当价格反转图中的柱体比较大时，就意味着推动市场上行或下行的力量足够大，以至于创出的新高或新低的价位都较以往深度为强。而如果柱体变得比较小时，就表明市场中情绪的力量在减弱，因为它的能量已无法让价格保持那种不断收出新高或新低的走势。如果交易者注意到价格反转图中出现几乎像一根线似的非常扁平的柱体，那就是能量近乎耗尽的信号，市场中原来的主导情绪的那一方快不行了（见图2.7）。这样看来，价格反转图中柱体的外形作为一个领先指标，可以预示出反转即将来临。在有经验的交易者眼中，柱体外形的改变可以是市场情绪改变的晴雨表。

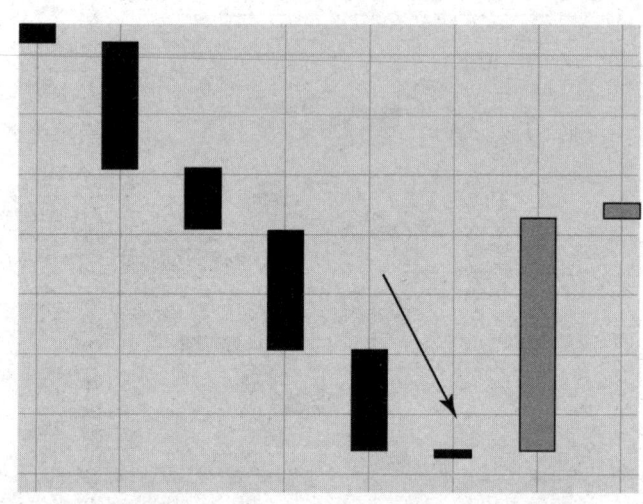

图2.7　空头情绪的格局

柱体序列的形态

在价格反转图中,它的柱体序列呈现出的形态也是关键的线索。如果某个颜色的柱体形成了很长的序列,显示出该趋势的方向性很强,但实际上它也可能是快走到头了。交易者的任务就是要估算一下那些很长的柱体序列究竟什么时候会到达终点。关于序列中有多少个柱体就表明它已经进入了过度扩张区的这个问题,并没有一个确切的定论。它会因交易品种和价格反转图的时间间隔的不同而有很大的差异。对于交易者来说,观察价格反转图中过去一周以来的序列形态是个好办法,看一下序列中出现了多少个连续新低或新高的柱体。这种方法可以确保你抓住目前局面中的主打情绪,而不是去预判出现8个或10个连续的新高或新低就表明该序列已经完结。举例来说,如果交易者采用的是价格反转图的5分钟图,图上出现的连续黑柱或白柱还没有达到21个,那么交易者就可以设想,该序列已经接近21个连续新高或连续新低,转折点很有可能马上就要到了。这样细致地对柱体序列进行研读的工作是很有裨益的。对于勤奋的、更倾向于用数学手段来解析图形的交易者来说,把趋势进行更精确的量化不是什么办不到的难事。事实上,钟形曲线分析和标准偏离指标分析都可以用于分析柱体的序列。而当我们将斐波那契阻力线与价格反转图一起使用时,它们分别预期出的反转点位也经常出现重合的现象。

我们在这里需要郑重声明,价格反转图并不能预测反转何时会到来。但是价格反转图的确能告诉我们,在哪里很有可能会发生反转。也就是说,价格反转图实际上可以准确定义和预估出价格的反转在"何地"会发生,而不是反转在"何时"会发生。从定义上讲,如果价格返回或回撤到一个预先给定的前期高点或低点,反转柱体就会出现。交易者事先知道反转的点位在哪里的话,到了那个价位就会去确认是否柱体要换颜色了。我们会让你感受到,预先估计出反转点位是制定交易战略中的一个重要工具。

忽上忽下的抽风行情（Flip-Flops）

当我们看价格反转图时，交易者会注意到有时在接连好几个白柱后，会紧跟着一个反转黑柱，而接下来又是连续几个白柱。与之相反的行情也是有的，那就是在连着的几根黑柱后，出现一根白柱，而随后马上又转为黑柱。这样的价格走势可以称之为忽上忽下的抽风行情（见图2.8）（注：感谢 Reynolds Lee 对该术语的界定）。它的特征是非常明显的。这是在趋势反转上出现重大失败的案例。这里就好比是拳击手想给对手一记迅猛的左勾拳，可惜没打上，不料却露出了破绽，反过来被人家打了一拳。交易者事先不知道这种忽上忽下的抽风行情将会发生。不过还是有办法来对付这种走势的。比如说在多头行情中，最基本的方法是设置买入止损单，点位就设在最后出现的黑柱上方，刚好高于最近一个高点的位置。如果向下的反转已经发生了，交易者就可以在前一个收盘低点的下方设置卖出止损单。在另一个例子里，交易者看到出现了反转的黑柱，就把买入止损单设在了前一个收盘高点上方。在这种忽上忽下的行情中，比较激进的做法是比一般的反转形态还要下更大的注，因为即使真的发生了一次抽风行情，也很少有接二连三地一起出现好几次抽风行情的情况。

第二章 价格反转图的基本概念

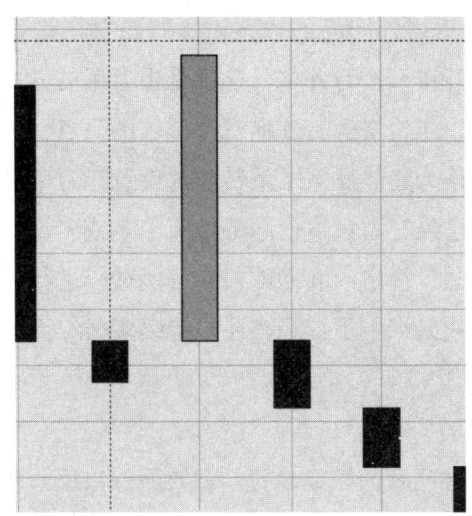

图 2.8 忽上忽下的抽风行情

反转后的运行距离：关键的量度问题

当价格反转图上出现反转柱体的时候，除了个别的忽上忽下的抽风行情之外，一个新的黑色或白色柱体的序列就要展开了。当然，这是因为反向情绪通常都足以让反转的行情得到持续。让我们来看一些与反转有关的重要问题：

▶反转的力度有多强？
▶交易者如何才能知道它的强度呢？
▶反转的力度是至关重要的问题吗？

之所以说这些问题都是很重要的，是因为如果交易者知道了如何去找到可靠的答案，他就有能力制定出很有效的交易策略。

为了能更接近得到问题的答案，我们要看在趋势反转的时候，究竟发生了什么，并对其进行评估，这会是很有用的做法。我们采用的是三线反转的例子，当价格运行到前三个黑柱的高点，或是前三个白柱的低点时，我们就认为趋势发生了反转。这就意味着市场的某种情绪在积蓄能量后，现在已经有力量迫使趋势掉头了。或者说，价格已经跨过了以前的门槛。因此，价格的波动就很有可能继续进行，因为它是大势所趋。那么新的问题又产生了：趋势还能持续多久？反转后的运行距离预计会有多远呢？

要想知道这些问题的答案，我们就要通过数反转序列来实现了。在很多提供反转图的技术平台上，都不带这些相关的技术分析，这实在是太不方便了。

不过，我们可以自己来完成分析过程，以下就是在分析反转后的运行距离时的几个步骤：

1. 生成价格的时间序列；
2. 给第一个反转柱体定位（任一方向均可）；
3. 测出该反转柱体的低点与高点的价位；
4. 当反转发生时，数一下连续出现的黑色或白色柱体的数目；
5. 对于每个序列的高点和低点，都重复进行这个过程。

为了让价格反转图在抢帽子的交易方式中发挥作用，交易者首先要判断的是，在价格反转出现后，平均运行的距离是多少。一旦他知道了这个平均值，就可以根据它来制定出一些相应的策略。如果反转出现后，总是产生一系列的新高或新低的话，那么根据这个现象来进行的抢帽子式交易就是值得一试的。每个市场都有各自不同的反转特征，在每个具体的交易案例中，都要对反转后的运行距离这方面数据进行测算和

第二章　价格反转图的基本概念

评估。其中重要的两个数据就是反转后运行的最大距离和平均距离。倘若交易者知道了这两个数据，就可以预先设定抢帽子的入场和离场的目标价位。我们会在第八章中列举这方面的例子。

连续新高或新低的序列

我们所说的"序列频率"这个参数，指的是已经产生的连创新高的序列和连创新低的序列分别出现的次数。当价格反转图上出现反转柱体，趋势改变方向的时候，这个参数对于想要进场的交易者是很重要的指标。比如，如果在过去的一年中，反转之后连续收出新高的序列数从来没有超过九个，那么不在新高序列的后半程建仓就是合情合理的。而且还可以利用以前最长的序列数这个数据来设定限制性下单中的目标点位。随着时间的推移，新高序列和新低序列的分布情况可以揭示出市场的基调。市场总会有不同的阶段。有时市场的振荡性很强，经常发生反转，而有时它也会保持很长时间的连续收出新高或新低的走势。把价格反转图中的新高序列和新低序列做成直方图，可以很直观地看出市场中究竟是连续新高的形态为主导，还是连续新低的局面占上风。这种分析方法在目前那些提供价格反转图功能的技术平台上是看不到的。

下面让我们简要地用直方图的方式来分析一下价格反转图中的序列。

铜（HGN9 COMDTY）的价格反转序列

在图 2.9a 中，我们可以看到，铜价只有一次连续收出了六个新低。还有四次是连续收出了五个新低，而连续收出三个新低的情形出现了三次。另外连续收出八个新低、九个新低和十二个新低的情况各有一次。它所给出的交易提示应该是，在该交易品种处在下跌的走势时，不太可能连续收出五个以上的低点，因此在连续收出三个低点的时候获利了结应该是理智的选择。

在这张直方图中，连续新高的序列在分布上略占优势。铜价曾经创下了连续十五个收盘新高，显示市场的动能十分强劲。其中出现连续两个新高的次数最多。而反转后只有一个新高的情况也有三次。这说明市场的波动性很大。

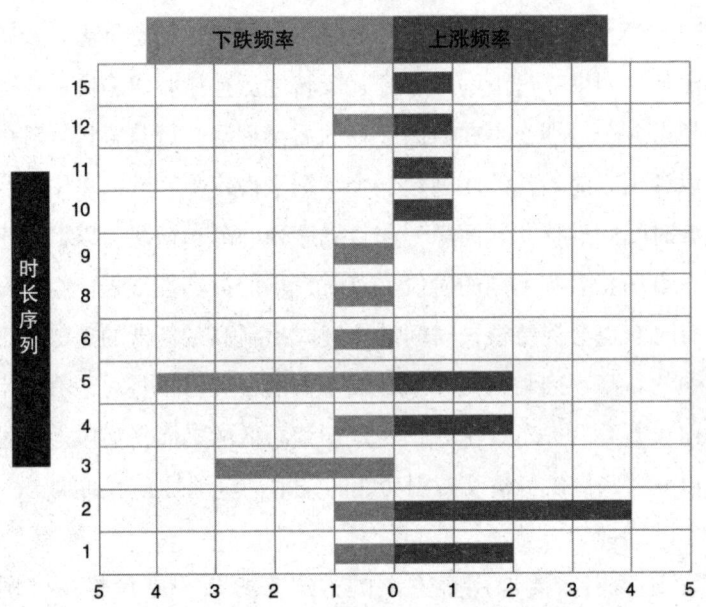

图 2.9a　铜（HGN9 COMDTY）的直方图：从 2007/7/30 到 2009/5/12
资料来源：Abe Confnas 和 Sridhar Iyer

标准普尔 500 指数的价格反转序列

我们看一下图 2.9b 中的新高序列和新低序列的次数分布情况，就会感到标准普尔指数的反转序列呈现出均衡的状态。收出连续新高和连续新低的柱体个数主要集中在两个、三个和四个。连续新低最多的一次记录是十二个，而连续新高的记录是十个。

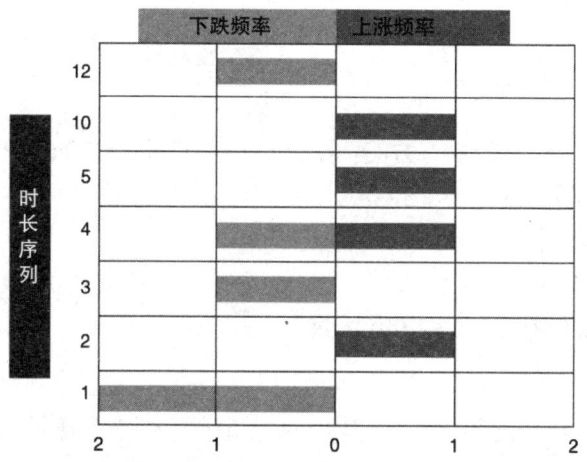

图 2.9b　标准普尔指数的直方图：从 2008/11/13 到 2009/5/12
资料来源：Abe Confnas 和 Sridhar Iyer

美元 / 日元的向上和向下反转序列

从图 2.9c 的收盘新高和收盘新低的序列分布来看，不要对美元 / 日元的汇价波动会走出很长时间的连续新高或新低的行情有太大的期望。尽管我们看到它收出过连续九个新低，也收出过连续七个新高，但是在柱体的次数分布上，不论行情是牛市还是熊市，它还是偏重于比较短的反转序列。

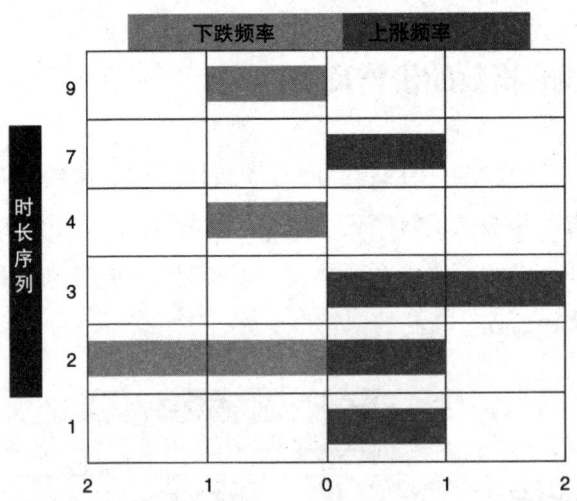

图 2.9c 美元 / 日元的直方图：从 2008/11/13 到 2009/5/12
资料来源：Abe Confnas 和 Sridhar Iyer

黄金的向上和向下反转序列

在图 2.9d 所显示的交易期内，黄金市场不论空头还是多头占优，在走势上的表现都很强劲。无论是上升还是下跌行情，它都能走得很远。反转后的新低序列最多达到了连续收出十二个新低。而新高序列的最多一次为连续十三个新高。而且在做多情绪的作用下，市场还分别收出过连续八个、九个和十个新高。这与连续新低的序列形成了对比。在制定交易策略的时候，不管你是做哪个方向上的黄金交易，当序列接近频率分布最大值时，你都要考虑离场的问题了。

第二章 价格反转图的基本概念

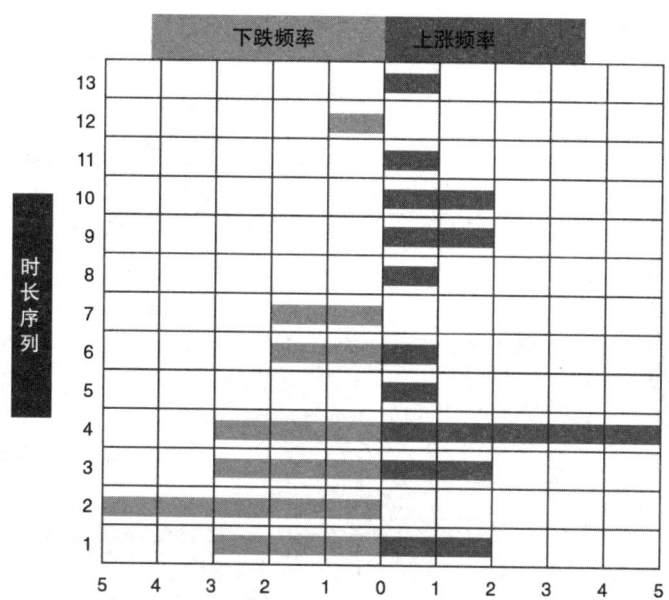

图 2.9d 黄金的直方图：从 2006/11/13 到 2009/5/12
资料来源：Abe Confnas 和 Sridhar Iyer

欧元/美元的向上和向下反转序列

图 2.9e 表现的是欧元/美元的汇价走势，它在频率分布上体现出了极强的波动性。其中有四次出现了只收出一个新低柱体的情况，换句话说，就是那种忽上忽下的抽风行情。与之类似，它收出连续三个新高序列的次数也只有一次。而在收出连续新高方面，它显示的能力是很强的，包括连续收出过六个、七个、八个、九个、十一个和十二个新高。空头情绪在持续性上明显不如多头情绪走得长远。

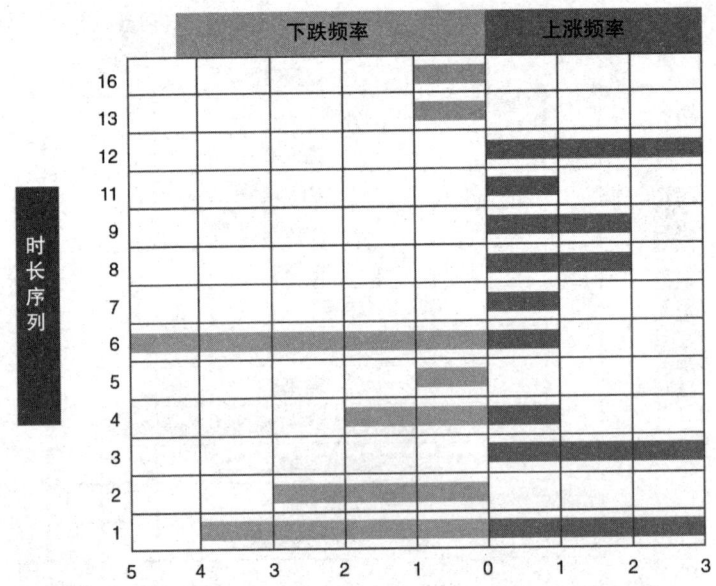

图 2.9e　欧元 / 美元的直方图：从 2006/11/13 到 2009/5/12
资料来源：Abe Confnas 和 Sridhar Iyer

反转是货真价实的吗？

对交易者来说，判断反转是不是货真价实的，这是一件很重要的事情。如果某个反转只是简单的自然性回调，交易者应该静观其变，等着这个反转过去以后再进行操作。为了要评估反转的程度到底有多深，交易者可以用斐波那契阻力比例来确定如下价格波动信息是否可靠：

▶反转后的价位是否接近斐波那契阻力线？
▶反转后的方向是否与更长期的市场趋势相同？
▶这次反转是否与现有的连续新高序列与新低序列的次数之比相符合？

第二章 价格反转图的基本概念

在图 2.10 的走势中，我们可以看出价格刚好在斐波那契 61.8% 的阻力位上发生了反转。这可以被认为是个不错的入场点。同时也要指出，这是个设定为六线反转的价格反转图。

关于反转是否货真价实，另外一个重要的判别标准是它在周期中顶部或底部所处的位置，有关概念将在本书后面的章节中进行验证。

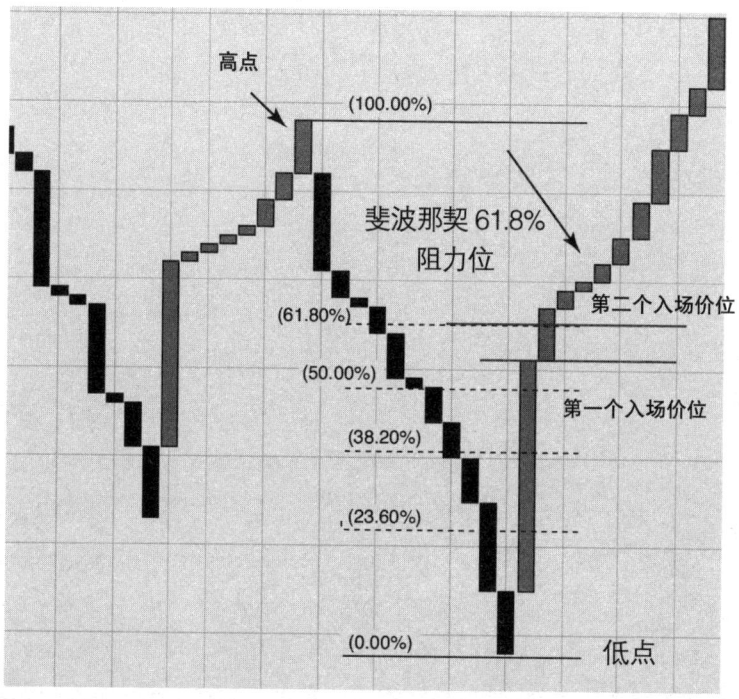

图 2.10　斐波那契 61.8% 阻力位与六线反转的设定
资料来源：技术图的版权为 www.ProRealTime.com 所有

---

① David Marchette 所著《Ramdeom Graphs for Statistical Pattern Recoginition》一书的第 11 页（Hoboken, NJ：Wiley，2004 版）

第三章 价格反转图的一般应用策略

通常来说，价格反转图的交易策略都会把注意力放在对入场条件的研究上。其中的很多条策略都可以直接运用于所有的交易市场之中。

在反转柱体出现后进行顺势交易

该交易策略具体可分成以下五步来执行：

1. 选择主导趋势；
2. 选择反转图的时间间隔；
3. 判别趋势的转向；
4. 设置做多止损单或卖空止损单；
5. 确认入场点位。

下面让我们来按顺序逐一对每一步进行讲解。

选择主导趋势

交易者想要在目前的趋势下进行交易，关键的步骤就是要确认趋势是不是靠得住。这个惯用的方法由于价格反转图的使用而功力大增。当交易者采用价格反转图时，交易策略就被重新定义为跟随主导情绪进行交易。而要发现主导情绪是什么，交易者只需要去确认在价格反转图中最新的柱体序列显示出的情况就可以了。判断主导情绪的最好方法就是同时运用三个不同时间框架下的价格反转图。全景演示的价格反转图可以是日线图、4小时图和5分钟图。日内交易者更喜欢用30分钟图、10分钟图和3分钟图这一套组合。而抢帽客可能会用5分钟图、3分钟图和1分钟图的组合。当你看任何一个时间框架下的价格反转图时，如果是对主导情绪有疑问的话，只需要简单地将时间间隔略微放大一些，就可以解除你的疑问了。图3.1是道琼斯现金指数的价格反转图，时间间隔分别为5分钟、3分钟和1分钟。我们能够看出，尽管时间框架从5分钟变成了3分钟，但走势的基本形态仍保持不变。不过，在1分钟图中，就开始显现出情绪上的一些波动。交易艺术把握得是否到位，应该包括交易者能否看出这些情绪波动仅仅是反映了价格的自然振荡，还是情绪改变就要浮出水面的重要信号。

选择反转图的时间间隔

交易者在采用价格反转图来判定入场时机时，并不用改变原来设定的时间间隔。不管你用的是什么样的蜡烛图，都应该为日后的交易来设定各自的时间间隔。不过，因为价格反转图只是记录收盘价是否出现了新高或新低，它就剔除掉了很多蜡烛图中的杂音。因此，在采用价格反转图时，时间框架比蜡烛图的设定要来得更短，这样可以使分析结果更稳健，不易出错。如果交易者的蜡烛图选用的是日线图，那么他的价格反转图可以选用4小时图或2小时图，这样会与蜡烛图形成有价值的对比，分析结果也会很有效。如果蜡烛图选用的是15分钟图，那么在价格反转图上可以用5分钟图或3分钟图来与之对应。在交易者为了判别入场时机而给技术图形选择不同的时间框架时，也分各种不同的情况。这主要是取决于反转后价格运行的距离。在对反转之后价格的运行距离进行分析之前，交易者要能够判断出哪个价格反转图的时间间隔会在图形上

第三章 价格反转图的一般应用策略

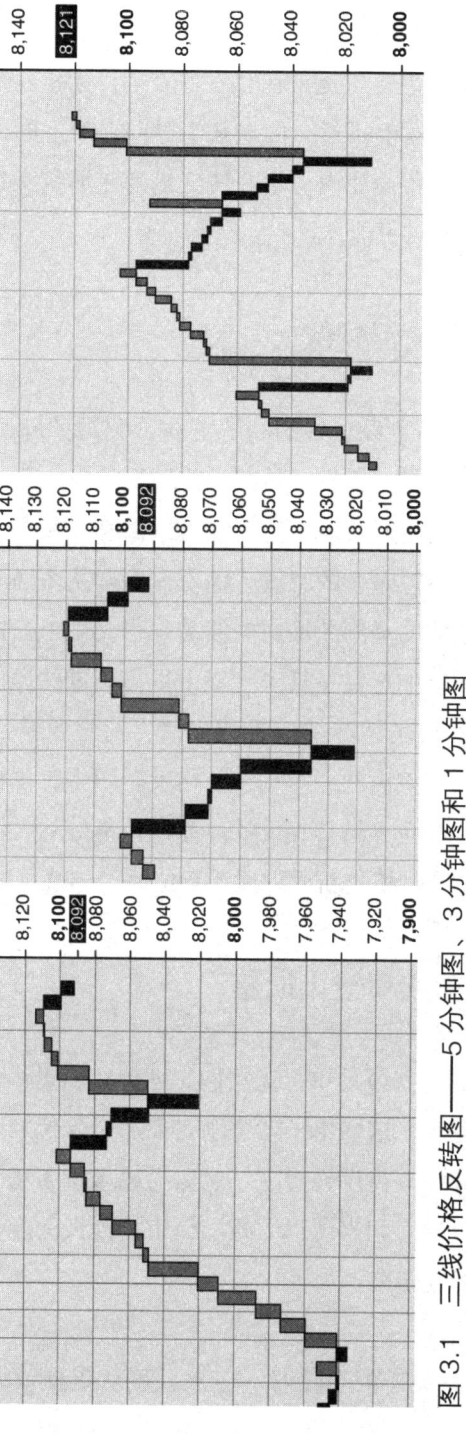

图 3.1 三线价格反转图——5 分钟图、3 分钟图和 1 分钟图
资料来源：技术图的版权为 www.ProRealTime.com 所有

产生反转后最长的运行距离。如果在某个时间间隔下，价格反转图中所示的反转后价格运行距离与交易者的盈利限定目标相匹配，选择这样的时间间隔就是合理的。要不然，如果某个时间框架下的价格反转图中反转后平均的价格运行距离变大，就会使交易者在那些赚到钱的交易中的平均盈利额都有提高的可能。

判别趋势的转向是否到位

一旦交易者选择了设想好的趋势方向，关键的问题就是在什么时候、什么点位入场交易。价格反转图不能回答何时入场交易的问题，因为它并不能预测反转的时机。不过，它可以回答"什么点位入场"这个问题。当交易者开始想做多的时候，他首先要确认市场的主导情绪是看多的，接下来，他就要来判断反向的波动是否发生了。这可能看上去是与直觉相反的。如果你想要在某个趋势中进行买进的操作，是不是当你入场交易的时候，市场情绪应该是积极的，对吧？错。从更大的范围看，市场情绪虽然是正面的，但是在价格反转图中，价格的波动可能是反向的，或者说是与主导趋势相反的。原因是最好的入场点是反转图预期中的反转点位，当价格重新回到这个点位后，你就可以顺势而为了。

设置做多止损单或卖空止损单

交易者宁可挂一些限价单，让它们先埋伏在那里，这样一旦价格反转图的反转点出现时，这些单子就会刚好在那个价位成交。交易者经常犯的错误就是一味地等待反转出现，然后再以市价入场。这就会存在一种风险，那就是反转时间出现得太晚。而市场最大的能量往往会在反转一触即发的时刻释放出来。

交易者在留意买入的点位时，应该要确认黑柱或绿柱序列是否已

第三章 价格反转图的一般应用策略

经运行到位，接下来再看哪里会出现反转柱体。当反转柱体出现时，买入的点位也就到了。（有关细则在第二章已经做了定义，对于做多来说，反转发生的门槛是价格低于前三个柱体的低点，而对于卖空来说，反转是指价格高过前三个柱体的高点。）交易者应该把做多或卖空的止损单设在略微高出或低于那个反转的点位，这样就留给价格一个振荡的空间。

当第一个或第二个反转柱体出现后再入场交易

在这个方法中，交易者入场时并不是采取下限价单的方式。取而代之的是，交易者会直接以市价下单。那么问题又来了，时机在哪里，什么时候下单才不会太迟？当讨论以市价入场的时机时，重要的是不再单独依靠价格反转图的形态来进行判定。尽管从战术的角度来看，当图中出现第一个或第二个反转柱体后，交易者入场的信心会更大。当然，第二个或第三个新高或新低很可能与市场情绪的衰减会同时发生。交易者在确定以市场价入场的时机时，还要看其他的一些转向信号来进行相互确认。不论如何，一旦趋势开始，它就有可能在一个序列中持续延展。事实上，对于反转后价格的运行距离，它的各种可能性是可以进行量化处理的（在这本书后面的内容里，我们会讨论有关反转后价格运行距离的问题）。

另外一个可以帮助交易者把握入场时机的办法被称作"插上一腿"。假设交易者在第二个连续新高或新低的时候开始交易了，然后在第三个新高的时候又加了仓。为了把两头吃亏的风险降到最小，交易者可以采用这种插腿的方法，不过它依据的是价格框架较短的价格反转图。时间间隔越短，图中反映出的走势就会显得咄咄逼人，但这恰恰引领着价格的运行。

斐波那契阻力位的确认

价格反转图与斐波那契的阻力线的分析结合在一起相得益彰。这两种工具都是来预测价格走势的上下边界，如果价格穿透了限定的边界，就是情绪变化要发生的重要信号。在价格反转图给出主导情绪发生反转的信号时，斐波那契线的阻力位如果也被突破的话，那就给判断该情绪变化的真实性上加了码。斐波那契阻力位与价格反转图的信号之间产生的叠加效应，会让交易者的入场信心倍增。如果价格反转图上的反转点位就处在斐波那契阻力线上，或是接近斐波那契阻力线，那么不论投资者是在这个点位上入场或是加仓，他们都会更加胸有成竹。

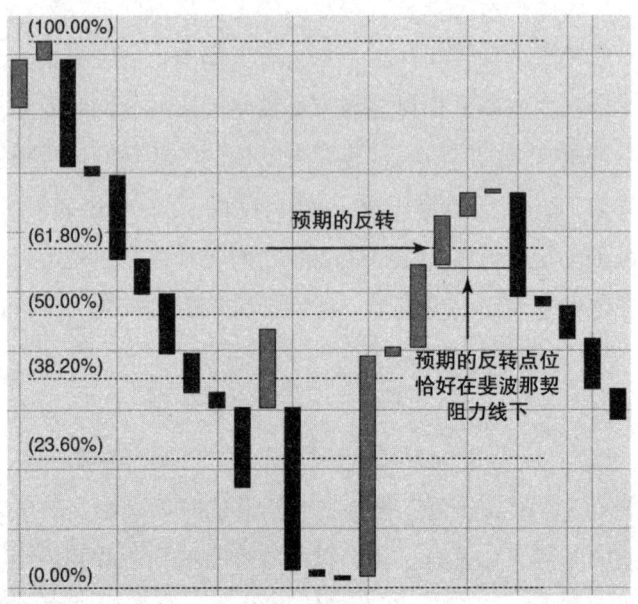

图 3.2　斐波那契阻力位与价格反转图
资料来源：技术图的版权为 www.ProRealTime.com 所有

入场点位

价格反转会首先发生在时间间隔比较短的价格反转图中。为了避免发生错误，或是排除掉一些不成熟的突破，我们应该同时观察几个不同时间间隔下的价格反转图。交易者可以在时间间隔较短的价格反转图中出现反转柱体的时候先布置一定的仓位，或者说是"插上一腿"，接下来在他比较看重的那个时间间隔下的价格反转图也出现反转信号时，再加一部分仓位。从另一方面来说，交易者也可以一直等到三个时间间隔下的价格反转图都出现破位后，再选择离场。

反趋势抢帽子

这个方法是在交易者想要逆势而动，进行反向交易时使用的。当交易者使用价格反转图时，以下是他们在决策时用到的法则：交易者应在价格出现反转时入场交易。如果交易者下限价单时，就会总有做多止损单或卖空止损单埋伏在那里。这就确保一旦价格反转发生，该单会立马成交。对于这样一种反趋势的抢帽子战法，关键的问题就是搞定哪个价格间隔下的反转图效果最好。这里没有预先设置好的最佳时间框架，所以交易者应在几个不同的市场中去进行实战检验。

还有一个办法就是在反转柱体出现在图中，即价格发生反转的时候以市价下单（见图3.3）。在这样情况下，价格反转图最好采用较短的时间框架，因为价格反转在较短时间框架下的图中出现得早一些。当然，这里也会有风险，就是反转可能会不太稳定，但毕竟是让交易者参与到市场中来了。

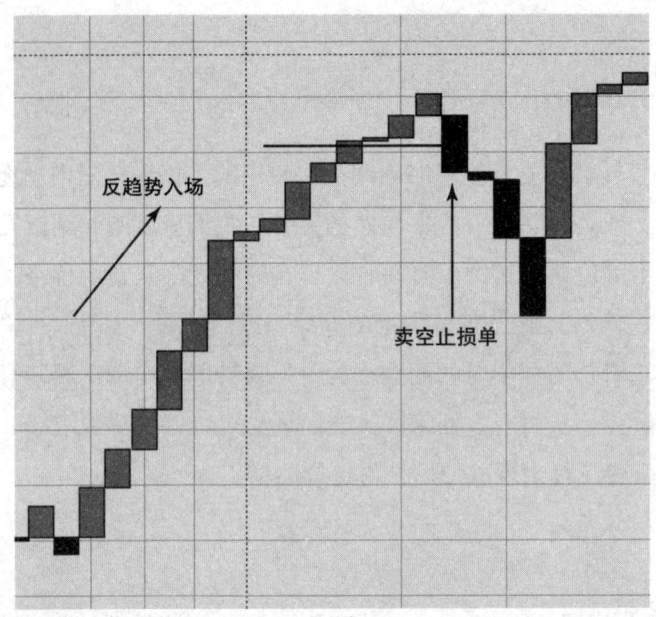

图 3.3　反趋势入场时机——卖空止损单
资料来源：技术图的版权为 www.ProRealTime.com 所有

常驻战法

价格反转图的主要功能就是确认反转点位。交易者可以在这个功能的基础上，研发出一个所谓的常驻战法。它的具体步骤就是在上升或下降趋势中预期出现反转的一系列点位上，都设下做多或卖空的止损单（见图 3.4）。只有反转真的出现时，这些止损单才会成交。

忽上忽下抽风行情中的反转入场点位

在忽上忽下的抽风行情出现时，任何即时反转的力度都会非常强，而这个战法正是要挖掘这种情况出现的可能性。在使用这个方法时，交易者要在与原来趋势反向的反转出现时，马上就设置做多或卖空的止损单。这样如果抽风行情真的发生了，这个止损单就会成交。

跟着大势做交易——六线反转

在很多市场中，经济数据的公布，或者是突发的新闻事件都能引起市场的反应。价格的波动会非常急速，市场会很混乱，出现大起大落的行情。这样的波动状况好像是投资者无法驾驭的难题。投资者一般的做法就是先从市场中撤出来，做个旁观者，看市场对消息如何做出反应。不过，价格反转图可以给出一个方法，让交易者可以在势头很猛，或者是不确定性愈演愈烈的市场中入场交易。做法就是把价格反转图的参数改为六线反转，并将时间间隔降到1分钟或是更短，这种势头下的市场形态用传统的蜡烛图是很难看到的。

图3.6是英镑/美元六线反转图的1分钟图。你立刻就可以注意到那个呈下跌状态的黑色柱体序列。你要记住，此时要想出现反转柱体，它的价位需要穿透前面六个柱体的低点或高点，这比起标准的三线反转的设置来说，门槛要高得多。与此同时，时间间隔被减到了1分钟。这两个因素的结合使得价格运行图形的视觉效果更为稳定。即便时间间隔只有1分钟，你仍然能够感受到市场中看空情绪的持续程度有多强。在该1分钟反转图中，总共出现了21个连续的新低！说到六线反转设置最有价

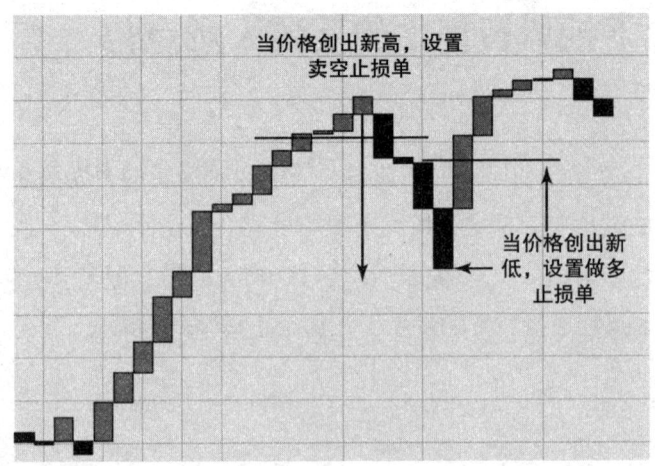

图 3.4　常驻战法
资料来源：技术图的版权为 www.ProRealTime.com 所有

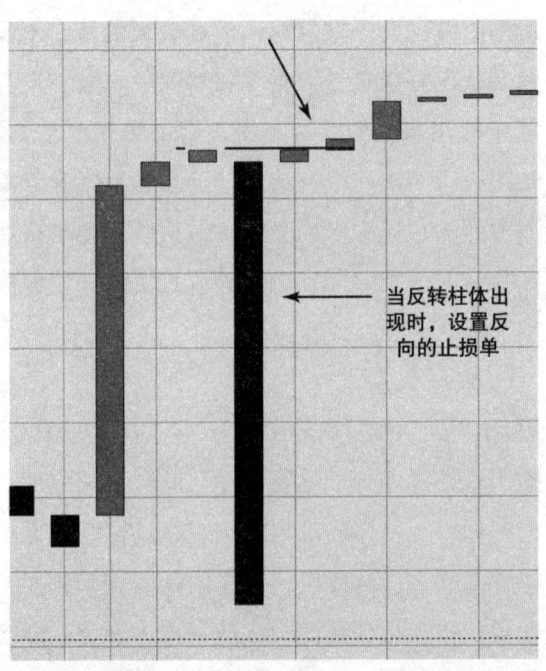

图 3.5　抽风行情中的策略
资料来源：技术图的版权为 www.ProRealTime.com 所有

第三章 价格反转图的一般应用策略

值的地方，那就是能让交易者判别出情绪的稳定性与趋势的强度，并且免受一些杂音的干扰，而这些杂音在蜡烛图的1分钟图中是经常会出现的。

使用六线反转的设置，交易者可以按市场价来下单入场，即使趋势已经开始恢复。这个方法的主旨就是要骑上情绪这匹烈马，在到达某个限价，或是止损单成交之前一直不下来。

让我们看一下如何用价格反转图来定止损的点位。

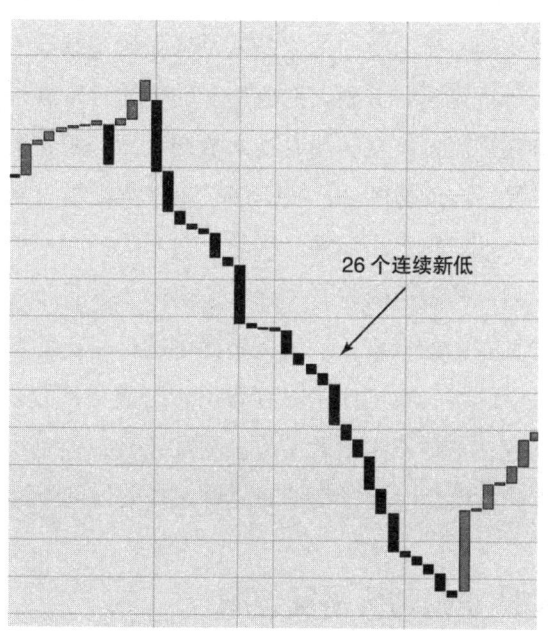

图3.6 英镑/美元六线反转图——1分钟图（2009/01/23）
资料来源：技术图的版权为 www.ProRealTime.com 所有

股票的价格反转图与成交量数据

交易量的水平和变化率是大家普遍接受的情绪指标。在股票、债券和期货市场，你都可以去衡量市场的成交量数据。在即期货币市场，成交量的数据是没有的，因为这些市场都是银行之间在进行交易。无论如何，成交量的数据能够提升交易者使用价格反转图来预测反转点位的信心。下面我们就举几个例子，来看一下成交量应用在价格反转图上，是如何很好地发挥其作用的。

当价格反转图应用在股票市场中的时候，在分析中加入成交量的数据是非常重要的。成交量的变化是举足轻重的情绪指标。成交量的快速放大经常与行情见顶有关联，而成交量的萎缩也常常是行情见底的信号。所以说，在采用价格反转图时纳入成交量的分析是个好办法。在图3.7a 的标普指数三线反转图中，我们能看出，当交易量见顶的时候，反转图中的价格波动就很大。而在几乎整个右半边的图形中，我们看到成交量在下降，而反转图中的新高序列也呈现出走平的形态。图3.7a 向我们展示了一种视觉上的分析，认为反转图中的价格走势与成交量之间可能存在着相关性。尽管我们应当对趋势反转与成交量形态之间的相关性做更深入的研究，这样产生出的结论会更加精确，但是我们已经可以肯定，在使用价格反转图时，成交量的分析起着十分重要的确认作用。

止损单、追踪止损与价格反转图

在运用价格反转图来进行止损的方法中，要设定反转柱体发生的点位。它的逻辑是除非反转的力度强到足以产生新的反转柱体，否则交易者应保持仓位不动。在图3.7b 中，反转图设置的是三线反转，那么设定止损点位的步骤如下：一旦交易者在某个点位进场，如果是卖空操作

第三章 价格反转图的一般应用策略

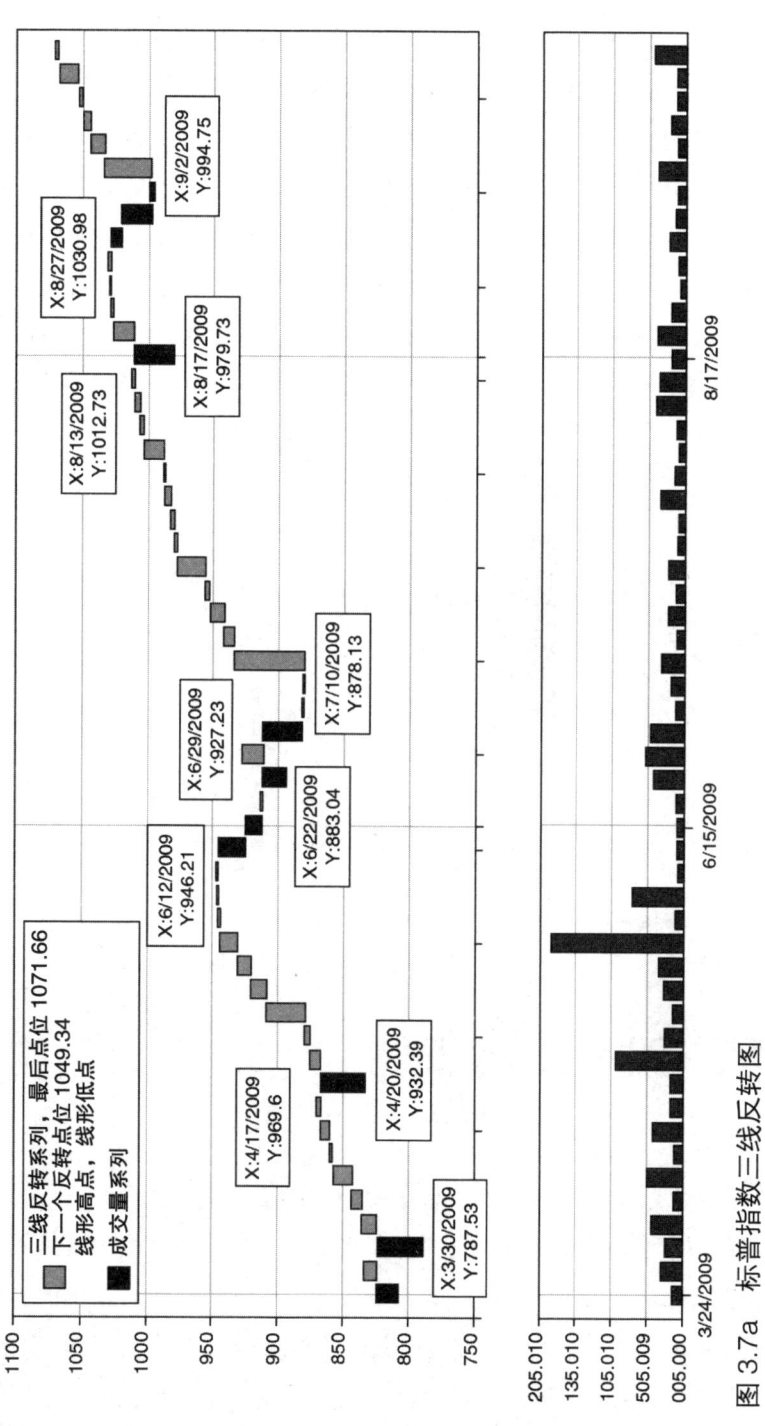

图 3.7a 标普指数三线反转图

的话，那他就要往回倒数三个柱体，在前期三个柱体的收盘高点设置止损单。如果交易者在这个点位是进行买入操作的话，他的止损单的点位应是之前三个柱体的收盘低点。这种设置止损点位的办法也可以用在追踪止损的过程中。每次当价格向上或是向下运行一个台阶的时候，止损点位也要随着抬高或降低一个柱体。而需要重点记住的是，对止损点数的容忍度应该可以反映出与之相宜的现金管理的概念，比如说每次交易或者是每天交易所能承受的最大风险度。如果止损单可能带来的风险超过了交易计划中允许的风险限度，那么就不应该进行该交易。

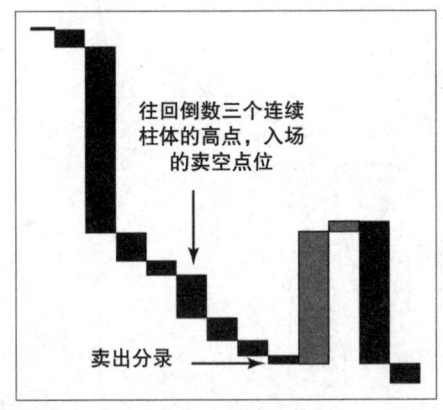

图 3.7b　在价格反转图中计算止损点位

价格反转图的多重设置

在使用价格反转图时，有个很重要的问题就是交易者应如何进行设置。人们一提到价格反转图，通常都会想成是三线反转，因为它的设置就是价位在突破了之前三个柱体的高点或低点时宣告反转。这里还有一个更好的方法，就是进行多重设置，这样就可以确认在同个时间段里，哪一个反转图提供的走势最具稳定性。换句话说，当你设置了多个反转模式时，有时你会得到更平稳的价格图形。六线反转图中的走势有可能比三线反转图中更稳健。这是你不可预先知道的事情，也就是为什么要进行多重设置的原因所在。

这里有个多重设置的例子。最好的办法是先从六线反转图开始看起，然后逐步调到三线反转，直到最平稳的图形出现为止。选择那个图形最平稳的价格反转图的设定模式。从图3.8到图3.11是标普指数一系列的价格反转图，它们的设置分别为三线反转、四线反转、五线反转和六线反转。需要注意看当设定从三线反转向上提高到六线反转时，指数走势的波动性是如何开始加大的。

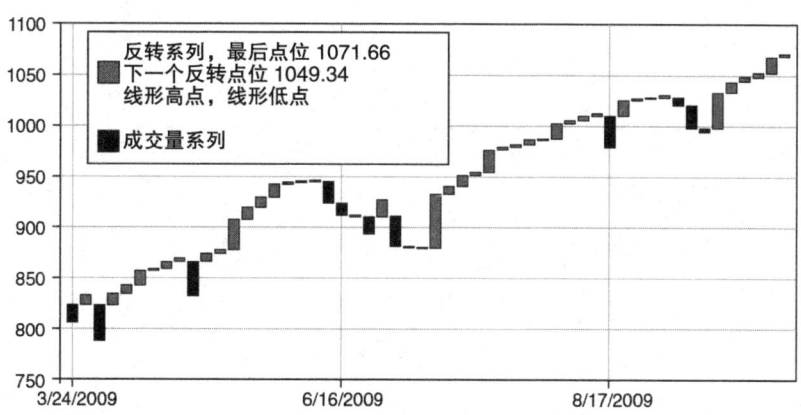

图3.8　六个月内标普指数的日线图：三线反转
资料来源：彭博社

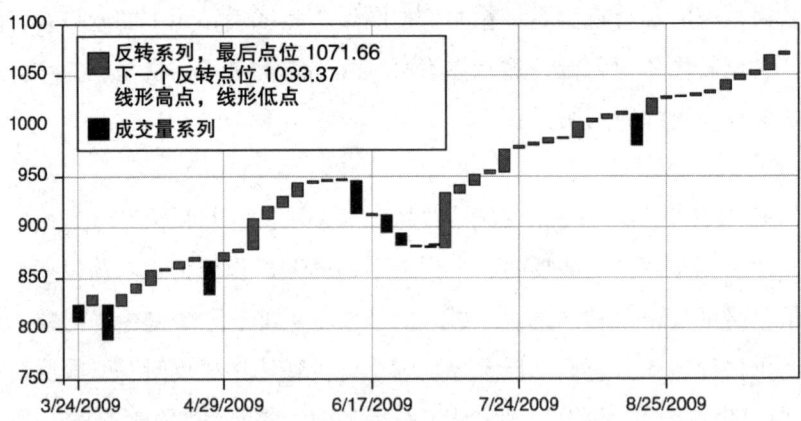

图 3.9　六个月内标普指数的日线图：四线反转
资料来源：彭博社

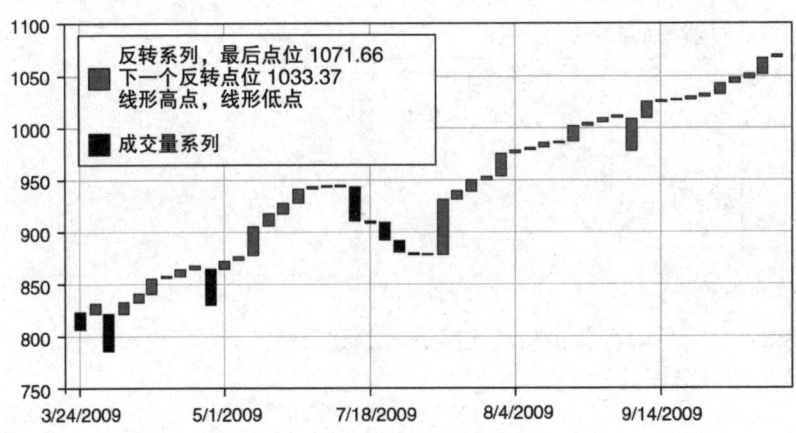

图 3.10　六个月内标普指数的日线图：五线反转
资料来源：彭博社

第三章 价格反转图的一般应用策略

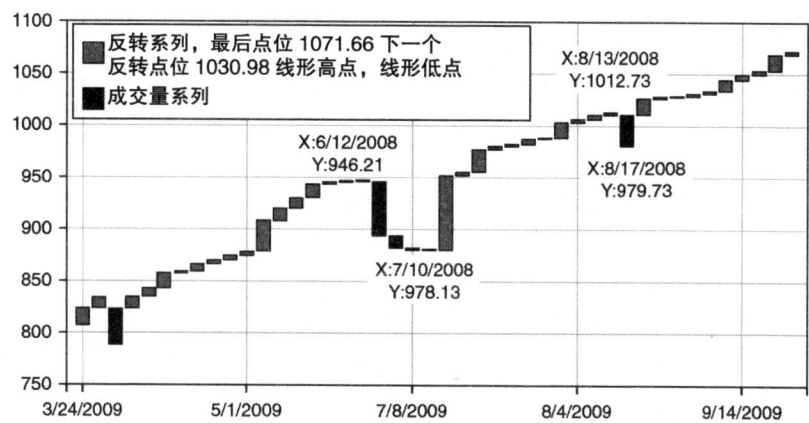

图3.11 六个月内标普指数的日线图：六线反转
资料来源：彭博社

第四章　采用价格反转图分析市场与数据

本章将会从不同市场中各举出一些应用价格反转图的例子，演示如何来应用那些在第三章中讨论过的常用方法。

标准普尔 500 指数：运用价格反转图的日线图来看走势

对于价格反转图的应用，标准普尔 500 指数的日线图就是一个很好的例子。如图 4.1 所示，我们可以很容易地看出标普指数经历了几个清晰的连续新低序列，而出现反转的时间都相对较短。2008 年 8 月 11 日之后的反转，指数连续六天收出了新低。这以后跟着的是一个反向的白柱。但接下来的是忽上忽下的行情，指数又连续收出了七根黑柱。随后也出现过四天连续收出新高的行情。

让我们在这里停下来，看看它的历史走势。在 2008 年 11 月 4 日，交易者运用技术分析的手段可以感受到，市场中空头占上风。不过，他可能会不清楚什么时候走势会重新拐头向下。而他的确能够知道，这样的反转在哪个点位会发生。如果他往回倒着数三个白柱，就会看到第三根白柱（10月28日）的低点是940.51。因此，根据跌破前三个白柱的低点之后入场顺势操作的策略，他的卖空止损单应设在940.00。标准普尔在这之后就一路跌到了752.44。

运用这样的方法，当每次价格反转图中的柱体出现上升序列时，都要设置卖空止损单。如果向上趋势继续保持，止损单就不会成交。如果止损单成交了，上升趋势可能也已经让交易者得到了合理的盈利。那么问题也就来了：应该设什么样的间距来做止损才是合适的呢？

第一种办法就是要计算反转后第一个柱体的点数。设置止损的点数间距应该限定在该柱体的范围之内。因为一般来说，第一个反转柱体的量能是很强的，所以这个方法还是很有道理的。在我们的例子中，市场情绪的转变足以让指数达到反转所要求的点位。这个方法也有些保守，因为它假设了在最坏的情况下，反转柱体只会出现一个，也就是那种忽上忽下的抽风行情。

让我们把这个方法应用在图 4.1 中标准普尔指数的这个例子中。我们可以看到，它反转后的最大的运行区间是 86 个点，最小的运行区间是 13 个点。交易者的合理推断就应该是，间距为 13 个点的止损单成交的可能性会比其他设置大得多。而它的假设是产生这样反转的市场主导情绪保持不变。在表 4.1 里，我们对价格反转图中的反转区间进行了分析，这也是价格反转图应用中的优点之一。我们在下面的章节中还会对这个方法进一步研究，并将研究结果呈现出来。

第四章 采用价格反转图分析市场与数据

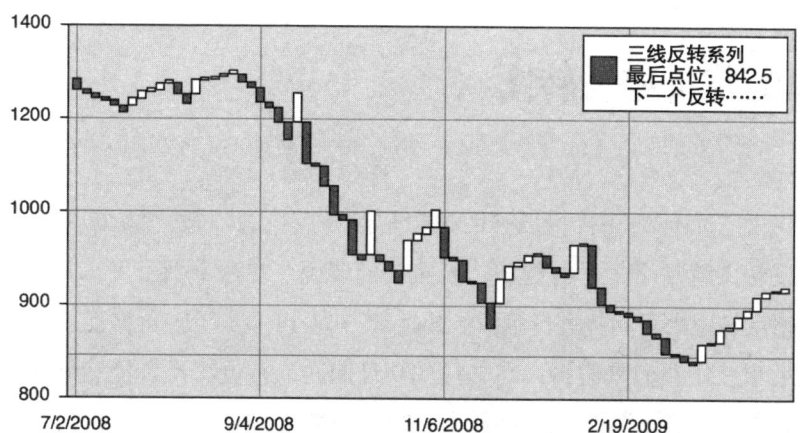

图 4.1 标准普尔 500 日线图的价格反转图
资料来源：彭博社

表 4.1 反转间隔的分析样本

反转柱体	反转方向	低点	高点	整个反转区间
7/25 ~ 7/28	下跌	1234.37	1252.54	18
9/17 ~ 9/19	上涨	1192.70	1255.08	63
9/19 ~ 9/29	下跌	1106.39	1192.70	86
10/10 ~ 10/13	上涨	909.92	1003.35	94
10/13 ~ 10/22	下跌	896.78	909.92	13
10/27 ~ 10/28	上涨	876.77	940.51	64
11/14/ ~ 11/16	下跌	904.88	968.75	64
11/20 ~ 11/25	上涨	806.58	857.39	51
12/16 ~ 12/18	下跌	885.28	909.70	24
12/23 ~ 1/2	上涨	871.63	931.8	60

原油与价格反转图

关于如何应用价格反转图来预估进场点位的问题，图 4.2 的原油价格反转图就是个很好的例子。当然我们要说，在这个例子里，并不需要价格反转图来对趋势进行确认。2008 年 7 月 14 日，原油价格在 146.94 美元见顶。让我们来假设，在 7 月到 9 月期间，有位交易者仍然想做多原油。下面就是这位交易者如何运用价格反转图的过程了：在反转图中的任何一个价位上，交易者要往回倒数三个白色柱体，然后选择在这三个柱体的高点上方设置做多止损单。而只有 8 月 21 日和 9 月 22 日两天，图中出现了一个反转的白色柱体。这样价格反转图就会让交易者一直待在场外。

在整体形态中，如果交易者已经选择了在趋势呈下跌时入场做空，那么卖空止损单的最佳点位应该是白色反转柱体出现的点位。8 月 21 日，卖空止损单应该就设在 115.8 美元下方，而 11 月 4 日，卖空止损单应设在 69.92 美元下方。一旦卖空止损单成交了，那么交易者应该在下跌趋势重新开始的时候再进场，这样就会为交易原油带来更高的可靠性。

当趋势如此明显和强势的时候，等着反转的发生恐怕就不是什么最佳方案了。交易者最自然不过的选择就是加入其中。还有一个入场的办法就是沿着趋势的方向，以市价下单，然后马上往回倒着数三个柱体，来设置止损点位（见图 4.3）。这样可能会出现止损点位超出平常的风险承受水平。不过因为反转发生的可能性非常低，所以这种设置也是可以的。如果交易者想要降低入场点位与止损点位之间的间距，可以采用时间框架短些的价格反转图。比方说，交易者在判断入场点位时采用的是日线图，那么在确定止损点位时可以选用 4 小时图。

当将价格反转图的时间间隔降到 1 分钟时，也不要有什么犹豫，因为 1 分钟图提供的图形具有很强的交易性。图 4.4 是原油六线反转图的 1 分钟图，新高与新低之间的价格范围为 40 美分。按照交易者不同的交易风格，这些 1 小时之内的趋势反转有着很好的交易性。

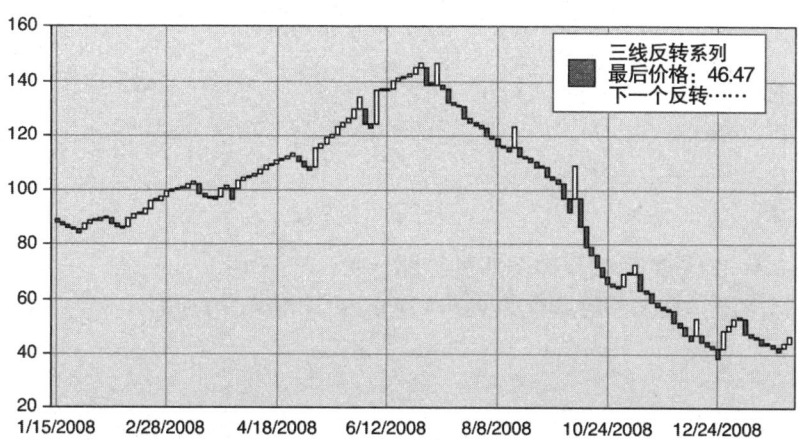

图 4.2　原油的价格反转图
资料来源：彭博社

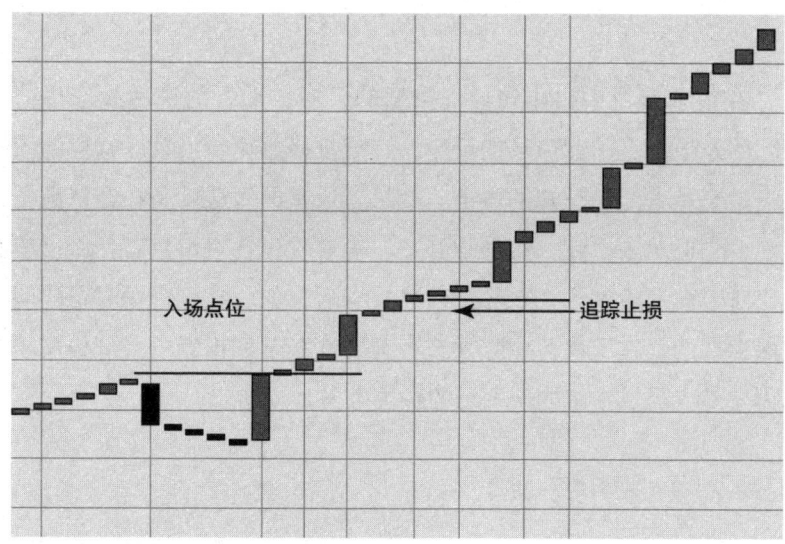

图 4.3　三线反转图中的追踪止损

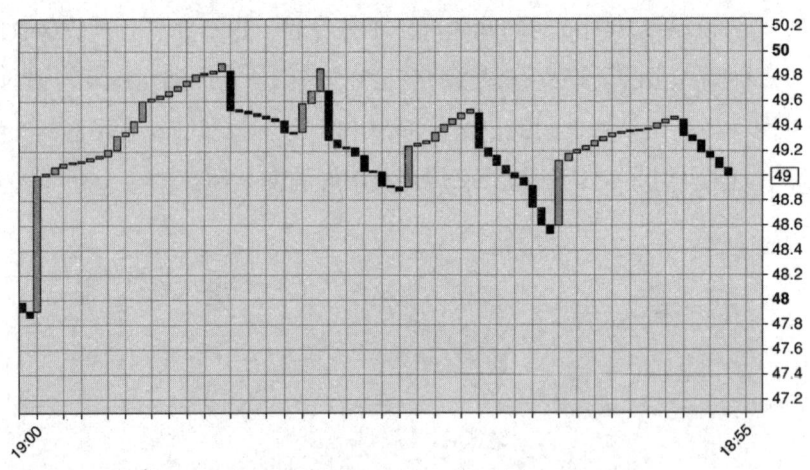

图 4.4　原油的六线反转图 1 分钟图
资料来源：技术图的版权为 www.ProRealTime.com 所有

情绪反转的微观体察：价格反转图助你跟着大势做交易

在很多市场中，比如经济数据的公布，重要的讲话或选举结果等情况的发生都会引起市场的反应，造成价格急速地波动。这样的波动看上去是交易者无法预知的事情。交易者通常的做法就是在经济数据公布之前，先退出来，在一边静观其变，等着看市场对消息有什么反应。不过，对于交易者来说，在经济信息公布后，如何找到进场时机的问题是依然存在的。在这种势头强劲或者无常性蔓延的市场中，价格反转图可以为交易者提供一个如何入场的解决方案。

第四章　采用价格反转图分析市场与数据

跟着大势做交易：六线反转与跳动点级别的价格数据

将价格反转图的参数改为六线反转，同时将时间间隔降到 1 分钟或更短，这样一来，反转图呈现出的价格走势图形会让交易战术细化这方面上一个新台阶。

图 4.5 是英镑 / 美元的六线反转图，时间间隔为 1 分钟。请注意黑色的下跌柱体序列。你要记住，现在想改变柱体的颜色，反转柱体需要穿透前面六个柱体的低点或高点。这比起标准的三线反转来说，门槛可要高得多了。与此同时，时间间隔降到了 1 分钟，在这样的双重作用下，我们看到价格形态的视觉效果更为平稳。即便时间间隔只有 1 分钟，我们依然能辨别出看空情绪的持久性。这张 1 分钟图里出现了 26 个连续的新低！对于六线反转图来说，最有意思的就是它能让交易者判别出主导趋势的情绪是否稳定，强度如何，而不像使用 1 分钟蜡烛图时那样，会受到蜡烛图中一些杂音的影响。

使用六线反转图时，交易者可以用市价下单来建仓。这样的话，当趋势又重新开始时，他将可以参与到当中去。这里还有一个风险，就是进行交易的时点会有些晚。不过，这种方法主要目的是：除非达到了某个设定的价格或是止损单成交了，否则的话，交易者就会骑着这匹主导趋势的情绪之马，一直不下来。

让我们来探讨在使用价格反转图时，如何判断止损单的设置点位。价格反转图的一大特点就是它可以在不同的时间间隔下收放自如。这就是说，价格反转图既可以选用大的时间间隔，也可以选用小的时间间隔，比如 5 分钟和 1 分钟，甚至有跳动点级别上的价格反转图。当时间框架为 1 分钟（甚至更短）的时候，价格反转图可以专门用来体察情绪的微观变化。这在以前使用蜡烛图时是办不到的。在第八章中，我们会着重介绍如何用砖块图来对情绪进行微观层面的体察，但是价格反转图在这方面也有其重要的作用。交易者可以在价格反转图的帮助下，判别出情绪是否稳定的早期信号，从而做到先下手为强。

当交易者在势头很猛的市场环境中，并处于盈利状态的时候，主要问题就变成轿子要坐多久，什么时候下轿子。野心超强的交易者甚至可以考虑采用时间间隔为 1 秒的六线反转图！新低序列已经运行了 20 多个点。这样设置的有趣一面是，尽管它反映的是微观层面的情绪状态，但这不是一个巧合，因为所有的趋势都是始于一个微观的点。

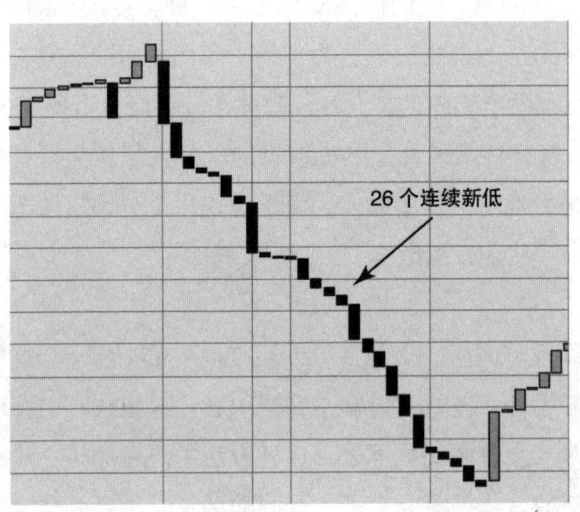

图 4.5　英镑 / 美元的六线反转图——1 分钟图（2009/01/23）

价格反转图与跳动点级别上的价格运行

当有了更完备的数据和先进的界面，交易者就可以获得直至跳动点级别的高频价格数据。对于跳动点级别的数据，很多人的第一反应就是，那其中有太多的杂音了。不过，只要是采用了价格反转图，我们就能过滤掉那些杂音，看到可能是最小的时间间隔下的价格走势。

图 4.6 微软的实时图，显示出价格反转图甚至可以是由跳动点级别上的数据生成的。我们可以清晰地看到，微软的股价呈现窄幅的波动行情。在一次向上反转后，它连续走出了 12 个新高。

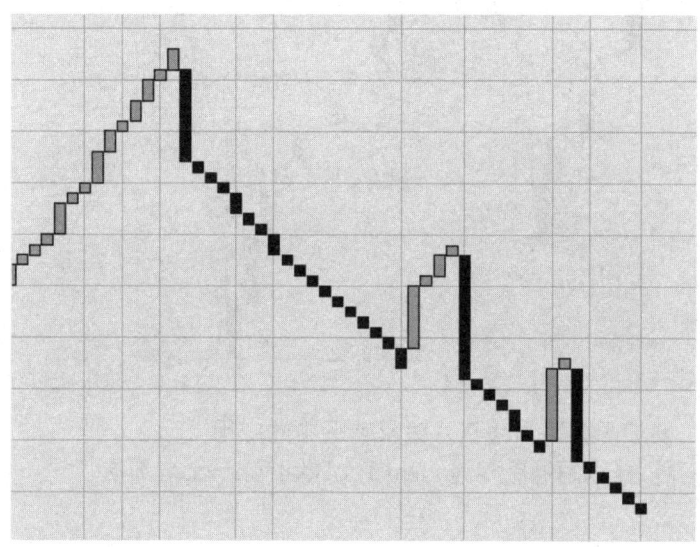

图 4.6　微软的实时图

六线反转与斐波那契

这里，我们再一次用到了斐波那契阻力线。在图 4.7 中，价格从高点到低点的波动在进行回转，而价格反转图的最初设置为六线反转。在画上斐波那契阻力线之后，交易者会发现反弹已经突破了斐波那契 50%

的阻力线。如果交易者想看到更多的行情确认信号，他会看到图中出现了连续的新高，并一举突破了斐波那契 61.8% 的阻力线。当这条线被突破的时候入场应该是个不错的策略。

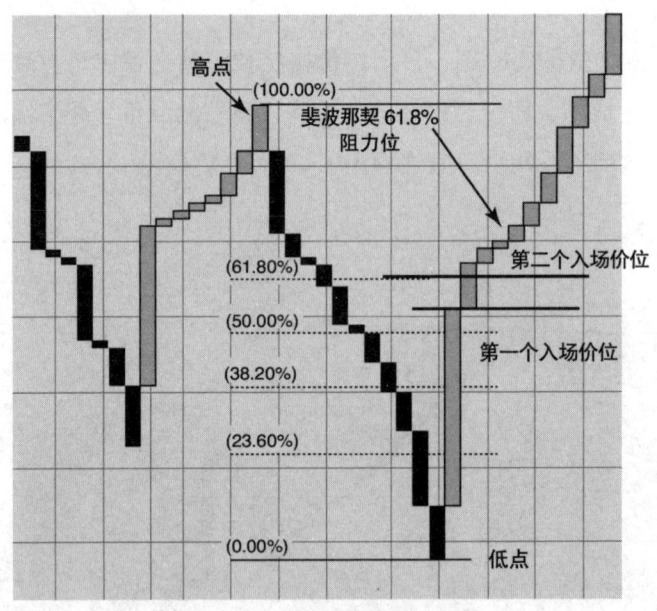

图 4.7　斐波那契阻力线在六线反转图中的应用
资料来源：技术图的版权为 www.ProRealTime.com 所有

第五章

通道形态、循环周期与价格反转图

当价格反转图中的走势呈现通道形态的时候，应该重点关注。通道形态表现出的是市场情绪在以独特的方式持续着。交易者会发现，价格总是在通道范围内上下波动。在图 5.1 中，我们可以看到，价格是从高点到低点，然后从低点又回到高点，这样很有规律地进行重复振荡。因此，我们就可以认定，通道形态其实就是某种形式的周期循环。这就意味着，当交易者在观察通道形态时，就应该试图去确认该形态当中是否暗藏着某种周期循环。让我们来进一步揭示关于周期的某些暗含的概念。更深入的内容将在第十三章中予以阐述。

> 正如我们所知，经济的发展并不那么稳定，前进的道路也不会是笔直的。事实上，它是呈周期性上升的，这就是说，发展的路上有扩张也有紧缩，或者说是有繁荣也有萧条，这些都是轮流出现的……为了有效地监测宏观经济，并及时作出预警，应该对经济周期进行仔细的测算。

周期无处不在，也总是在进行着自我展示。月运周期是最著名的周期，我们可以精确地对它的未来情况进行预测，它在这方面算得上几乎完美的模式。不过，我们不能如法炮制，同样准确地去预测金融和市场数据。尽管在这些数据中的周期效应不太明显，我们还是可以去探寻其中是否存在某些周期性的东西。而且我们认为，金融市场数据里带有周期性的成分，这一点应该是没有什么可怀疑的。

图 5.2 是英镑／美元的 4 小时蜡烛图，它显示出汇价在时间序列当中存在着循环往复的周期性变化。我们看到周期的时间跨度为 72 个小时，期间有波峰和波谷。这个周期的拟合曲线可以用下面的方程式导出：

Y=1.641−0.006*sin（2*pi*0.055*t） 0.002*cos（2*pi*0.055*t）−0.002*cos（2*pi*0.21*t）

如果交易者或是投资者观察某个周期性的形态，会对预估将来的顶部和底部产生很强的先导作用。它之所以能成为一个先行指标，是因为在通道形态或趋势中周期性成分能从数据中分离出来，从而可以进行预测。而交易者面临的首要问题是，不论该形态是窄幅波动、上升趋势、还是下降趋势，都不要忽视其中很可能会出现的周期性成分。这就是为什么价格反转图会变得重要的原因。通过展示反转后的连续新高或新低，价格反转图能有助于确认周期是否到了拐点。如果交易者把他了解的周期理论与价格反转图相结合，那么他就掌握了一个崭新的判断市场时机的利器。

周期与价格反转图

将价格反转图与循环周期理论结合起来用，无疑会使趋势确认的水平得到加强。比如，交易者应该留意周期的拐点是否与价格反转点，或是与通道的顶部或底部发生重合。请注意，在图 5.3 英镑／美元的价格反转图（4小时图）中，在 11 月 2 日和 2 月 22 日，周期的底部刚好与价格反转图向上的反转点重合。

第五章 通道形态、循环周期与价格反转图

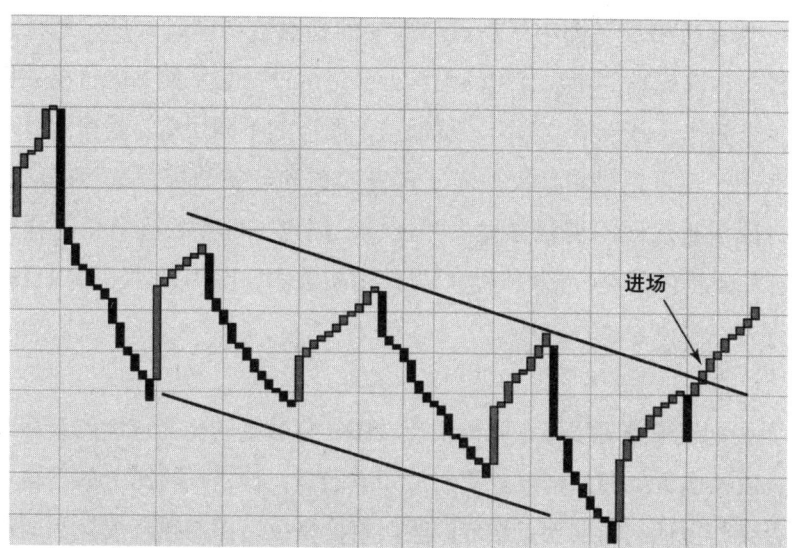

图 5.1 六线价格反转图中的通道形态

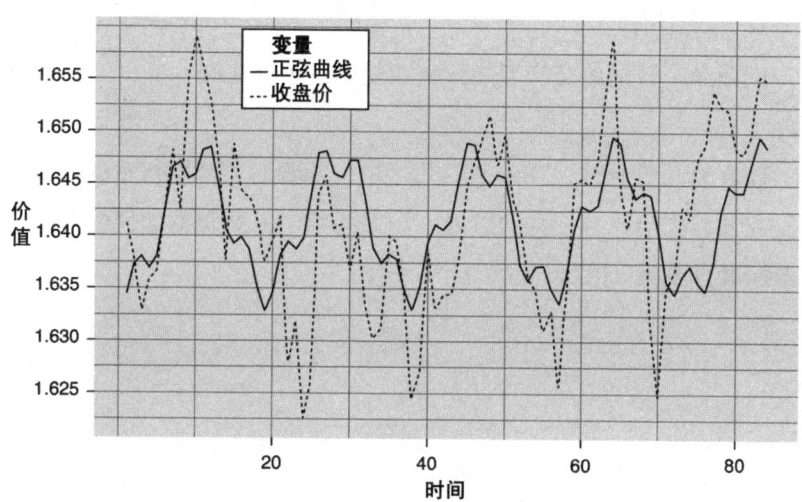

图 5.2 英镑／美元的 4 小时蜡烛图的周期拐点
资料来源：Abe Confas 和 Joseph Egbulefu

如果价格反转图中的拐点与周期的拐点恰巧同时出现，那将是对趋势的顶部或底部非常有力的确认。最好的办法是从原始的价格数据入手，来制作一张价格走势图。根据技术图形的不同用途，这张图可以是折线图，也可以是蜡烛图。对于调查数据和经济数据，就可以用折线图，因为折线图不需要你提供开盘价、高点、低点或收盘价这样的数据。如果提供的是价格数据，可以选用蜡烛图，因为蜡烛图可以反映交易行为。

我们接下来可以做一张价格反转图，将数据转化为连续的新高或新低，以及出现反转的情况。我们想知道的是，价格反转图上的反转点位是否会与预估的周期拐点结成同盟。将价格反转图与循环周期和通道形态结合起来使用，让价格反转图又上了一个新台阶。如果价格反转图与数据重合，我们又前所未有地将趋势中的突破，或是预期的反转与周期中的波峰或波谷互相确认。

问题是，普通的交易者如何也能使用这个方法呢？

现在有几种软件，在未来的几年中，随着新的判别技术的发展，周期研究领域也会取得长足的进展。本书的第十三章将就如何分析时间周期指标进行更深入的探讨。

第五章 通道形态、循环周期与价格反转图

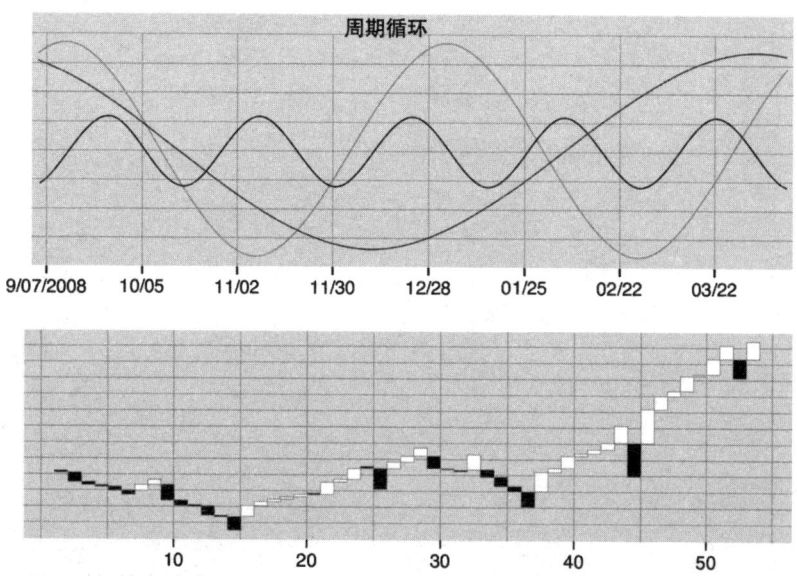

图 5.3 正弦波与价格反转图
资料来源：Abe Confas 和 Joseph Egbulefu

第六章
价格反转图在多个市场中的应用

交易者在某个市场采用价格反转图得出的判断，也可以成为他在其他市场中辨别趋势方向的先行指标。当两个市场之间具有高度相关性时，这种做法是可行的。我们通过对很多市场进行对照后发现，它们在周期上是有相关性的。这些相关性可以由 R 平方来度量，可能在上世纪 90 年代它们之间是存在相关度的，而在别的时候可能彼此就不相关。如果可以拿到这些相关性的数据，那么交易者不妨每天都看看它们之间的相关程度，这也不失为一个好办法。

交易品种之间同期走势上的视觉相关性

我们通常使用的办法可以将其称之为同期视觉相关性。这就需要去挨个看每个交易品种的技术图形，以确认它们的走势是否同步。对于这类相关性，下面会讲很多应用的例子。

标准普尔 500、道·琼斯、现金与美元 / 日元

从图 6.1 中，我们可以看出股票市场与日元走势之间的关系，这两个市场之间的相关性很重要，交易者应该予以注意。它们的相关度可以

达到 90% 以上。有时是标准普尔 500 来引领日元，而有时日元也会发挥先导作用。

一般来说，人们在市场中表现出来的情绪会与全球风险规避或是风险偏好有关。当美股市场有吸引力时，它就会成为资本的磁石。这种情况的结果就变成，那些日元的投资客以几乎零利率借贷出日元，并将他们的日元杠杆化后投入到别的市场，也就是美股市场。从图 6.2 中我们可以看出，它们的相关性是非常高的。当交易者在其中的一个市场上交易的时候，会运用价格反转图来判定：（1）预期中的反转点位会在哪里出现；（2）如果在早期某个时间段内出现过反转，那么是否可以证明它是情绪发生改变的信号。人们借贷出利率非常低的货币，把它们投资到回报可以比较高的资本市场中，这样的做法就是套息交易（Carry trade）。在最近的几年中，日元曾是受欢迎的融资货币。而随着美元利率降到了 0.25% 的水平，美元可能会取代日元成为套息交易中的融资货币。

按图 6.3 中所示，标准普尔指数在 2009 年 3 月 9 日到达过 676 点的低位，而根据价格反转图预测得出，如果 700.82 点（3 月 2 日早盘触及过）能够被向上突破，将会构成情绪上的反转。这在 3 月 10 日实现了，当天的高点为 719.6 点，之后才有了几个继续上行的柱体。

现在让我们将信息整合起来，制定出一个交易策略。交易者应该把预期中的反转点位 700.82 点作为情绪转换的信号，来决定是否买入美元，卖出日元，因为标普指数上的空翻多就意味着美元进入牛市行情。当标普指数在 5 月 10 日发生反转后，我们就可以进行美元 / 日元这对货币的买入与卖出操作了，而这实际上就是建立在美元 / 日元的价格反转图的基础上来完成的。

第六章 价格反转图在多个市场中的应用

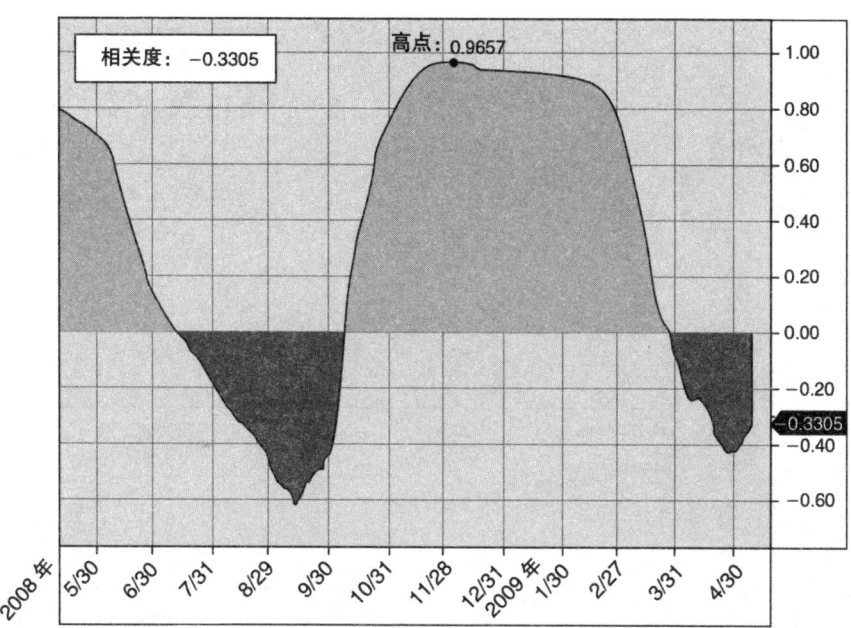

图 6.1　标准普尔 500 指数折线图
资料来源：彭博社

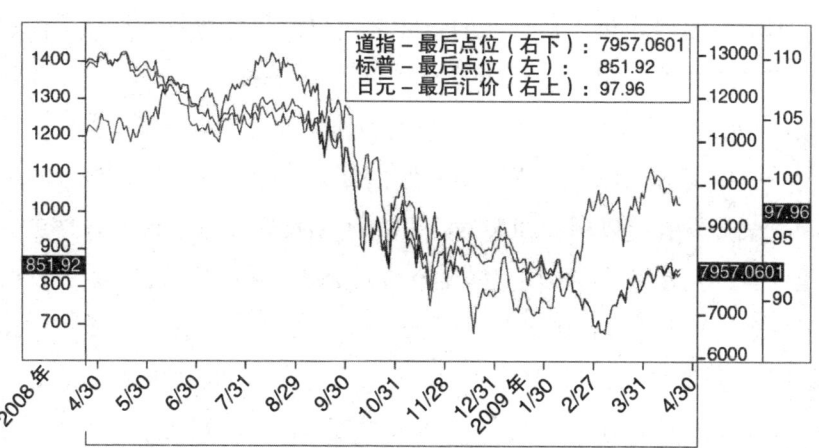

图 6.2　标准普尔、道・琼斯平均工业指数与日元之间相关性的折线图
资料来源：彭博社

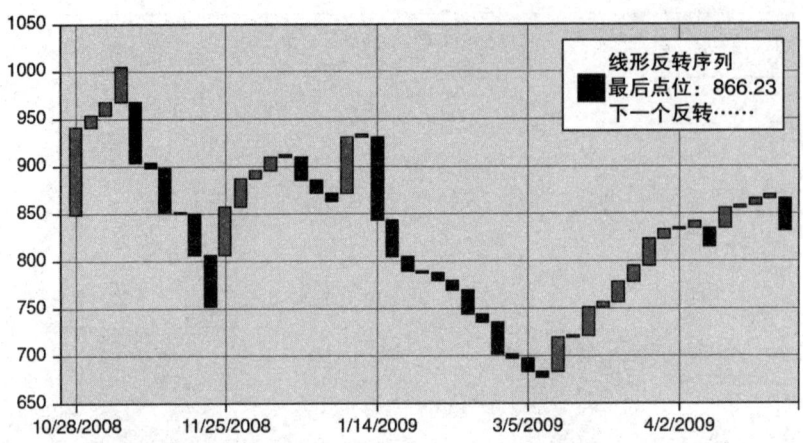

图 6.3　标准普尔的价格反转图
资料来源：彭博社

铜与自由港迈克墨轮铜金矿公司（FCX）
铜与 FCX 公司

　　股票交易者也可以从行业的角度来找与他交易的股票有相关性的其他市场中的交易品种，他当然也可以采用价格反转图。从图 6.4 到图 6.7 就呈现了这样一个例子，这里把铜期货的走势与一家顶尖的铜矿公司——FCX 公司的股价进行了对照。毫无疑问，它们的走势是同步的。股票交易者可以用铜和 FCX 公司的价格反转图来确认大势是走牛还是走熊，或者是保持中性。FCX 公司的价格反转图显示在 2 月 5 日出现了一个反转，收盘达到了 26.35 元的新高。接下来它就连续收出了 16 个新高，直到 4 月 20 日重又拐头向下。与 FCX 公司的股价走势形成对应的是，铜在期货市场的价格在 3 月 5 日之间都没有出现向上的反转，而之后它也收出了 11 个新高，同样也在 4 月 20 日又拐头向下。在这个例子里，我们从价格反转图中可以看出，FCX 公司的股价是先行指标，它引领着铜期货的价格反转，这一点在图 6.7 中看得很清楚。

第六章 价格反转图在多个市场中的应用

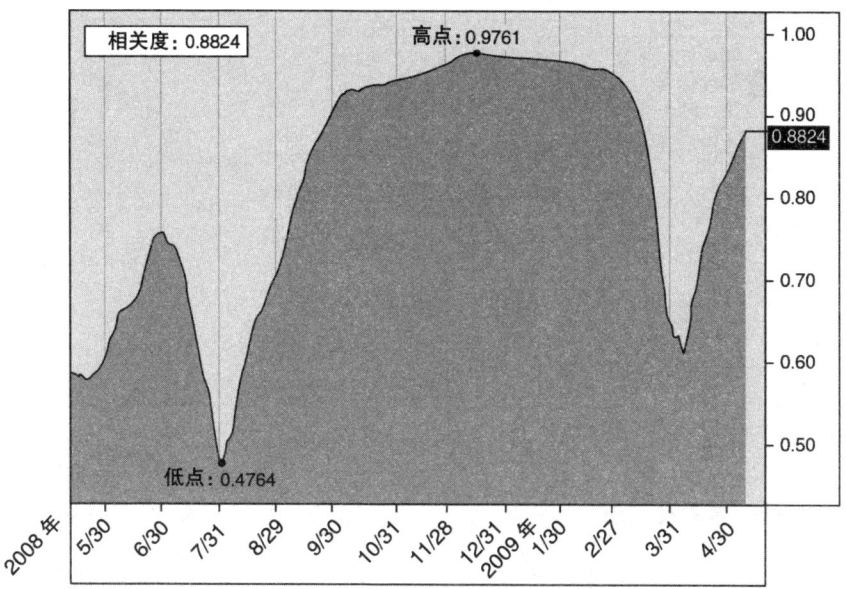

图 6.4 铜与 FCX 的相关度
资料来源：彭博社

图 6.5 关于铜与 FCX 的相关性的折线图
资料来源：彭博社

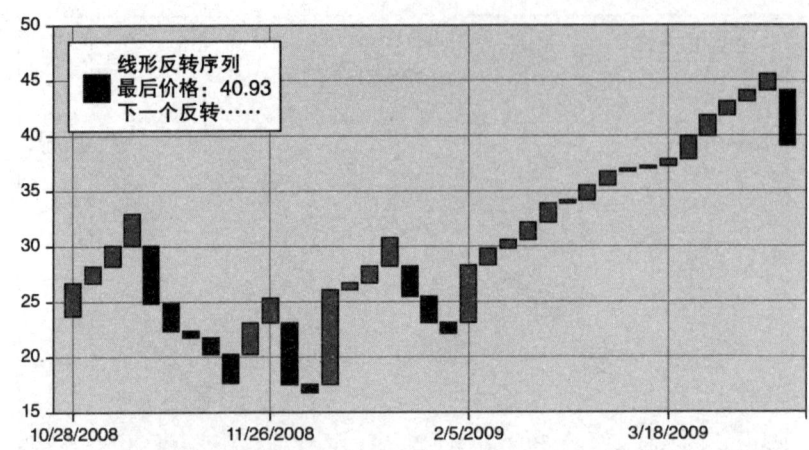

图 6.6　FCX 的价格反转图
资料来源：彭博社

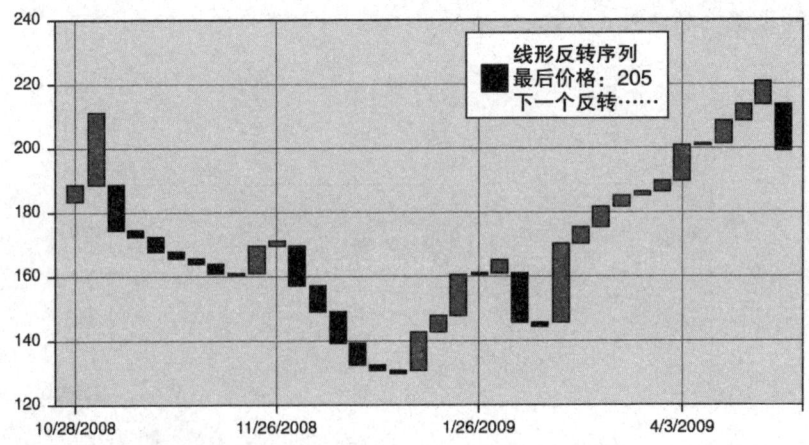

图 6.7　铜的价格反转图（日线）
资料来源：彭博社

第六章　价格反转图在多个市场中的应用

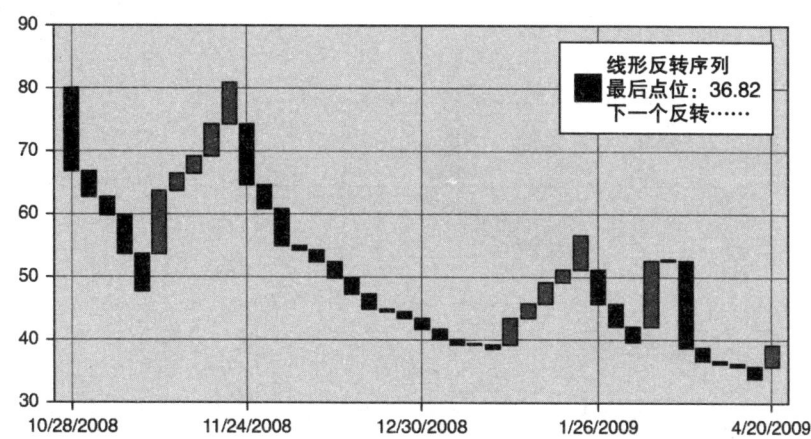

图 6.8　波动性指数的价格反转图
资料来源：彭博社

波动性与价格反转图

波动性指数（VIX）对交易者来说是很重要的指数，它常被看作是量度市场恐慌情绪的标尺。波动性指数中的各种模式是很多交易策略的核心部分。当波动性提高，卖出是优先考虑的方案。而当波动性降低，则倾向于进行买入操作。波动性指数常与美元／日元汇价的走势相关度很高，这肯定也不是什么让人吃惊的事。2008 年 5 月 12 日到 2009 年 5 月 11 日期间，波动性指数与美元／日元的相关度为 −0.95，换句话说，当波动性指数处在低位时，美元／日元的汇价正在走高。

如果说波动性指数是美元／日元或其他交易对象的先行指标，那么我们如何从价格反转图的角度来看它的表现呢？（见图 6.8 和图 6.9）交易者能很清楚地辨别出市场所处的情绪状态。在波动性指数的价格反转图中，一系列逐级走低的柱体就表明了市场的恐慌情绪在降低，而那些创新高的柱体就显示市场的恐慌情绪在加剧。

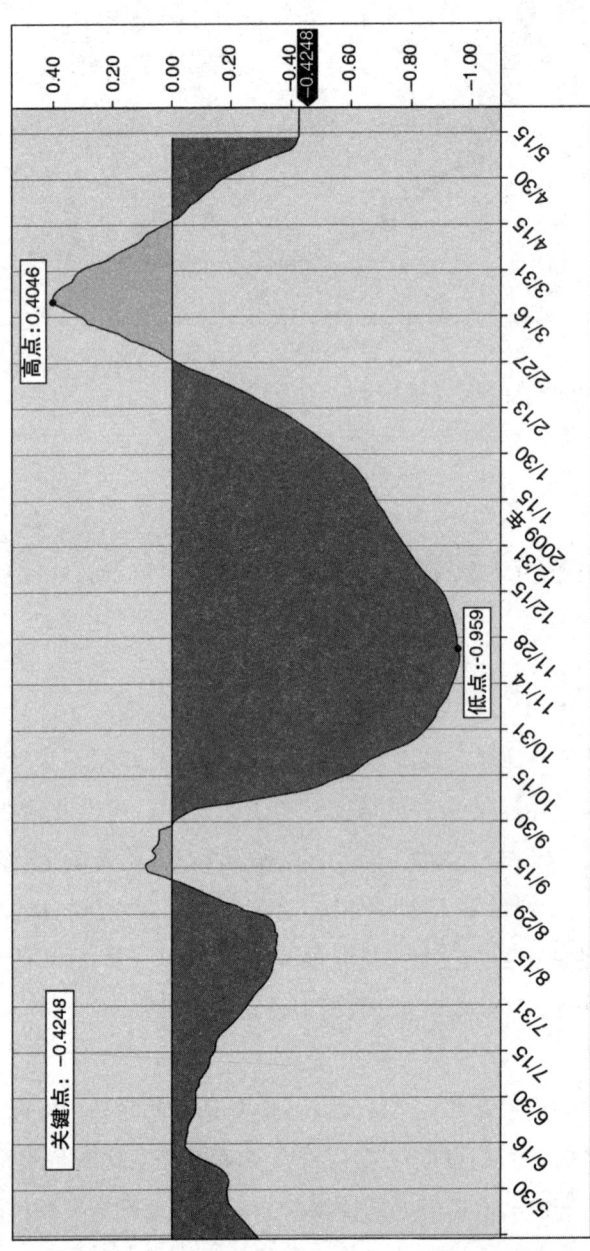

图 6.9 波动性指数与美元／日元的相关度
资料来源：彭博社

第六章　价格反转图在多个市场中的应用

简单来说，市场之间的相关性其实就是提供了一个"临界点的预警"。换言之，当某个市场正在经历着价格反转，或是发出了一个可辨别的预警，那么交易者可以认为它也是与这个市场有关的另一个市场的预警，在另一个市场中，反转也即将会到来。

价格反转图与情绪数据：富有创新性的应用

当交易者的交易对象为股票、债券、指数和货币时，他们通常想到用价格反转图来诠释趋势的方向与强弱。而其实价格反转图还有一个很重要却不为人知的应用领域，那就是价格反转图可以用来分析消费者和商业调查中与情绪有关的数据。消费者情绪数据和商业情绪数据的重要性在不断提高，中央银行、经济学家和市场人士都用这些数据来把脉经济和市场状况。当调查信息发布的时候，市场会因为对该数据感到震惊而产生波动，原因是该数据显示了受访者态度的变化。市场对调查的反应也可能会各式各样，徘徊在正面反应与负面反应之间。接下来，这些反应会转化为一种扩散指数。这些数据不是以开盘价、高点、低点和收盘价的形式出现的。尽管蜡烛图没有办法来表示这种扩散型指数，不过折线图能将这些调查结果中的数据以图形的方式展示出来。而现在我们要做一个突破性的应用，我们将这些与情绪有关的数据用价格反转图的形式表现出来，它的精细度会达到一个全新的水平。让我们来看几个例子。

密歇根大学的消费者信心（或消费者情绪）调查

这项调查是按月来进行的。在初步调查中，会采访300位消费者作为样本。而在接下来的采访中，受访人员为500位。调查的内容既包括

拐点交易策略 SENTIMENT INDICATORS

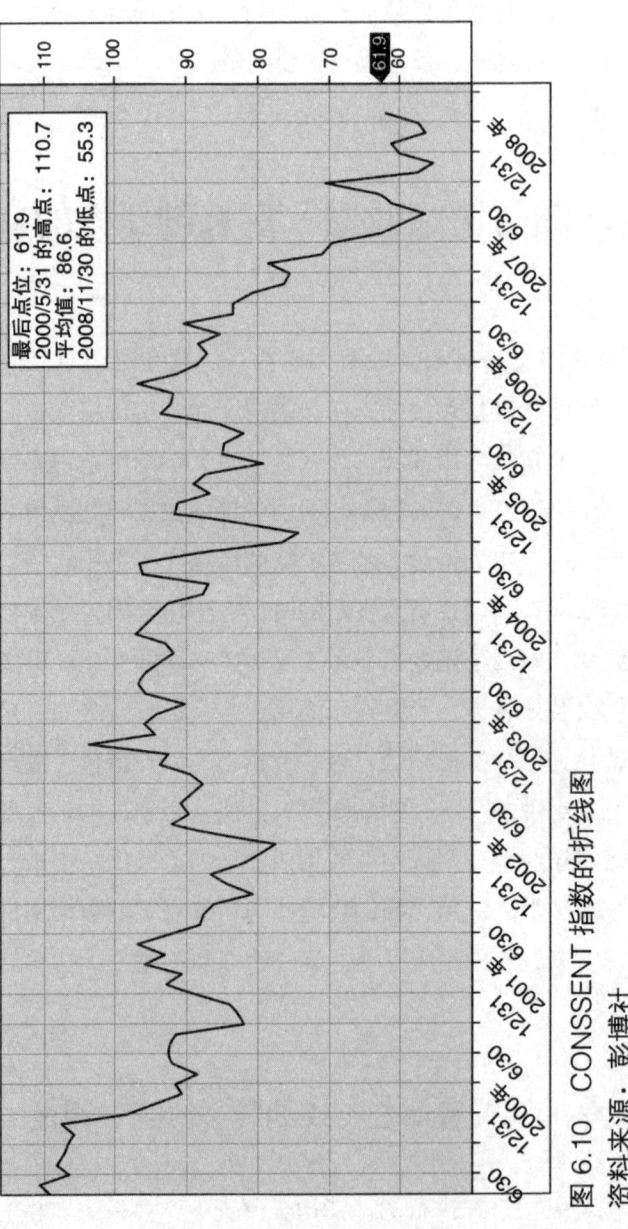

图 6.10 CONSSENT 指数的折线图
资料来源：彭博社

第六章 价格反转图在多个市场中的应用

人们对现在经济状况的态度，也包括对未来经济状况的态度。直到最近，该调查的数据总是以折线图的形式出现。在我写这本书之前，该调查结果出现了前所未有的历史新低（见图6.10）。由最新数据生成的折线图显示，调查结果看上去很乐观，数据有向上走的趋势。但是交易者不能把原始数据呈现出的表面的东西直接拿来用，而应通过使用价格反转图来进一步确认该调查结果中的变化，把工作做得更加细致。

因此，我们将数据转化为价格反转图的图形，一幅以前从未有过的展示情绪变化的图形出现了。我们可以看到在图中的走势里有忽上忽下的抽风式行情。情绪数据想要形成向上的反转，就必须突破2008年9月30日的高点70.3才行。在折线图中，70.3附近是最新出现的高点区域，但是在价格反转图中，它的相对意义变得明确，那就是可以构成反转的点位。根据图6.11中的价格反转图，那些在折线图中的上升走势都不足以构成情绪的反转。

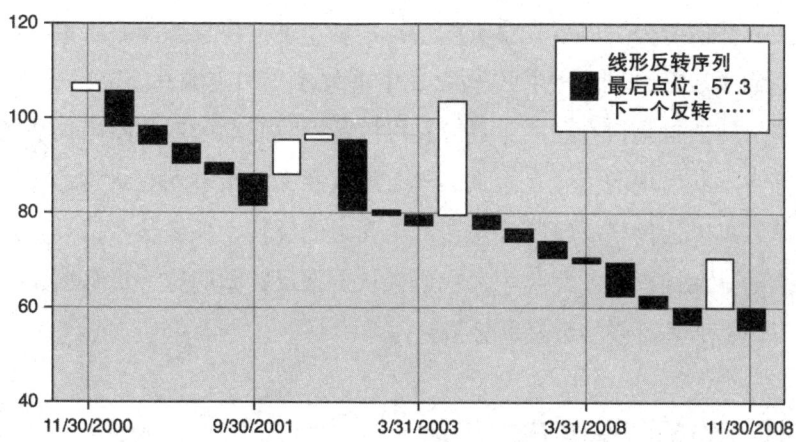

图6.11　上图指数的价格反转图
资料来源：彭博社

德国欧洲经济研究中心（ZEW）发布的德国信心指数

ZEW 德国信心指数是按月来发布的（见图 6.12），它是面向将近 350 个机构投资人和分析师的调查，内容是让他们对近期德国经济情况进行预估。请注意在图 6.13 中，该价格反转图显示出向上的情绪突破已经发生。问题是，它能持续多久？

价格反转图与全球金融危机

在这场全球金融危机中，先是有次贷问题，后有雷曼兄弟突如其来的倒闭，让市场和专家都大吃了一惊。雷曼的倒闭对市场的震动程度可以说是前所未有的。如果我们更仔细地去看一些当时的迹象，就会发现其实有些信号是可以事先察觉的，特别是用了价格反转图后就更容易发现它们了。在判别金融状况是否发生重大改变和监测其复苏状况方面，价格反转图也是很有用的工具。它可以帮助我们准确地判断出，在经济复苏中不断出现的信号是否真的具有重大意义。很多人会认为，如果这些信号可以让价格反转图在图形产生向上的反转，那么这些信号就是有意义的。在接下来的几节中，我们会从价格反转图的这一优势出发，来温习一下那些重要的金融形势指标。

彭博社的美国金融状况指数

彭博社的美国金融状况指数（BFCIUS）反映的是货币市场、债券市场和股票市场的情况。在图 6.14 中显示的就是金融危机产生的戏剧性的动荡。

第六章 价格反转图在多个市场中的应用

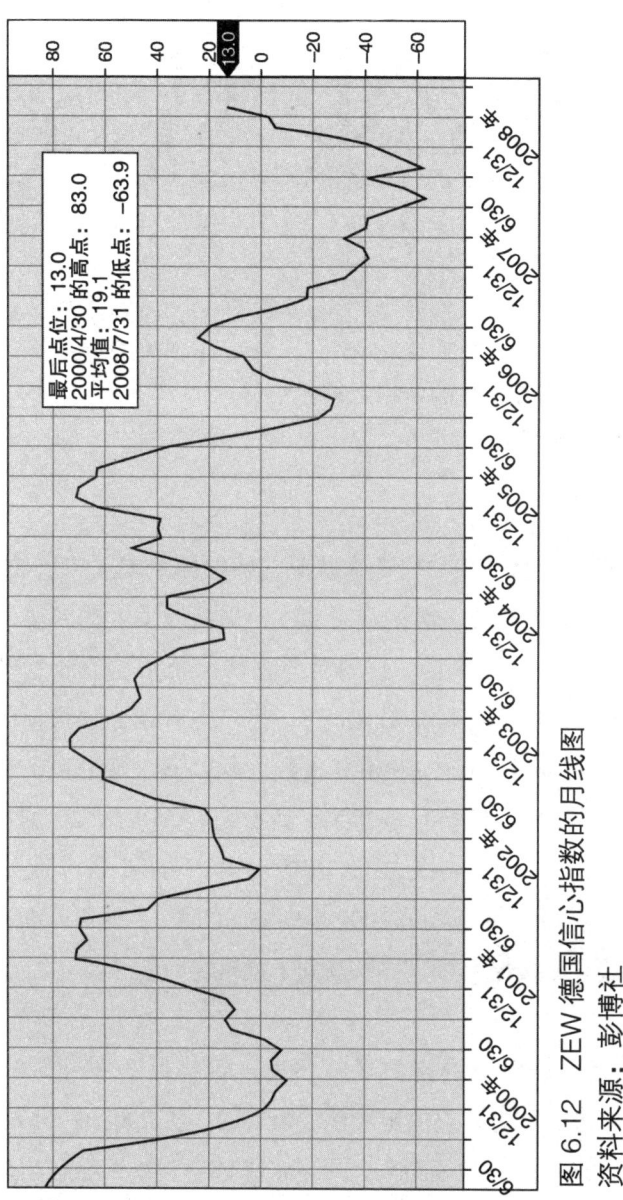

图 6.12 ZEW 德国信心指数的月线图
资料来源：彭博社

84　拐点交易策略 SENTIMENT INDICATORS

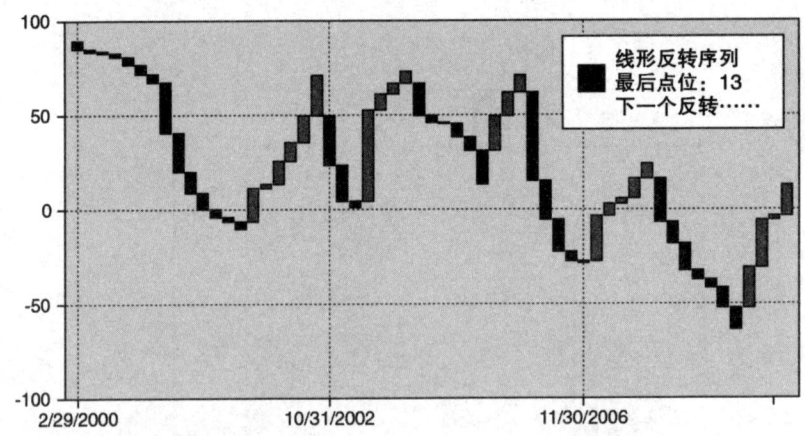

图 6.13　德国信心指数的价格反转图
资料来源：彭博社

这个指数的值是现状与正常状况之间的标准差。在 2008 年 2 月 22 日，BFCIUS 达到了 1.198Z 的高分值。Z 是统计学上的术语，它表示超过平均值的标准差的数目。这表明金融状况是平均值或是平均分数的 70%（1 个标准差代表 67% 的偏离）。我们能看到金融状况已经开始恶化了。2008 年 9 月 1 日，BFCIUS 指数为 -2.303。接下来，它就跌到了谷底，2008 年 10 月 10 日，该指数打到了 -11.551 的低点！而出现这种情况的概率是 1000 的 16 次方的 10 倍分之一（资料来源：http://www.trilogyadvisors.com/worldreport/200910.Lehman.pdf.）。所以，在折线图的走势上，指数开始缓慢上行，并恢复到了危机之前的状态。

对于复苏之路上的指数运行情况，价格反转图分析法展示出一些有趣的地方。首先，它的走势是波浪形的。从 2008 年 10 月 10 日的低点起步，走出了 7 个连续新高，接下来指数有一次回撤，出现了 4 个连续新低，直至 2008 年 11 月 20 日在 -9.21 见底。不过，在这之后就迎来了向上的反转，指数一连收出了 12 个新高，2009 年 1 月 13 日指数达到

第六章 价格反转图在多个市场中的应用

了 –4.801，这时上攻有了一个停滞，指数在 –3.59 一带构成了支撑位。

通过价格反转图的分析，能否确认金融状况已经复苏了呢？让我们来看一下。

在图 6.14 中，我们看到的是上升序列在以"小碎步"的形态逐步上行，而经济状况的分值也越来越高。它向上的走势呈 45 度角，也在确认整体上来说，人们对经济状况改善的信心在稳步增强。还有一个有意思的地方就是当出现向下的反转时，每次运行的距离都很短。

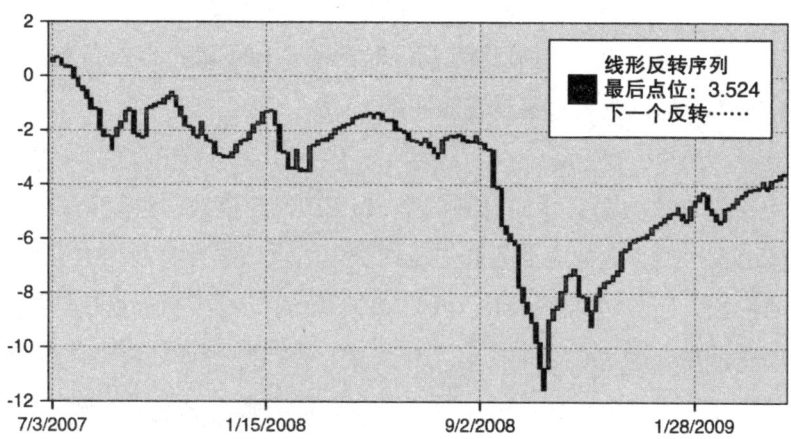

图 6.14　美国金融状况指数的价格反转图
资料来源：彭博社

高级贷款专员调查

这个面向高级贷款专员关于银行信贷业务的意见调查，是与监测金融状况有关的，它的重要性很高。联储负责实行这项调查，并发布调查报告（即 SLDETIGT 指数），报告会追踪主要的银行官员对信贷业务是收紧还是放开的表态。这类报告在好几个国家收集相关资料。交易者如果想对金融形势有深入的了解，应该设法拿到这些报告，因为它们可能是金融形势发生改变的一个先行指标。图6.15和图6.16都展示出了信贷的供求情况。它们都在追踪商业和工业贷款是否紧缩，对商业和工业贷款的需求是在增加，还是在降低。值得一提的是，2007年信贷进入了新的收紧阶段，而在2008年夏末，紧缩标准的走势呈现出了抛物线的形态。若从需求这方面来讲的话，对商业和工业贷款的需求在2005年达到了高峰。

在图6.16的价格反转图中，我们可以看到，在2006年初，对商业和工业的贷款收紧状况出现了重大的反转，连续收出了9个新高。而在2009年5月前，折线图显示收紧情况有了小幅下跌，但在价格反转图上，它还不足以成为一个反转的柱体。

在需求这方面，我们看到的是SLDEDEMD指数，也就是调查结果里显示大中型企业的对商业和工业的贷款需求增强在总共国内受访对象中的占比。图6.17和图6.18分别是该指数的折线图和价格反转图，它们都显示在金融危机之前的好几年当中，该指数早就处在下降状态了。同时它还显示指数正在走平，或者说在从恶性循环中脱离出来，正在筑底。这个信号有意义吗？

第六章　价格反转图在多个市场中的应用

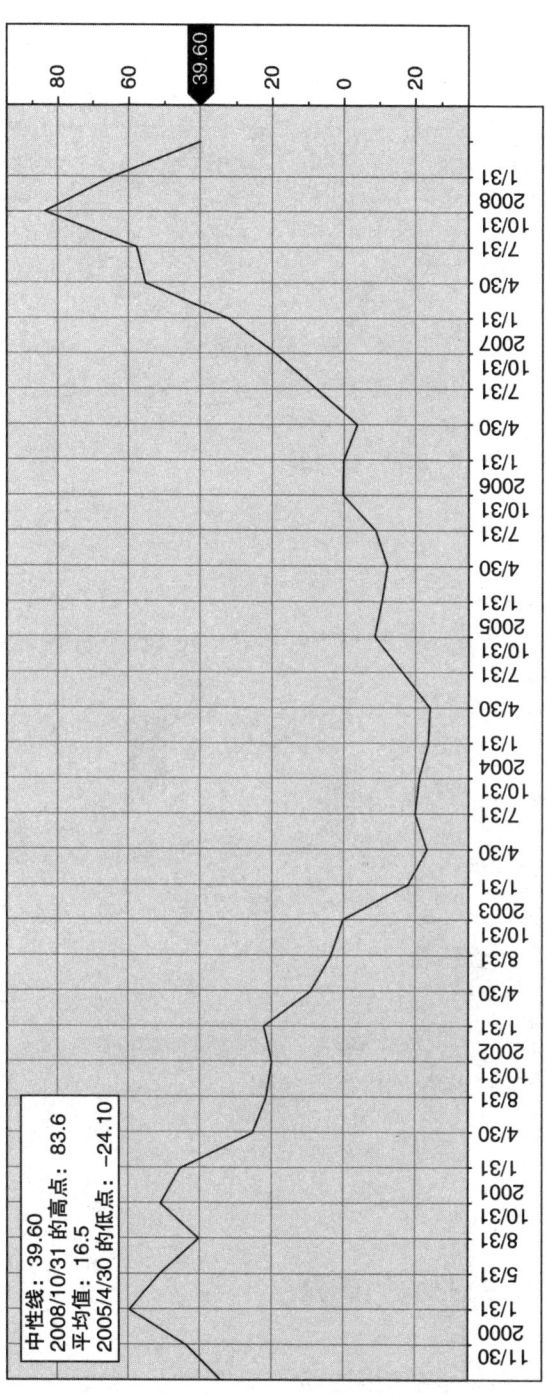

图 6.15　SLDETIGT 指数的折线图
资料来源：彭博社

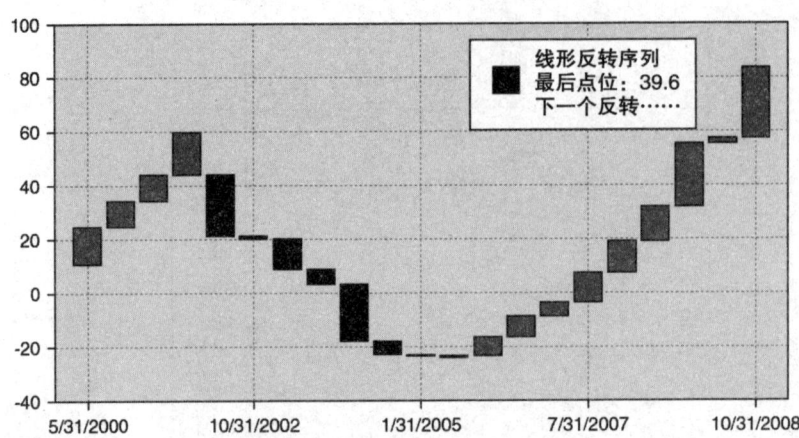

图 6.16　SLDETIGT 指数的价格反转图
资料来源：彭博社

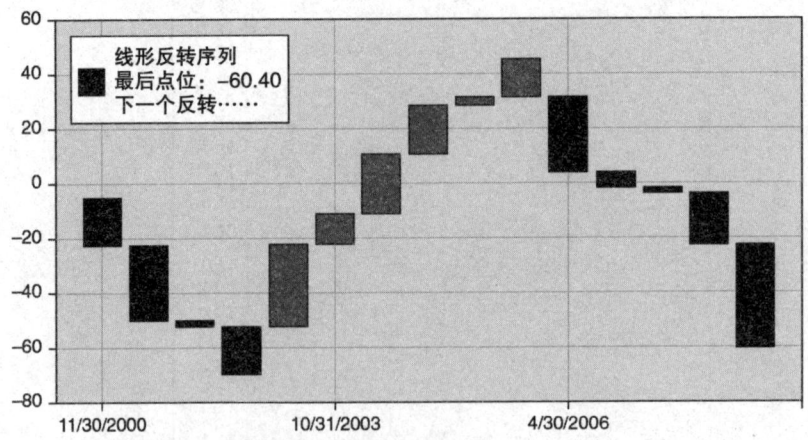

图 6.18　SLDEDEMD 指数的价格反转图
资料来源：彭博社

费城联储银行的商业展望调查

费城联储银行的商业展望调查为你提供了另一个考察商业状况的窗

第六章　价格反转图在多个市场中的应用

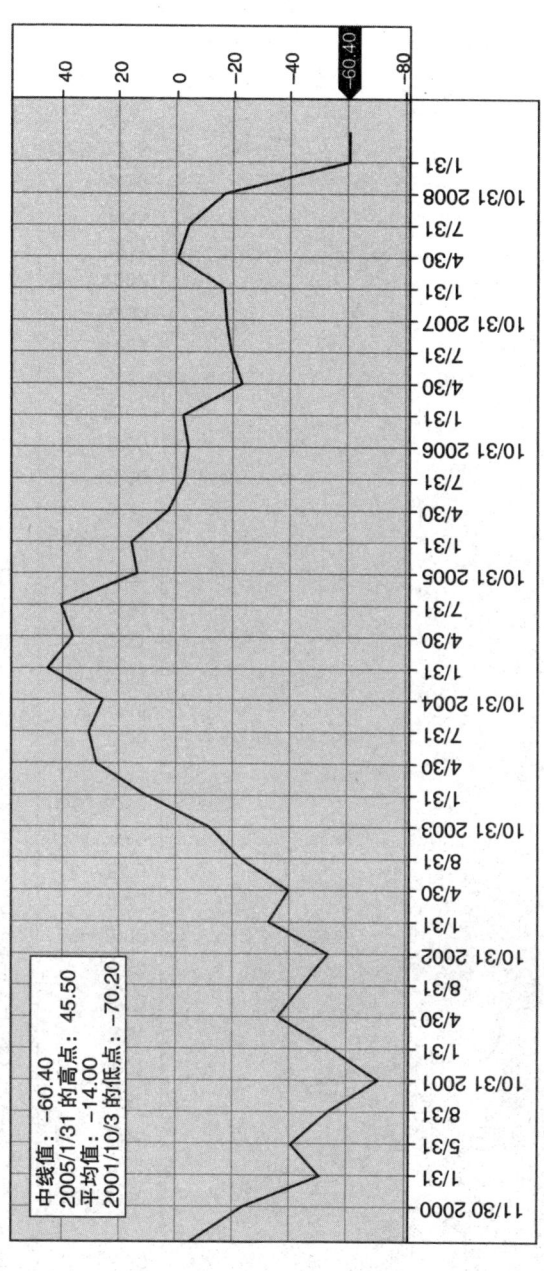

图 6.17　SLDEDEMD 指数的折线图
资料来源：彭博社

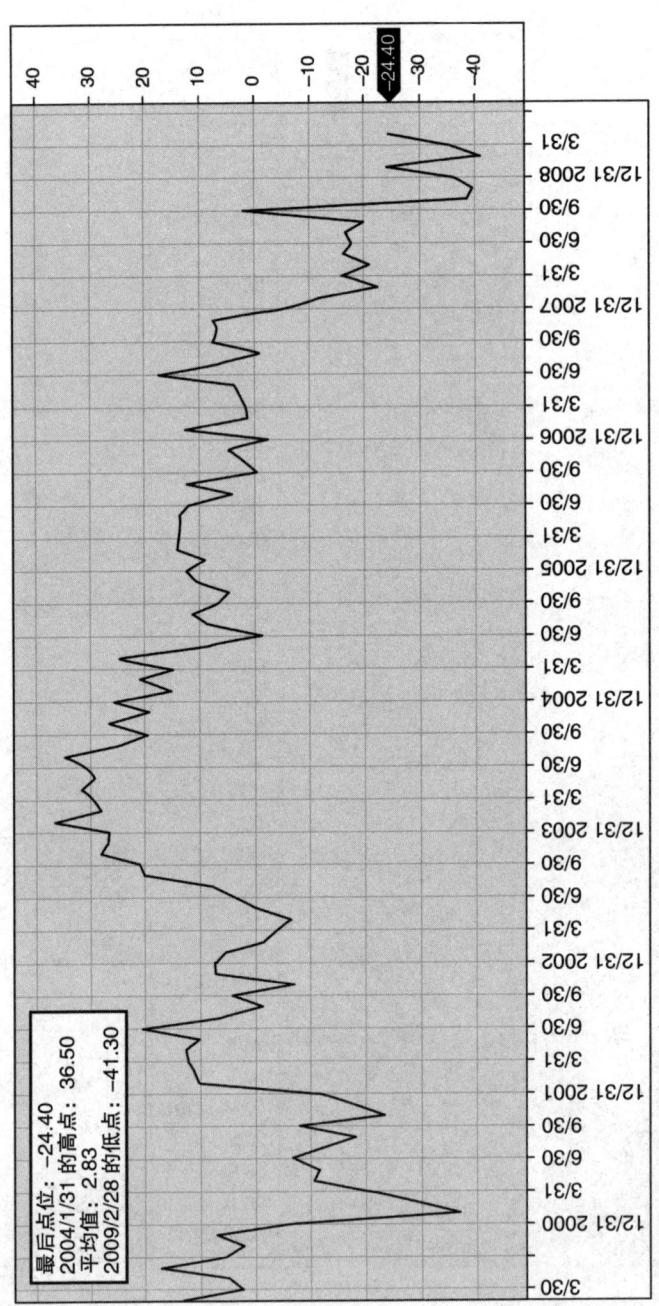

图 6.19 费城联储银行的商业展望调查发散指数的折线图
资料来源：彭博社

第六章　价格反转图在多个市场中的应用　　91

口。图 6.19 和图 6.20 分别是该调查反馈的折线图和价格反转图，它们都表现出了反馈的多变性。在价格反转图中，最近出现的两个连续新低序列在外形上是非常的扁平，这就表明负面的反馈暂时平复了下来。它显示出的是能量在耗尽。

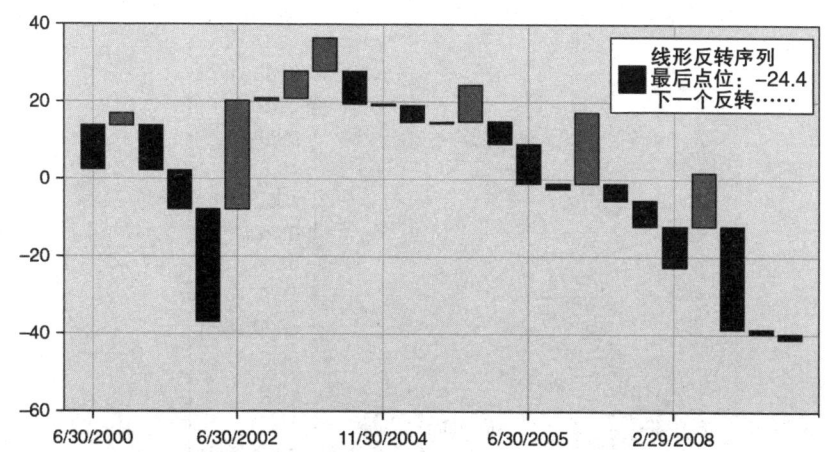

图 6.20　上图指数的价格反转图
资料来源：彭博社

密尔沃基制造业采购经理人指数

密尔沃基制造业采购经理人指数，即 MAPMINDX 指数，每月它都会对制造业采购经理人进行调查，让他们对制造业前景进行评估。该指数的折线图显示最近有向上反弹的趋势（见图 6.21）。这个反弹是有效的吗？从价格反转图（见图 6.22）的角度来看，还没有出现向上的反转柱体。

很明显，价格反转图可以让人更容易辨别指数是否在朝着复苏的方向前进，同时也可以检测出未来的复苏强度，你只需要看看反转图展示出的代表金融复苏的重要指标就可以了。当价格反转图中产生反转时，它在所有金融复苏指标当中的作用应该是首当其冲的，因为它可以确认金融形势的确是发生了转变。

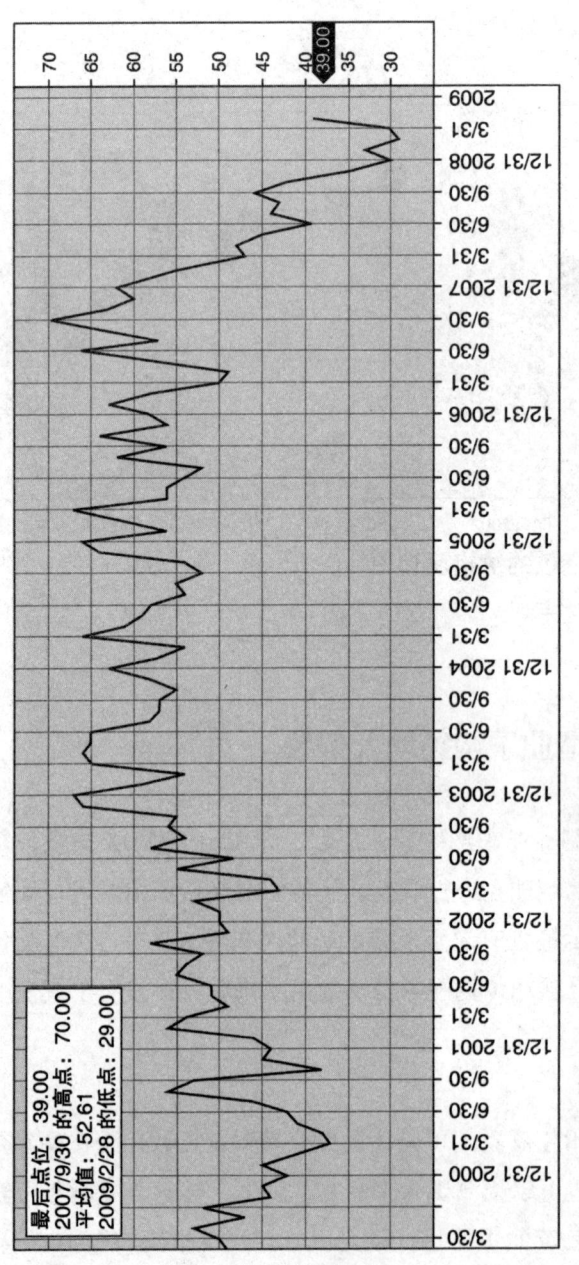

图 6.21　完整的密尔沃基指数的折线图
资料来源：彭博社

第六章 价格反转图在多个市场中的应用

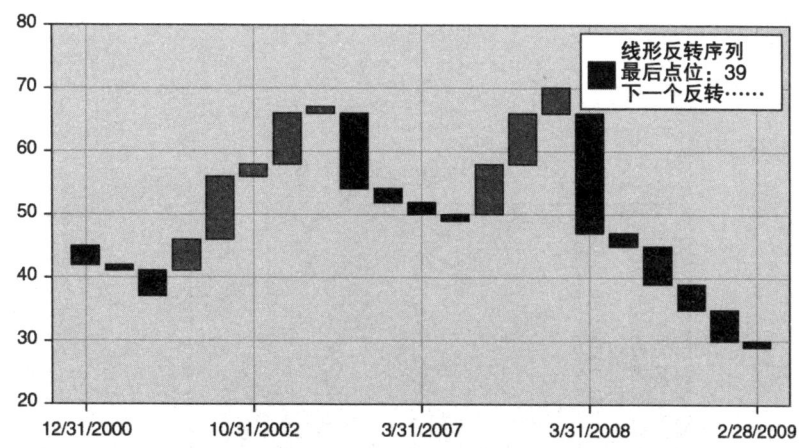

图 6.22 MAPMINDX 指数的价格反转图
资料来源：彭博社

价格反转图与监测通胀

通胀监测可以说是检测金融形势复苏过程中的一个副产品。对于那些寻找通胀信号的交易者来说，价格反转图有其特别的作用。让我们用路透/杰富瑞商品研究局指数（RJ/DRB Commodity Price Index，简称 CRY 指数），作为衡量通胀预期的指标，因为它是商品期货价格的算术平均值。通胀如果再次发生的话，它的信号是在 CRY 指数上的突破。图 6.24 的价格反转图中，在 229 这个点位上方发生了反转，也就是说 3 月 23 日完成了向多头市场的转变。因此，当你要对通胀的预期进行投机时，就要关注 CRY 指数停留在该价位上方区域的阶段。

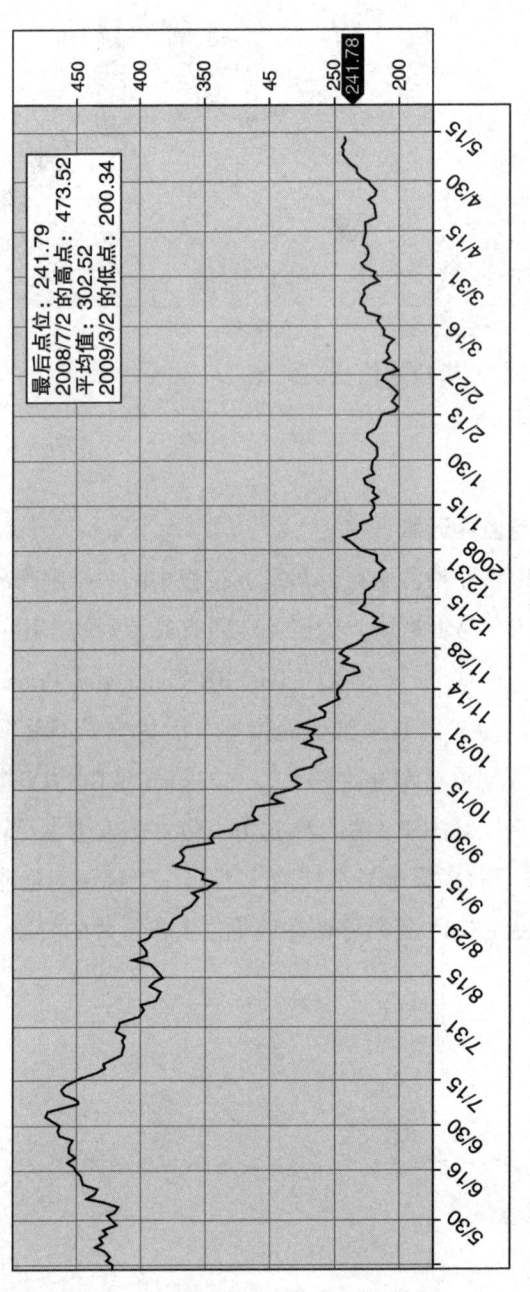

图 6.23 CRY 指数的日线图
资料来源：彭博社

第六章　价格反转图在多个市场中的应用

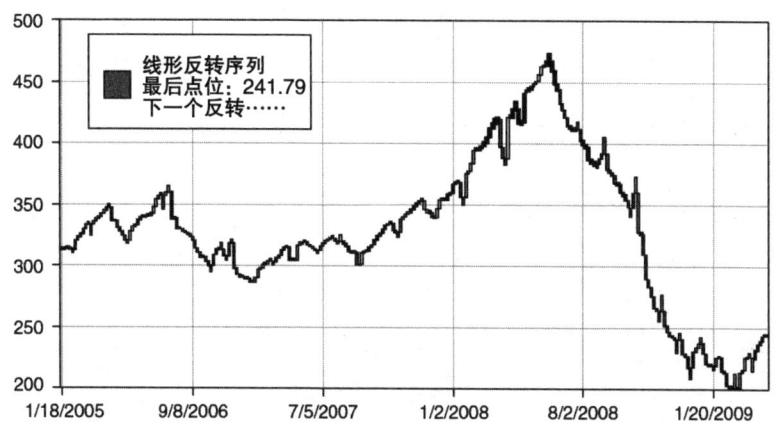

图 6.24　上图指数的价格反转图
资料来源：彭博社

德国商业预期

德国经济是欧元区经济中的主要驱动力。当对商业预期的调查结果出炉后，它们将会是与市场有很强相关性的指标，并能够影响到市场的运行。那么价格反转图能为分析这些调查结果带来一些附加价值吗？

请注意，在图 6.25 中，欧元/美元这对货币的情绪数据的波动情况。它们的运行大体上是同步的。引领行情向上的情绪看起来很强，但是也很难具体评估出，从深度下跌到市场持积极态度，情绪反转的程度究竟是多少。

而只要我们看一下图 6.26 中 GRIFPEX 指数，即 IFO 泛德国商业预期指数（IFO Pan German Business Expectations Index）的价格反转图，就会发现它为我们提供了另外一个看待该调查结果的角度。在折线图中推动行情向上的那股情绪还不足以在反转图中引发反转，但是交易者可以确切地知道将来在哪个点位会发生反转。往回倒着数三个柱体，你就会得到 86 这个反转点位。如果目前下行的走势在将来能拐头向上突破这个点位，就是一个有效的突破信号。

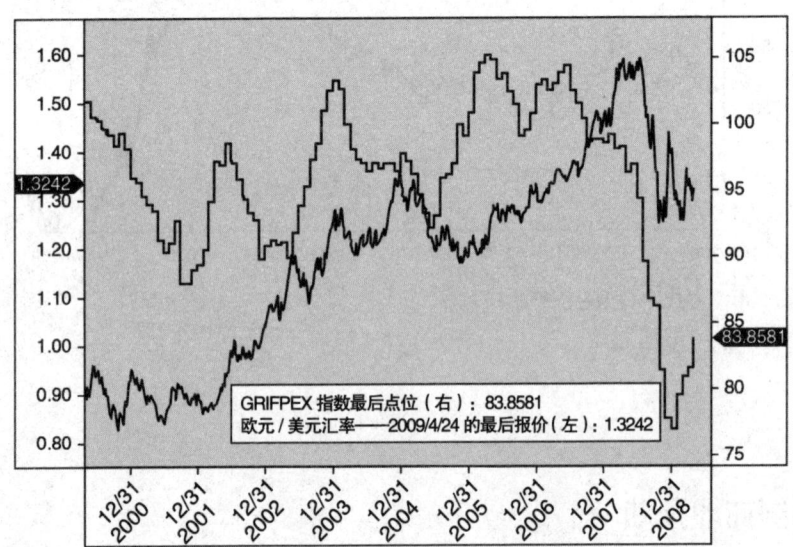

图 6.25　GRIFPEX 指数与欧元/美元汇率的折线图
资料来源：彭博社

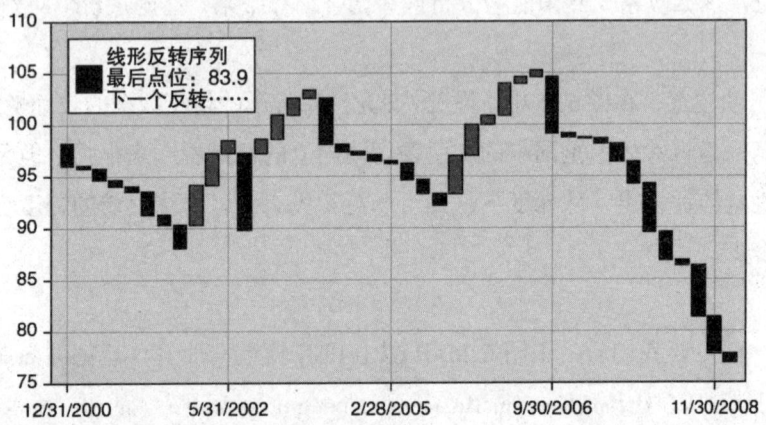

图 6.26　GRIFPEX 指数的价格反转图
资料来源：彭博社

日本短观（TANKAN）商业状况调查

这是一项很复杂的调查，它的调查对象在一万家公司以上，调查内容是询问那些公司是否认为商业状况会出现改善。如果你去看一下图6.27，你很快就能感受到日本对商业状况的情绪是很压抑的。而摆在日本商业形势分析师或是观察者面前的问题是"什么时候会出现具有实际意义的积极情绪上的提升？"，在图6.28中的价格反转图就告诉大家，当调查结果的数据能让该图出现三个连续新高（指数达到6）时，就说明市场回暖的时候真的到了。

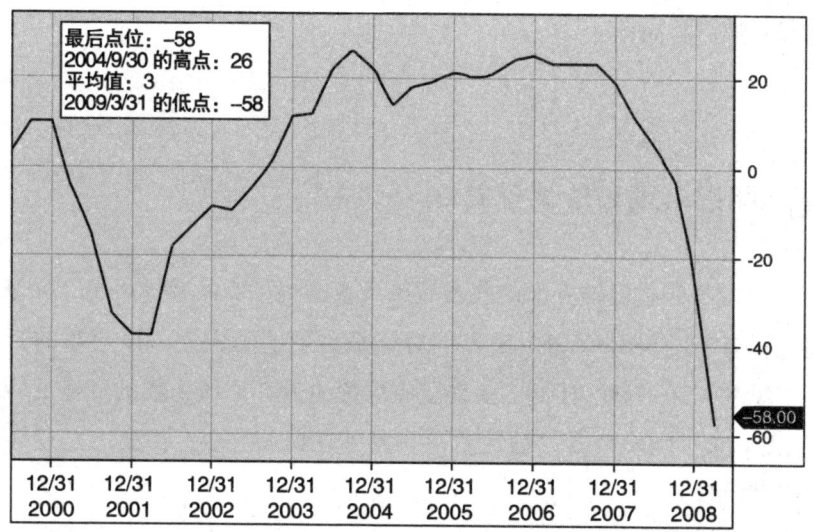

图6.27　JNTSMFG指数的折线图——对大型工业制造企业进行的短观商业状况调查
资料来源：彭博社

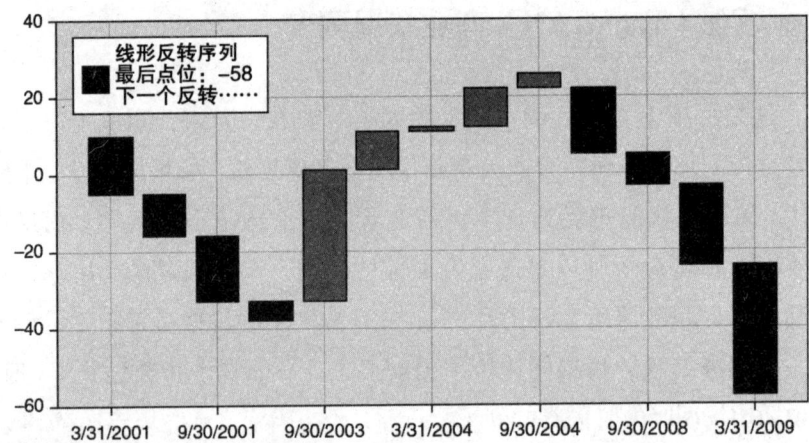

图6.28 JNTSMFG指数的价格反转图
资料来源：彭博社

商品期货市场与价格反转图

全球各国在金融方面的收紧政策严重影响了商品期货市场。标普高盛商品指数（S&P GSCI）是人们对未来预期的晴雨表。该指数的折线图（见图6.29）显示杯形的弧线正在缓慢上升。而该指数的价格反转图（见图6.30）则反映出它的性质还只是处在振荡之中，想要确定反转还要等些时日。

第六章 价格反转图在多个市场中的应用

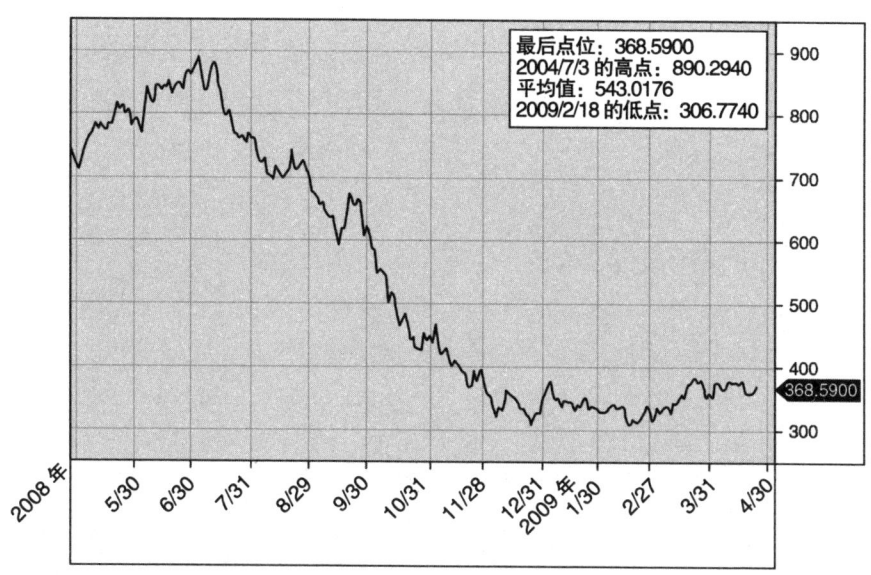

图 6.29　标普高盛商品指数（S&P GSCI）的折线图
资料来源：彭博社

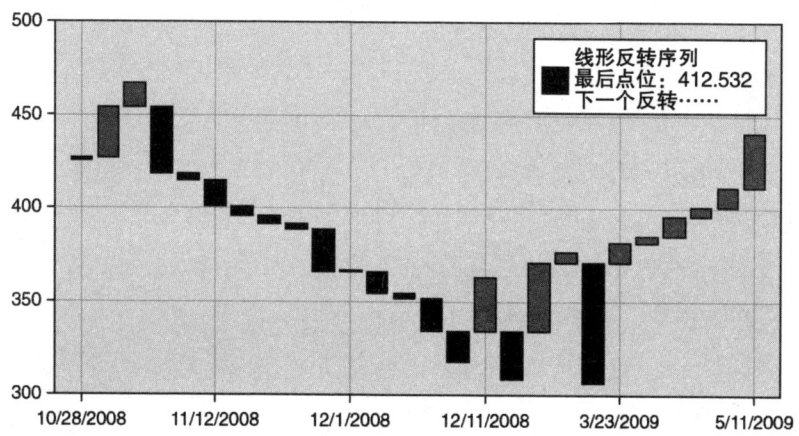

图 6.30　SPGSCI 指数的价格反转图
资料来源：彭博社

第七章 价格反转图与期权交易

价格反转图还能够帮助交易者制定期权交易的战略。期权交易者在交易时最重要的一件事就是要对于趋势的方向作出决断。他们根据对市场情况的评估来预测价格的波动情况，而评估能力的高低基本上就决定了交易的盈亏。这与现货交易者可以形成一个对比，现货交易者是对价格波动作出反应，想要介入到这样的涨跌之中去赚取差价。既然想要进行的期货交易或是由于某种形态或趋势的延续而产生的交易，或是因为交易者预计趋势会发生反转而引发的交易，那么，价格反转图在确认反转强度方面就成为了一个关键的分析工具。除此之外，一旦预期中的趋势方向已确立，交易者就需要选择行权价格。价格反转图对如何确定行权价格的价位也有一套方法。这一章将会揭示价格反转图在期权交易方面的创新性应用。

用价格反转图来选择交易方向

期权交易者的第一要务就是要确立交易的方向。如果对于未来的趋势方向判断错误，将会导致交易获得盈利的可能性降低。交易者可以通过多种途径来对趋势的方向进行决策，但我们这里会将重点放在价格反转图身上，因为它能成为选择方向的有效工具。Tom DeMark 是一位著名的技术分析大师，在他的《日内期权交易（Day Trading Options）》一书中，写有如下购买看涨期权（calls）和看跌期权（puts）的操作法则。

法则一：当整体市场下跌时，买入看涨期权；当整体市场上涨时，买入看跌期权。[1]

法则二：当选定的行业板块下跌时，买入看涨期权；当选定的行业板块上涨时，买入看跌期权。

法则三：当选定的股票下跌时，买入看涨期权；当选定的股票上涨时，买入看跌期权。

把这些法则与价格反转图结合在一起使用，可以说是几近完美。下面就让我们在价格反转图中来运用这些法则。

运用价格反转图购买看涨期权和看跌期权的法则

法则一：当整体市场下跌，在价格反转图的日线图显示出一个连创新低的序列时，买入看涨期权。

法则二：当选定的行业板块下跌，在主要行业指数价格反转图的日线图中，出现一个连创新低的序列时，买入看涨期权。

法则三：当选定的股票下跌，在其价格反转图的日线图中走出连创新低的形态时，买入看涨期权；当选定的股票上涨，在其价格反转图的日线图中出现连创新高的走势时，买入看跌期权。

价格反转图会让交易者在运用 Tom DeMark 的法则时能有一个具体的尺度去把握。它还能做得更多，比如帮助交易者选择看涨期权或看跌期权的行权价格。

选择行权价格

一旦交易者选择好了趋势的方向，下一个关键步骤就是确认交易的行权价格。这可以从几个方面来进行评估。首先，行权价格应该距离现在的市场价格多远合适？当行权价接近现货价的时候，行权费用会很高，但是随着价格的波动，会有更高的百分比（这被称作DELTA值）。当行权价远离现货价时，行权费用会低一些，但是行权价格随着现货价变动的敏感度也会降低。价格反转图能帮助我们确定行权价格的点位吗？让我们来看一下它是怎么做到的。

对于期货行权价格的选定，价格反转图会带给我们行之有效的标准，特别是在套利交易中尤其见效。原因在于，当市场发生反转的那一刻，情绪宣泄往往达到了最高潮，这一点对于操作来讲意义重大。要记住，在三线反转图中，反转的标准就是看市场情绪是否足以破掉前期的三个低点或高点。这样一个现象说明，价格反转图中的反转点位顺理成章就应该是行权价格的点位。

让我们看一下标普500现金指数的三线反转图，这里是它的周线图，我们要看明白这张图是如何为交易者选择行权价格提供参考的。当我们第一次看图7.1时，可以看出它的整体趋势是向下的，其间曾两次尝试过向上进行反转。

我们通过价格反转图，能够确认应该选择做多还是做空的操作策略。考虑到在2007年5月20日，标普指数出现过两个连续的新高。交易者如果在期权中看反转的话，反转点位将是前面三个柱体的低点。这个价位应该是看跌期权的行权价格。期权的到期日可以有很多选择，但是三个月的期权一般是可以接受的，它不仅留给市场情绪来实现反转的时间，还给了行情进一步下行的时间。

通过图 7.1 的展示，我们看到价格反转图对于我们选择看涨和看跌期权的行权价格都能起到指导作用。

而价格反转图在设置上的多样性又可以帮助交易者制定更为短期的期权操作策略。我们依然用同样的标普指数的数据，来制作一张六线反转图的日线图。把三线反转改成六线反转，对于情绪稳定性的确认会非常清晰。空头情绪在这里也变得可以量化了，图中显示出力度很大的连续新低，其间只有断断续续的反弹。那些想操作看跌期权的交易者，也许会喜欢看到图 7.2 中的走势。当价格反弹，并出现连续八天的新高时，交易者会向后倒数六个柱体，达到 829.39 一线，然后就可以在比它稍低的点位卖出看跌期权。如果交易者想要套利，买入看涨期权的点位应该是 675。

六线反转图还有一个很有意思的地方，交易者可以拿它来对付那种可能会出现的忽上忽下的抽风行情。我们在前面的章节中提到过，所谓抽风行情就是反转柱体把之前刚发生的反向反转又马上给打回了原形。在六线反转图中，我们假设这第二次反转的势头是非常之猛的。图 7.3 是金价的六线反转图，其中就有几次忽上忽下的抽风行情，这也就给期权交易提供了机会。

一般的操作策略是这样的：一旦图中出现反转柱体，会设置一个月的期权，认为将出现一次反向的反转，让价格回到之前的起点。当抽风行情的动能足够强时，它会在向上反转时出现连续新高，或者是在向下反转时出现连续新低。

2007 年 11 月 19 日，金价收在 781.75 美元，图中就出现了一个向下反

第七章 价格反转图与期权交易

转的柱体。如果交易者认为会出现抽风行情的话，就可以在预估的向上反转的价位 833.59 美元进行看涨期权的操作，这个价位也是前期的高点。这里要记住的是，当六线反转图中已经发生向下的反转时，那么紧跟着发生的向上的反转将会把价格带到前期的高点，而这个高点就是前次向下反转之前的高点。在这个例子里，一个月或两个月期权的行权价格就是 835 美元。2007 年 12 月 28 日，这样的抽风行情就发生了，金价达到了 840.5 美元，并在之后连续走出了十二个新高，在 2008 年 1 月 30 日见到了 929.40 美元的高点。我们的中心思想就是要将预估的六线反转点位用作入场的点位。

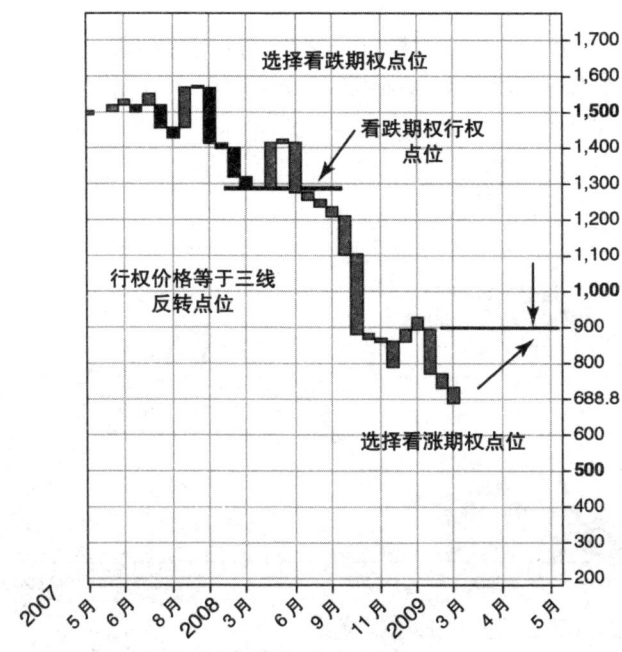

图 7.1　运用价格反转图制定期权交易策略
资料来源：技术图的版权为 www.ProRealTime.com 所有

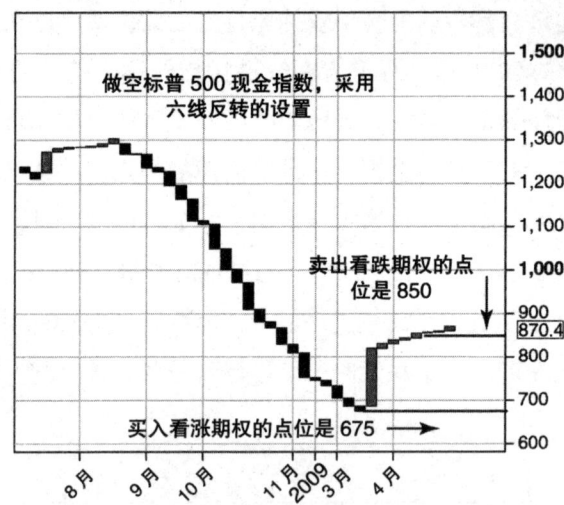

图7.2 做空标普500现金指数：采用六线反转的设置
资料来源：技术图的版权为 www.ProRealTime.com 所有

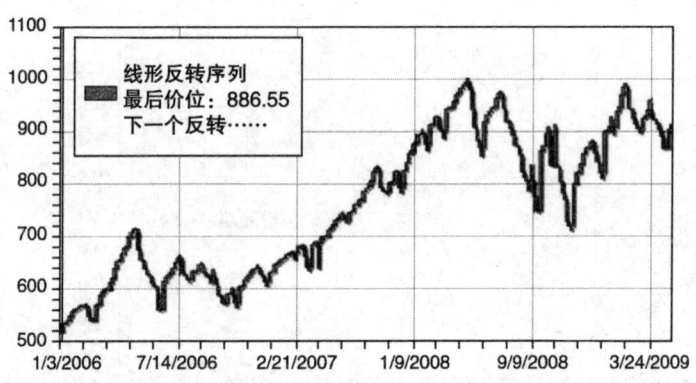

图7.3 六线反转图与黄金的期权交易
资料来源：彭博社

风险反转率的价格反转图分析（供货币交易者使用）

对货币交易者来说，与货币对相关的风险反转率（也称为 25-Delta 风险反转）是很重要的，它是一套特殊的数据，指的是 25-Delta 看涨期权暗含的波动率减去 25-Delta 看跌期权暗含的波动率所得到的比率。从理论上讲，如果市场情绪是中性的，那么这两个暗含的波动率应该是一样的。但是，如果市场情绪是偏重于某一方，那么这两个暗含的波动率就会是一高一低了。而市场情绪实际上也经常会向一方倾斜。这个倾斜的程度就被称为风险反转率。针对本书而言，风险反转率之所以重要，是因为它经常与标的品种现货价格的趋势方向相关。基本上讲，风险反转率是可以反映出与现货价格走向相关的市场情绪状况。在图 7.4 中，我们看到的是澳元／美元的汇价与其风险反转率曲线叠加的图形。

但凡认真的外汇期权交易者，都会重视风险反转率，并将其视为衡量趋势方向的指标。这里有两套有关风险反转率的操作策略可以运用。第一种是跟着趋势走，如果波动性笑脸朝一个方向倾斜，那么你下一步期权交易采取的策略也是顺着这个方向来操作。而另一种情况是，在很多时候，这种倾斜是很极端的，那么就要调整策略，在期权交易时进行反向操作。在第一种情况下（交易与曲线倾斜的方向一致），将风险反转率的折线图转化为价格反转图会指明风险反转率的波动曲线是否已经明显发生了方向上的反转。大家都知道，在风险反转率的波动曲线刚开始反转时就上轿，收益总是最好的，因为那时市场情绪产生的趋势力度很强。价格反转图就能帮交易者确认这个开始是否已然发生。而运用价格反转图来进行反向的操作也许会更容易，因为价格反转图的形态会告诉我们，风险反转率的曲线是否已经显现疲态。如果是这样的话，反向操作本身就是对即将到来的反转而做出的先下手为强。

让我们再来看一下反映澳元/美元的汇价与其风险反转率曲线的图。在风险反转率与现货价格之间，存在着紧密的联系。那些根据风险反转率的变化来决定交易方向的交易者，会认为风险反转率曲线的折线图是很有效的操作依据，他们对这些图形都很有信心。而如果把风险反转率曲线的折线图转化为风险反转率曲线的价格反转图，他们的信心会更足。这样出来的价格反转图会对细节进行强化，可以显示出趋势在何时会发生改变，也可以预估反转会在什么点位出现。图7.5就是图7.4这张折线图的价格反转图的翻版。12月15日，图中出现了向上的反转，这就一改之前新低不断的风险反转率曲线的运行，有利于看跌期权的操作。这个向上的反转发生后，尽管风险反转率曲线还处在负值，但是它也显示出市场情绪的基调发生了改变。当采用了价格反转图后，我们发现该图已经不再支持做空澳元/美元了。除此之外，交易者遵循着风险反转率的操作法则，在12月15日开始做多澳元/美元的话，他将会看到汇价从12月15日开始持续上涨，从开始的大约0.7直至三月份在0.95见顶。3月26日，1个月的期权发生了向下的反转，这是个离场的信号。价格反转图提供的入场和离场信号让交易者在这次交易者坐享2000个基点的收益。

我们这里还有一个欧元/日元的例子，它也让我们感到价格反转图对于风险反转曲线是有帮助的。首先我们知道在现货价格与风险反转率之间有很强的协动作用。在图7.7中，风险反转率的折线图显示原先偏向看涨期权的市场情绪已然平复。那么交易者是否应该考虑看跌期权呢？在上一张（见图7.6）曲线的价格反转图中，我们要看反转是否出现。是的，它的确出现了！这就是对做空进行确认的信号。

第七章 价格反转图与期权交易

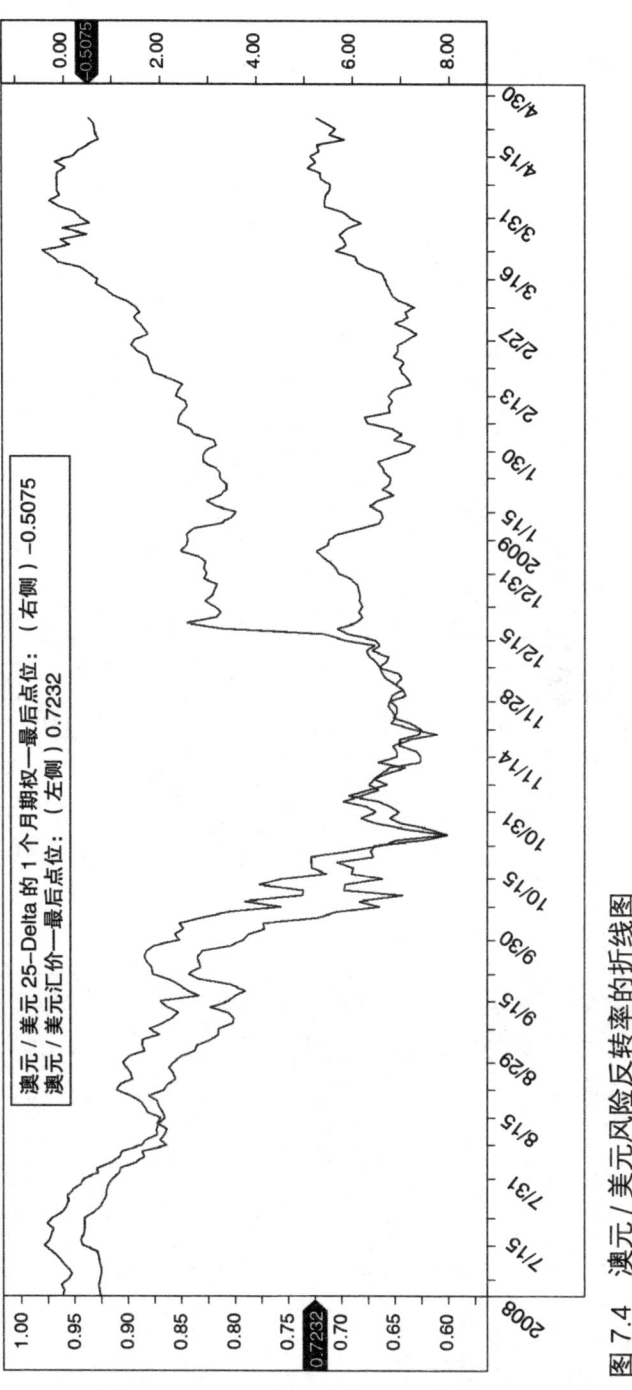

图 7.4 澳元/美元风险反转率的折线图
资料来源：彭博社

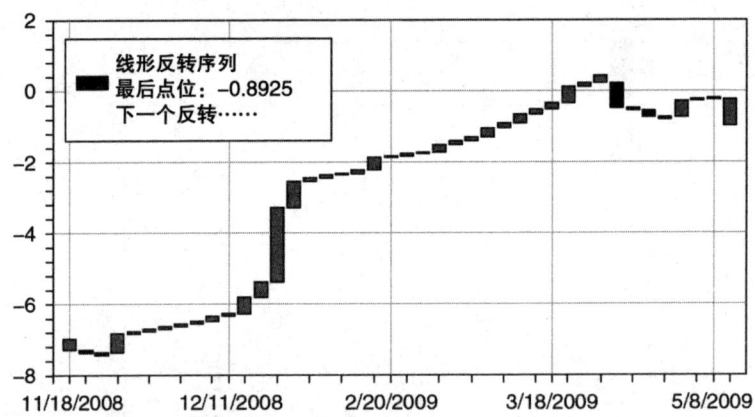

图 7.5　澳元 / 美元风险反转率的价格反转图
资料来源：彭博社

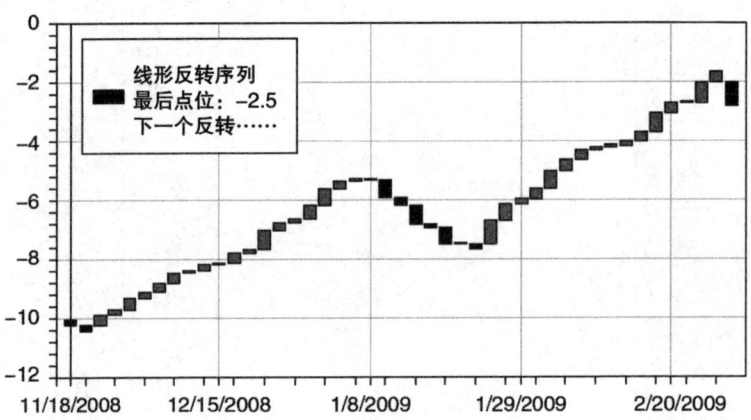

图 7.6　欧元 / 日元风险反转率的价格反转图
资料来源：彭博社

第七章 价格反转图与期权交易

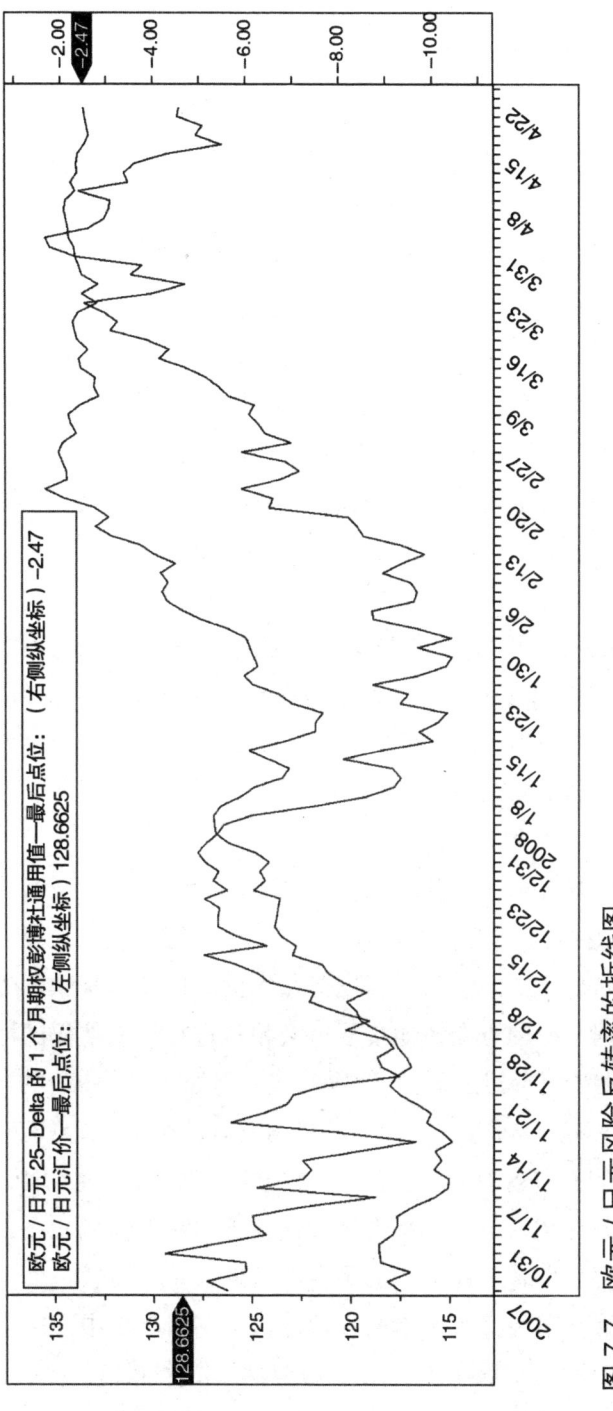

图 7.7　欧元/日元风险反转率的折线图
资料来源：彭博社

价格反转图与货币波动性笑脸

在货币期权交易中，另一个使用价格反转图的地方是波动性笑脸的曲线。波动性笑脸指的是曲线的形状，这些曲线是由取不同 Delta 值的行权价格中暗含的波动性生成的。在货币交易市场中，这些笑脸是很重要的曲线。理论上讲，如果市场没有偏向于任何一个方向，那么这个曲线就是一个简单的笑脸。但是当市场有所偏重时，你会看到一张偏向于某个方向的伪笑脸，它反映了市场情绪是倾向于看涨期权还是看跌期权。交易者面临的问题就是如何来解读波动性笑脸。它是先行还是滞后了？或者是过度表现了？当交易者将价格反转图与波动性笑脸联系在一起后，就能确认图中的笑脸曲线是否发生了反转。

举例来说，在图 7.8a 中的波动性笑脸，就倾向于看涨期权这一边。当期权交易者看到这张图时，就会考虑在交易欧元 / 美元时选择看涨期权，欧元 / 美元的价格反转图（见图 7.8b）上显示出，笑容不可能持续，因为价格反转的方向没有确认这一点。

下面我们来看另一个澳元 / 美元交易中的例子。在图 7.9a 中，我们可以看出波动性笑脸非常明显是倾向于看跌期权这一边。交易者管这叫做伪笑脸。而事实上，它的倾斜度是很大的。按照这张图，交易者可以断定，根据曲线的方向，他接下来会顺势进行看跌期权的操作。然而，图 7.9b 的价格反转图显示，澳元 / 美元仍处在一个很长的连创新高的序列中。在这个例子里，笑脸与趋势的方向是相反的，或者它可以引领趋势。在价格反转图中，还有一些有趣的线索。你会注意到，创新高的柱体在不断变短，最后几乎走平。这就表明趋势已显疲态。如果交易者预测会发生反转，那么就会买入看跌期权，从最后一个低点倒数三个柱体，就能得到行权价格的大致点位。在图 7.9b 中，这个点位是 0.8624，所以，0.86 应该是买入看跌期权时不错的行权价位。

第七章　价格反转图与期权交易　　　　　　　　　　　　　　　　113

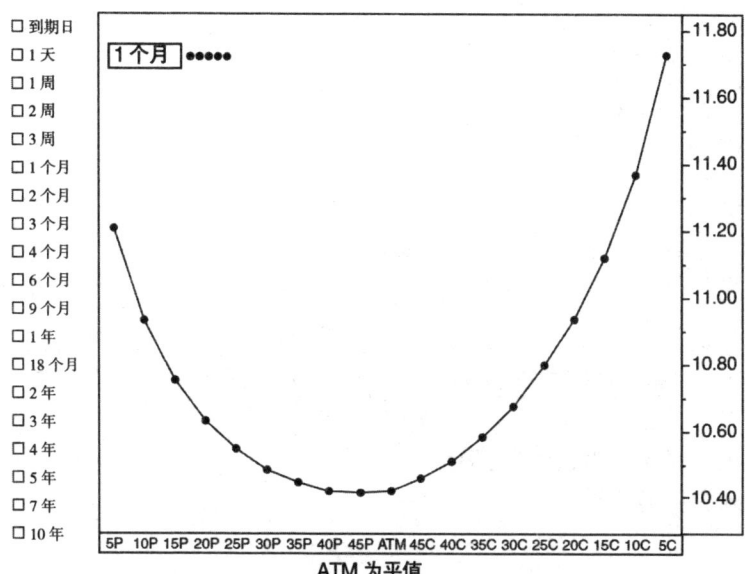

图 7.8a　欧元 / 美元的波动性笑脸的曲线
资料来源：彭博社

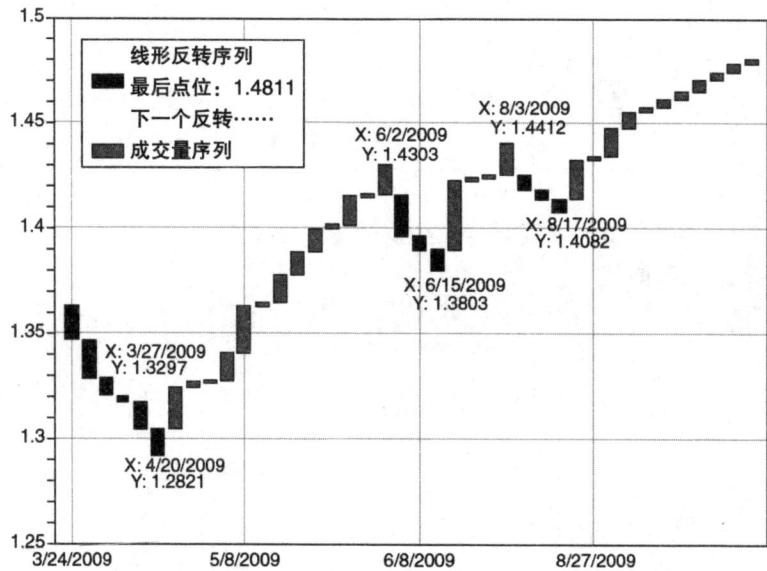

图 7.8b　欧元 / 美元的波动性笑脸的价格反转图
资料来源：彭博社

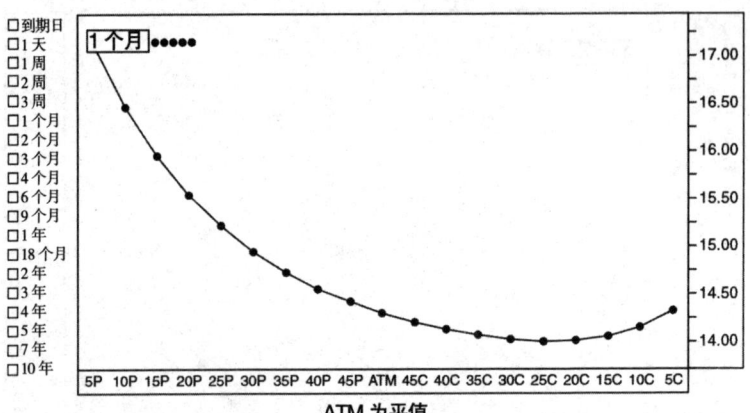

图7.9a 澳元/美元的伪笑脸
资料来源：彭博社

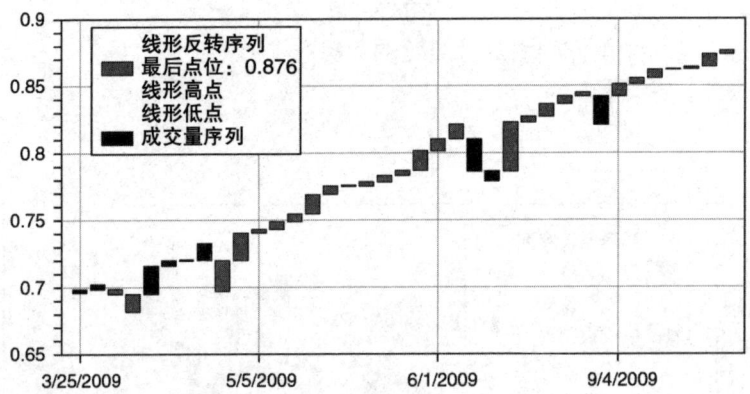

图7.9b 澳元/美元伪笑脸的三线反转图
资料来源：彭博社

---

① McGraw-Hill，1999

第八章

卷土重来的砖块图
——感应情绪的细微变化

"在诸如体育、商业和战争等任何一项竞争性的活动中，想取得成功的基本要素就是要考虑到对手的特点和行为。"①

人们在形容市场的交易过程时，总是会用很多比喻的手法。他们将交易比作是一场"战争"，因为在市场中有多空双方的力量在进行角逐。当人们脑子里想到军事这方面的东西时，交易者就可以是武士、斗士或狙击手。我们经常也能听到一些与体育运动相关的比喻，比如，交易者通常就被比作是冲浪选手。所有这些比喻都很重要，因为它们不仅让我们深入了解了交易者是如何操作的，还提供了他们应该如何通过学习来提高交易水平的途径。

交易者对市场作出的这些比喻，其实就是来源于他们自己的生活经验。工程师想要将市场的运行情况做成模型。医生想对不同的价格形态进行诊断。音乐家则想听出市场的节拍。对交易者来说，所有这些都是有实效的，也是有帮助的。当交易者处于需要设法保住利润的阶段，他就进入了激战的地带，那些关于对手的比喻就会起作用了。对于账面上已有盈利的交易者来说，他的任务就是保住自己的利润，而砖块图就是他手中的得力武器。

在聚焦砖块图之前，让我们先来快速地回顾一下前面刚讲过的价格反转图。

　　我们将价格反转图用在判别某个方向上趋势是否开启。它的主要特征是能够在价格出现回调后，有能力预测出趋势会重新回到原来的方向。价格反转图极大地提高了交易者制定入场时机相关谋略的能力。这是因为交易者在作出何时进场的决策时，往往需要更多的计划，而当开始交易后，交易者就有时间对大量可能出现的情况进行评估。现在，让我们来看一下处在交易者决策路径中的另一端，把注意力放在另一个交易者同样应最优先考虑的问题上：判断何时应该离场。如果现在的持仓已经处在亏钱的状态，那么可以用传统的方法在止损点位离场，将损失降低到最小，尽管这个方法不那么完美，但还是可以接受的。其实有很多的技术指标，都可以帮助交易者来选择离场的点位。而我们现在就把注意力放在交易者一系列操作中一个限定的点上，那就是如何在账面还有盈利的时候离场。对于交易者如何让仓位保持在盈利状态的能力，哪怕只有小幅提升，都会对他的账户盈利额产生很大的影响。

　　这一章就专门来解决这个难题，告诉交易者如何在账面有盈利之后，择机离场。当交易者看到一笔交易中出现盈利的时候，会很兴奋，往往有一种获利了结的冲动。这种过早离场的欲望让交易者只得到了行情启动之初的那部分利润，这就会阻碍到交易效率的提高。即使是水平很高的交易者，也会眼睁睁看着本来就要到嘴的肥肉又溜了。如果从心理学上讲，它的难关就是要克服对失去账面利润的恐惧。从操作技术上说，难就难在需要在账面利润转化为账面亏损之前，能够及时认清形势，看出什么点位就要减仓或是离场。

　　这样的难题是客观存在的。如果你去问在做外汇交易的朋友，对于在尚有账面盈利的时候离场，他们有什么方法和标准，恐怕你会得到五花八门的答案。这一章我们会从砖块图的角度来分析这个问题，告诉你如何来获利了结。

什么是砖块图？

砖块图是利用方砖的图案来表现价格波动的技术图形。RENGO 是日语，意思就是砖块。如果价格向上波动，超出了某个预定的点数，我们就在图上添加一块砖。我们可以选择砖块的颜色，通常是红色、白色或灰色。如果价格向下波动，超出了某个预定的点数，我们也在图上添上块砖，颜色可以是绿色或黑色，方向则与前面的砖块是反向的。

图 8.1 和图 8.2 是在电脑中生成砖块图的编程逻辑和流程图，它们在大多数程序中都可以使用。这些都遵循在《股票 K 线战法》一书第二章中所列出的相关法则。

从本质上说，不同时间间隔下的砖块图，它的每块砖都揭示出市场情绪的关键信息。砖块图成了侦察和辨别行情的武器，它可以帮交易者识别出对账面利润构成威胁的形态。为什么说砖块图在提高交易者离场的判断能力和帮助交易者获取更多利润方面起的作用很重要呢？这是因为砖块图中设置砖块对应值时，可以达到很小的点数，或者它体现的是微观层面的增减，这样一来，即便是增减的幅度再小，在砖块图的形态中也会有所表现，该形态就会让交易者尽早觉察到市场情绪的变化。交易者需要感知到这些变化，以便他可以获利了结，能保住一些账面上的盈利。举个例子，在外汇交易中，几秒钟的功夫就足以抹去账户上所有的盈利，汇价也会轻而易举地跌到让账户亏钱的点位。而采用砖块图后，交易者就有能力将市场情绪的持久程度进行量化。如果看多的情绪占优，交易者即便从微观级别也能看出市场的多头形态。根据交易品种的不同，所谓的微观级别可以是 1 分钟图，也可以是更短的时间间隔。交易者用了砖块图，就可以从一个序列的上升砖块（红色、灰色或白色），很容易识别出看多情绪在主导市场。同样，如果出现了下跌的砖块序列（绿色或黑色），你也会一眼看出是空头行情。想要在账面利润消失之前离场，能够判别市场情绪的持续性是否发生改变是非常关键的。

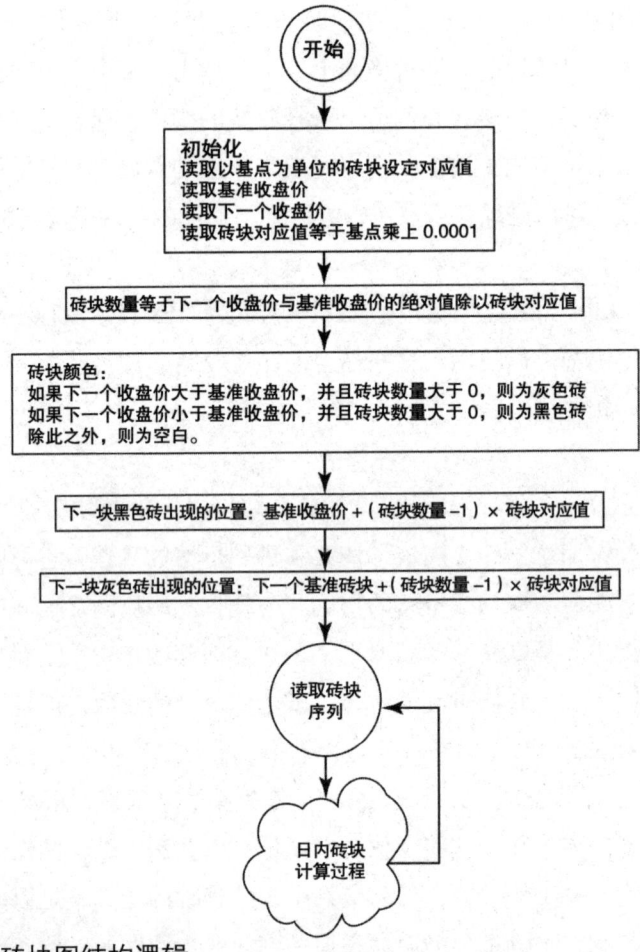

图 8.1　砖块图结构逻辑
资料来源：Abe Confnas 和 Sridhar Iyer

第八章 卷土重来的砖块图——感应情绪的细微变化

图 8.2 砖块图结构的补充逻辑
资料来源：Abe Confnas 和 Sridhar Iyer

砖块图结构逻辑

砖块图的结构中使用了下列公式：
砖块对应值：
基点乘上 0.0001

砖块数量：

收盘价与前一日收盘价差额的绝对值除以砖块对应值

砖块颜色：

如果收盘价大于前一日收盘价，并且砖块数量大于 0，则为灰色砖

如果收盘价小于前一日收盘价，并且砖块数量大于 0，则为黑色砖

除此之外，不设颜色

下一块黑色砖：

如果当前的砖块为灰色砖，那么

下一块黑色砖出现的位置为前一日收盘价＋（砖块数量 −1）× 砖块对应值

如果当前的砖块为黑色砖，那么下一块黑色砖出现的位置为前一日收盘价 −（砖块数量 × 砖块对应值）

除此之外，下一块黑色砖出现的位置由前一日收盘价来定

下一块灰色砖：

如果当前的砖块为灰色砖，那么下一块黑色砖 + 砖块对应值决定了下一块灰砖的出现

如果当前的砖块为黑色砖，那么下一块黑色砖 − 砖块对应值决定了下一块灰砖的出现

除此之外，下一块灰色砖的出现由前一日收盘价来定

使用者输入：

接受使用者输入或将设定默认的砖块对应值

基本结构逻辑：

1. 读取基准日和基准收盘价
2. 读取日期和收盘价

3. 计算砖块对应值

迭代结构逻辑：

1. 读取日期和收盘价
2. 计算砖块数量
3. 计算砖块颜色
4. 设定砖块
5. 计算下一块黑色砖的位置
6. 计算下一块灰色砖的位置
7. 返回到迭代结构逻辑的步骤一

我们在图 8.3 中可以看出，看多情绪在市场中具有压倒性优势。在这种显而易见的牛市行情中，砖块几乎是不间断地一直向上移动。现在，让我们来仔细看一下。我们会发现，在向上的行情中，砖块断断续续地有过几次反身向下的走势。第一次的反转只出现了一块黑砖就结束了，接下来的反转分别出现了四块黑砖、两块黑砖和一块黑砖各一次。而最后，我们看到的反转共出现了五块黑砖。

而难题就是如何确定什么级别的反转会触动我们离场的开关。交易者是否应该在反转的颜色刚一发生改变的时候，就马上离场呢？要回答这个问题，有很多方面的因素都不能忽视。首先，交易者对这个问题的回答，可以揭示出他的性格特征。一个特别胆小的交易者可能在只有一个砖块变了颜色的情况下，就赶紧出局了。其实只出现一个或两个反向砖块，然后趋势又重新回到原来状态的走势是很平常的，这不过是价格自然波动的一部分。如果出现了三个反向的砖块，那么想要获利了结的交易者可以将其视为减仓或清仓的一道槛。因此，如图 8.4 中所示，交易者应该在连续出现四个反向砖块的时候，减掉一半的仓位，而在连着出现五个反向砖块时，把剩下的一半仓位也抛掉。这种做法可以适用于交易者在一小时内，或一天内进行的交易行为，交易者寻求的就是价格的高频波动，这样的话，他可以捕捉到很多次的小幅盈利。

砖块图的这些法则对于交易中账面盈利化为亏损可以说几乎是零容忍的。一旦持仓账户中出现了盈利，砖块图所要做的就是永远不让这些盈利转眼变成了亏损。出局的点位与交易者最初的限价或目标位可能相去甚远，但这并不要紧。最初的目标位只是交易者的一个假设，他认为市场会走出他预想的形态。而与之形成对比的是，根据砖块图来进行交易是一种简单的对应策略，就是为了要保住盈利。这个策略可以说是遵循了这样一条简单的格言：绝不让盈利变成亏损。

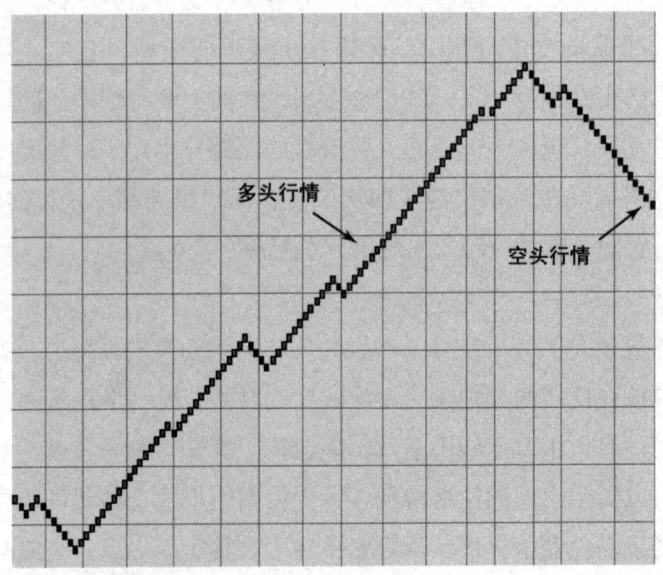

图 8.3　砖块图中的牛市行情
资料来源：技术图的版权为 www.ProRealTime.com 所有

第八章 卷土重来的砖块图——感应情绪的细微变化

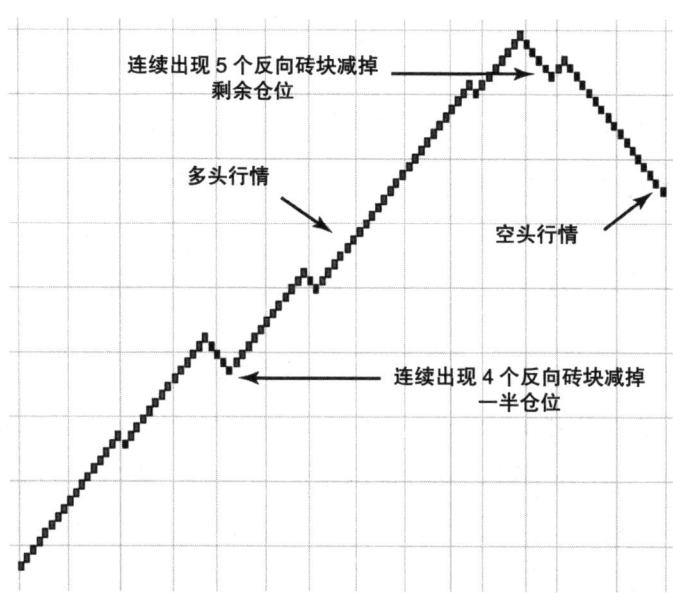

图 8.4　运用砖块图的反转级别来制定离场策略
资料来源：技术图的版权为 www.ProRealTime.com 所有

砖块图的交易策略与法则

　　让我们来总结一下采用砖块图交易时的一些通用法则。首先，就是要设定砖块的对应值。既然砖块图主要是用来判断哪些反转对行情发展构成了威胁，那么砖块的对应值就应该尽可能设置到最小的水平，这样在辨别市场情绪发生改变的时候才会有意义。对于砖块的对应值，百分之一应该是个比较好的起始设定值。在捕捉情绪变化时，它可以提供足够小的时间框架，而在保证形态稳健，并且不产生没必要的杂音方面，它所提供的时间框架也够大了。设定砖块的对应值往往是很主观的判断，那么将对应值尽可能设得小一些的办法还是可行的。

第二个影响到砖块对应值的因素是目标中的风险水平。举例来说，如果交易者可承受的平均风险水平是60个点，那么砖块对应值为10个点的话，就意味着当仓位从盈转亏时，三个砖块就等同于60个点的二分之一。而若将砖块对应值设置为5个点，那就是说连着出现三块反向砖时，就是提醒交易者，已经到了他可承受的风险水平的25%。用这种办法，我们可以让砖块对应值在交易中起到风险预警的作用。

下一个重要的参数就是砖块图的时间间隔。设置时间间隔时的主要想法还是要能让砖块图展现出高频的价格波动。所以，交易者要先登录到蜡烛图的一分钟图中，然后将其转化为砖块图。当然，同时比较三个不同时间间隔下的砖块图的走势，也是有益无害的。无论是以89笔交易合并成一点的跳动点图，还是1分钟图或3分钟图，都可以让评估市场情绪变化的工作进入到更细致的阶段。

砖块图的第三个参数是当反转能够触发交易者离场时，它应包含的砖块数目。连续出现三块反向砖应该是标准的清仓信号，但这只是在交易者已经获利的情况下的设定。比如，交易者已经获得了9个基点的利润，那么在砖块图中出现反向的三块砖就是他应离场的信号。这样做的结果是交易者总可以抓住一些小的利润，但是几乎可以完全避免账户出现亏损。当然对于如何来运用砖块图减掉账面有盈利的仓位，也并没有什么通行的法则，我们认为如果交易者已经达到他目标盈利的30%时，就应该是开始考虑利用砖块图的信号来减仓的时机了。按照这个方法，交易者可以先减掉三分之一或是二分之一的仓位，来保住他的账面盈利，而如果反转再次发生，趋势又回到了之前的方向，余下的仓位就可能为他获取更大的盈利。而用砖块图来逐步离场也会让交易者在心理上有一种舒适感。大多数交易者在账面获利的时候，即使砖块图并没有显示出任何反转的迹象，也没有给出任何离场的理由，他们往往是靠直觉来决定离场的。当这样的直觉占上风的时候，不妨用这个方法来折衷一下,先减掉一半的仓位,让砖块图来告诉你何时再减掉另一半的仓位。

采用砖块图交易的主要步骤

现在我们将采用砖块图交易的主要步骤来做个总结。

第一步:将砖块的对应值设为价格波动范围的1%,或者是平均止损点数的三分之一。砖块图中砖块的对应值要小到足以让交易者在平稳的图形形态中进行判断,它还要与交易者的目标挂钩。像那种只有一块或两块反向砖的序列(见图8.5)就说明在市场上多空双方都无法占优。一般振荡走势中就经常会交替出现一块砖或两块砖的反转序列。

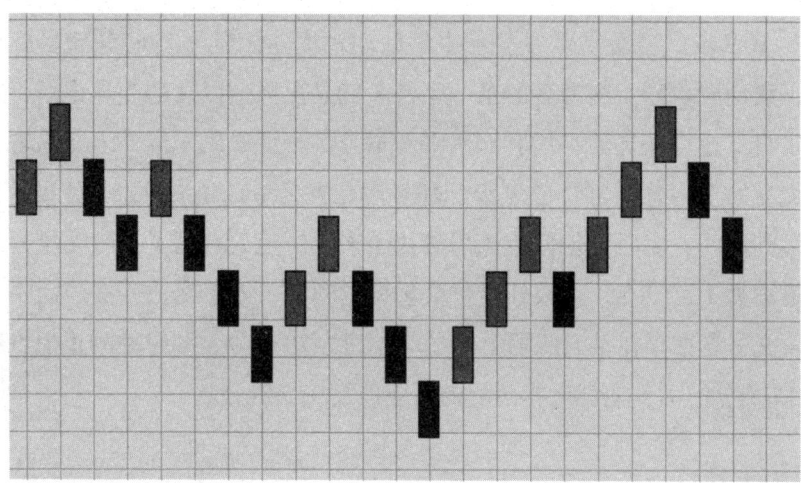

图8.5 不稳定形态
资料来源:技术图的版权为 www.ProRealTime.com 所有

如果交易者的平均利润目标为 5 美元，那么就可以把砖块的对应值设在 10 美分。这应该是比较合理的设置：既不太多，也不太少。如果止损点数在 50 美分，砖块的对应值设在 5 美分会更合适。交易者遵循出现三块反向砖就清仓的原则，会在亏损为 15 美分的时候离场。

第二步：选择时间间隔，同时查看三种不同时间间隔下的砖块图。

当账面中出现盈利以后，用砖块图的最好方法就是设置尽可能短的时间间隔，这样可以让砖块图的图形稳定好。而时间间隔会因交易品种的不同而存在差异。对于时间间隔的每一种选择都自有它的利弊权衡。选择时间间隔长一些，砖块的对应值大一些的话，会避开很多"伪反转"砖块的出现。而选择时间间隔短一些，砖块的对应值小一些的话，会让交易者对价格变化非常敏感，可能造成他离场过快。这样看来，同时采用并查看三个不同时间间隔下的砖块图，总会比只选上面说的任何一个砖块图要更理想。

第三步：当交易者在交易中的账面利润达到他平均的利润目标位时，启动砖块图。交易者的第一个任务就是根据他以往的交易记录，来确定自己过去获得的平均利润水平。举个例子，如果一位外汇交易者过去交易的平均盈利为 10 个基点，那么现在当交易者账户的账面盈利达到目标利润的一半时，他就应该用砖块图来保住他的利润了。将砖块的对应值设为 1 个基点，可以让这位交易者的利润不至于变成亏损。而一位股票交易者如果在某只股票上的平均盈利为 20 美分，同时他的止损点数在 15 美分的话，他就应将砖块的对应值设在 5 美分。

恐惧情绪与砖块图

无论交易者是看空还是看多后市，一旦他们进场后，他们就会有一个共同的恐惧，那就是他们不看好的那一方情绪势力会逐渐走强。对于交易者来说，判别市场情绪的级别与拿到自己染病程度轻重的诊断书有很多相似之处。如果交易者的仓位处在卖空的状况，他就会很怕被做多的力量传染。同样的，如果交易者的仓位处在做多买入的状态，他想看到的就是做空的力量在市场中没有半点壮大。实际上，在砖块图中，这些砖块就好比是传染单元。看多情绪会去传染做空的仓位，反之亦然。在砖块图中，看多的交易者的敌人就是出现黑色或绿色砖块。而看空的交易者的敌人就是出现灰色、红色或白色砖块。交易者总是在寻找不利于他们交易方向的情绪是否有抬头的迹象。那些做多的交易者总是担心黑色或绿色砖块的增多会吃掉他们的账面盈利，就像担心被传染上疾病一样。有了这种对立的想法，他对于不让利润变成亏损这一点就会很敏感。

步骤一：砖块对应值和时间间隔的设置

砖块图中砖块的对应值和时间间隔的精确设置，会根据交易者的交易策略和风格的不同而有所差异。关于决定砖块对应值的过程不应太过主观，它应该是进行敏感性分析后得出的结果。交易者需要测试不同设置对于图形形态有什么样的作用。关键问题是要看这次设置的砖块图比起上回的砖块图来说，在出来的图形形态方面是更稳定还是更不稳定了。

让我们看几个不同市场中一些砖块图的形态。

黄金与砖块图中的变量

让我们来比较两张黄金现货的图。这两张砖块图的时间区间都是1

小时。第一张图（见图8.6）的砖块对应值设在50美分。第二张图（见图8.7）的砖块对应值设在1美元。砖块对应值为50美分的那张图显示出了三次仅有一块反向砖块的向下反转，同时也有三次只出现一块反向砖块的向上反转。而在与之相对照的另一张图中，我们注意到没有这样振荡走势的砖块出现。这就引发了一个问题，哪个设置更好些呢？当砖块的对应值设为1美元时，交易的持久性会更长，因为图形中没有给出让交易者离场的技术信号。而砖块的对应值设得较小的那张图有助于交易者早一些捕捉到利润。在不了解交易者整体业绩衡量指标的时候，很难轻易下结论说哪种设置更好。

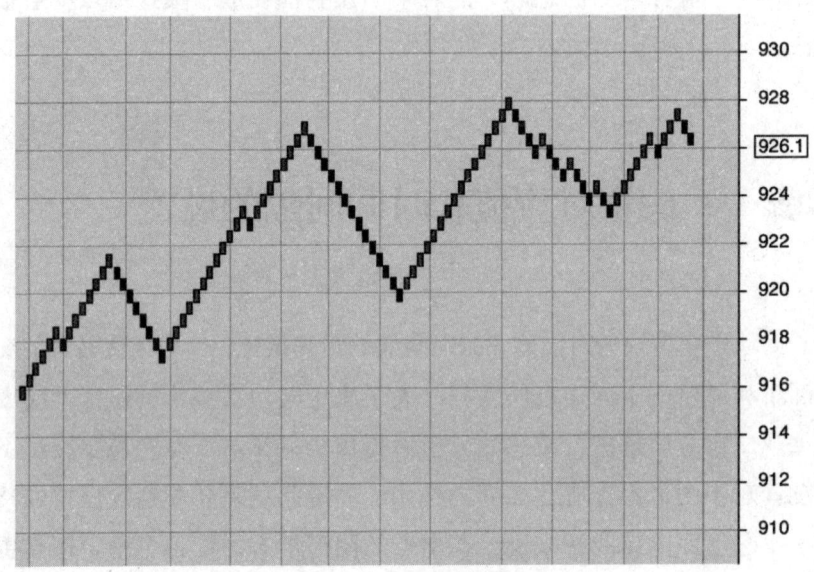

图8.6　黄金现货1小时图——砖块对应值设为50美分
资料来源：技术图的版权为 www.ProRealTime.com 所有

第八章　卷土重来的砖块图——感应情绪的细微变化

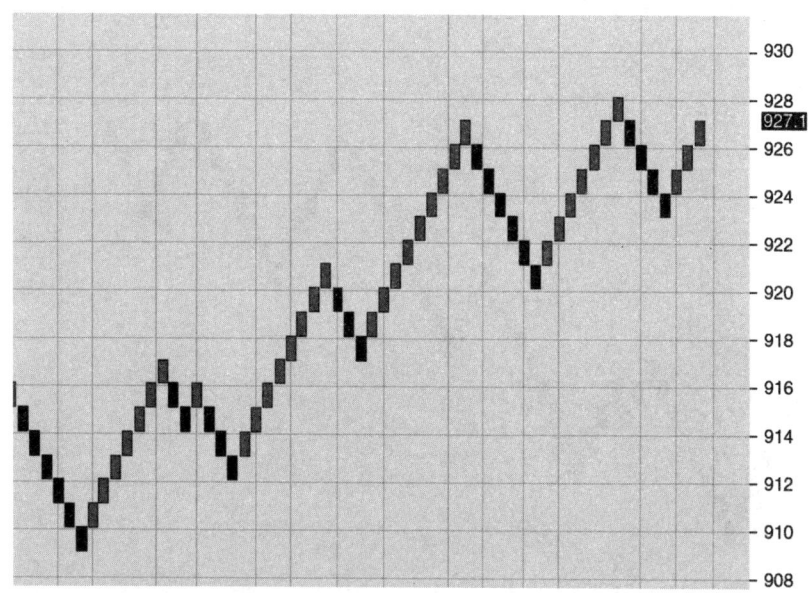

图 8.7　黄金现货 1 小时图——砖块对应值设为 1 美元
资料来源：技术图的版权为 www.ProRealTime.com 所有

原油与砖块图中的变量

我们将原油的两张砖块图（见图 8.8 和图 8.9）做个对比。图 8.8 是 1 小时图，砖块的对应值为 50 美分。图 8.9 是 10 分钟图，砖块的对应值是 25 美分。在这个例子中，我们的第二张图不仅把砖块的对应值减半了，时间间隔也缩短了。这样做的结果是，后者的图形更有利于交易者对情绪变化进行判别。在砖块的对应值较小的那张图中，让交易者辨别出市场开始窄幅振荡的时候，有过一次幅度为 50 美分的回调。我们在该图的最右边能看得很清楚。对于想获利了结的交易者来说，这样的形态是个警示。而与第二张图相比精细度更高的是第三张图，它是原油的 1 分钟图，砖块的对应值为 10 美分。交易者能看到市场情绪处在振荡之中。

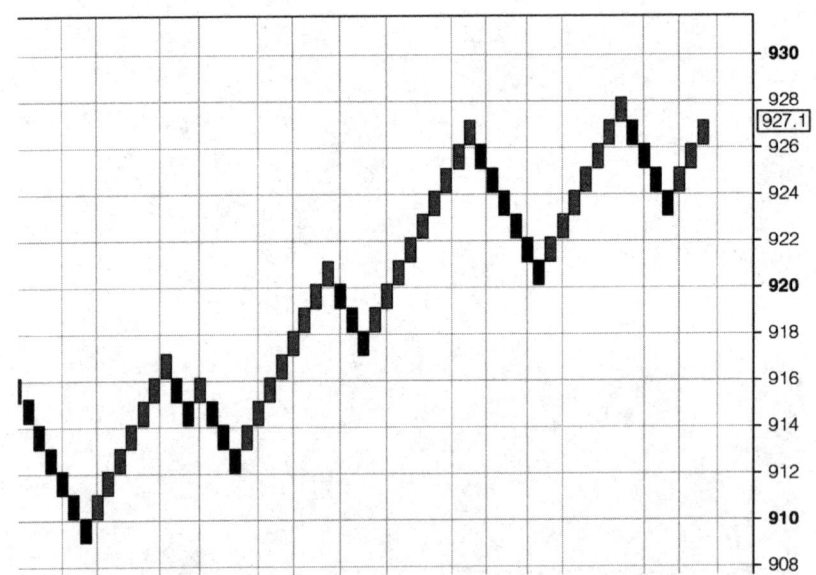

图 8.8 原油图砖块图（2009 年 6 月）：砖块对应值 50 美分，时间间隔 1 小时
资料来源：技术图的版权为 www.ProRealTime.com 所有

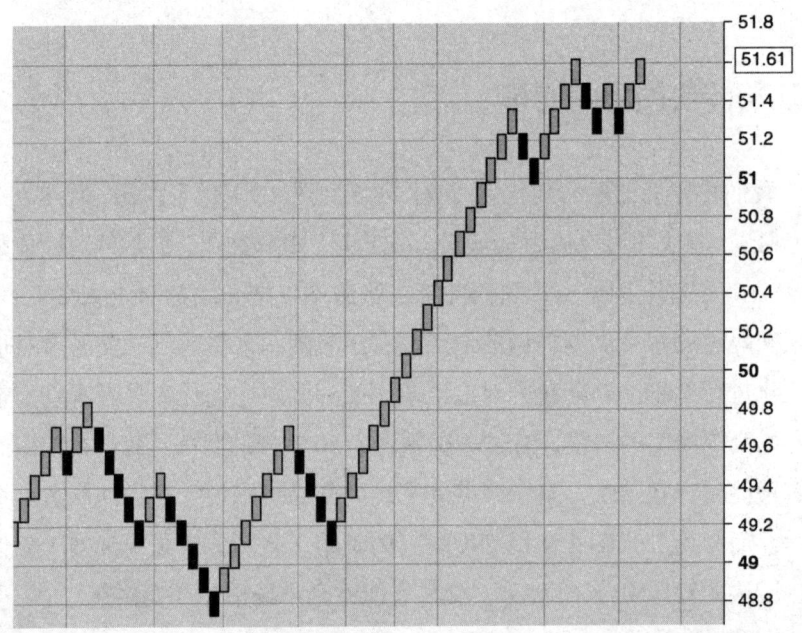

图 8.9 原油图砖块图（2009 年 6 月）：砖块对应值 25 美分，时间间隔 10 分钟
资料来源：技术图的版权为 www.ProRealTime.com 所有

第八章　卷土重来的砖块图——感应情绪的细微变化

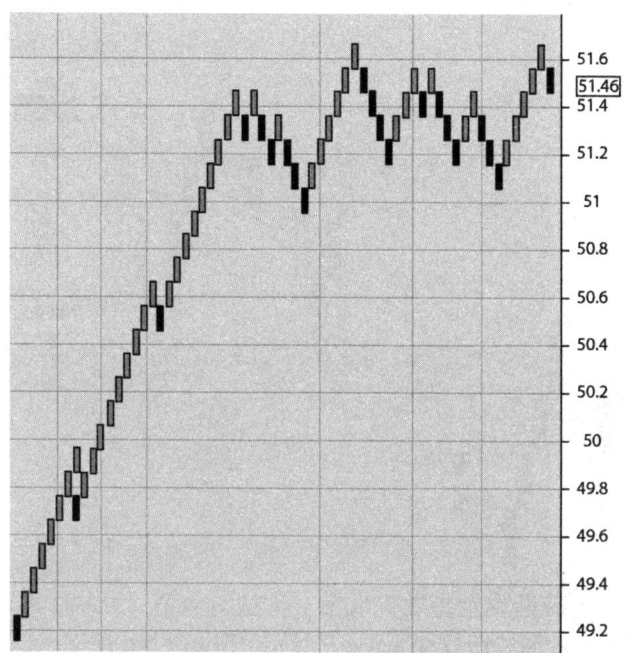

图 8.10　原油图砖块图（2009 年 6 月）：砖块对应值 10 美分，时间间隔 1 分钟
资料来源：技术图的版权为 www.ProRealTime.com 所有

道·琼斯现金指数

这次我们拿来做比较的图 8.11 和图 8.12 分别是道·琼斯现金指数砖块图的 1 小时图和 5 分钟图。在 1 小时图中，砖块对应值为 1%，而在 5 分钟图中，砖块对应值为 0.1%。

我们再一次看到了设定较小的砖块对应值，并同时选用较短的时间间隔的砖块图的好处，它可以让我们清晰地看到市场变化的脉络。

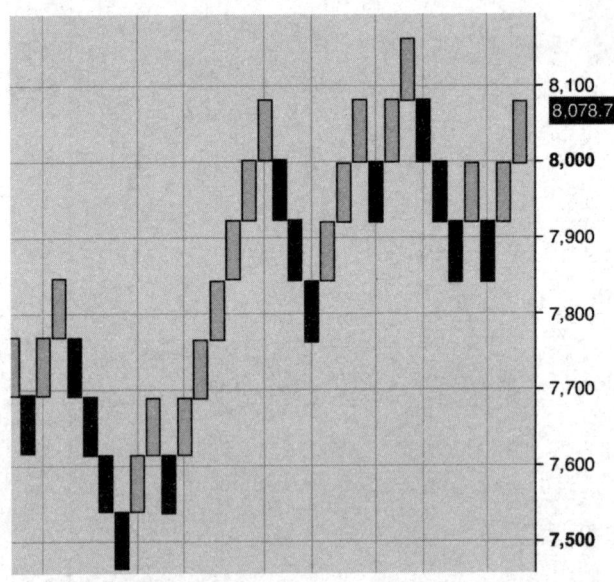

图 8.11　道·琼斯现金指数砖块图：砖块对应值 1%，时间间隔 1 小时
资料来源：技术图的版权为 www.ProRealTime.com 所有

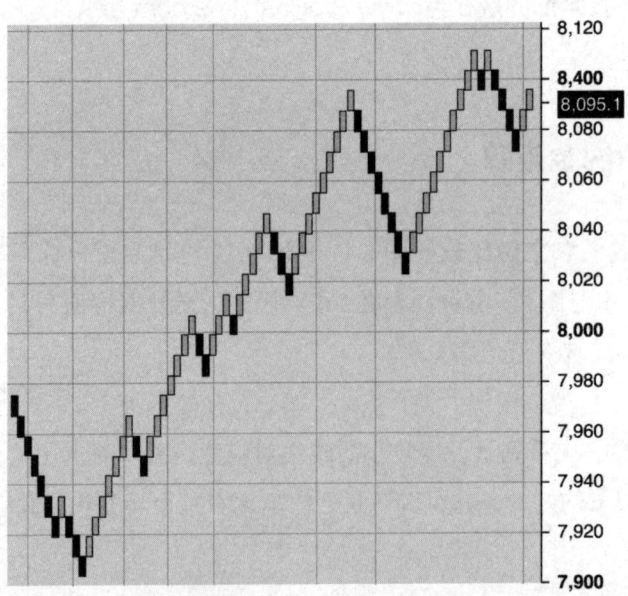

图 8.12　道·琼斯现金指数砖块图：砖块对应值 0.1%，时间间隔 5 分钟
资料来源：技术图的版权为 www.ProRealTime.com 所有

美国国债

债券交易者使用砖块图的话,也可以像货币或期货交易者那样,获得同样精确的了结获利仓位的信号。图 8.13 是 10 年期国债的 1 小时砖块图,左图砖块的对应值是 0.1%,该图中连续出现了 12 个新低。卖空的一方还是很乐于看到这样的下跌走势,并会遵循三线反转的法则,在连续出现三个反向砖块的时候出局。右图也是国债的 1 小时砖块图,砖块的对应值是 10 个点,它的图形与左图很相似。我们没有办法去事先判断哪个设置是最理想的。交易者需要根据他们自己的偏好去调整砖块图的各种参数设置。

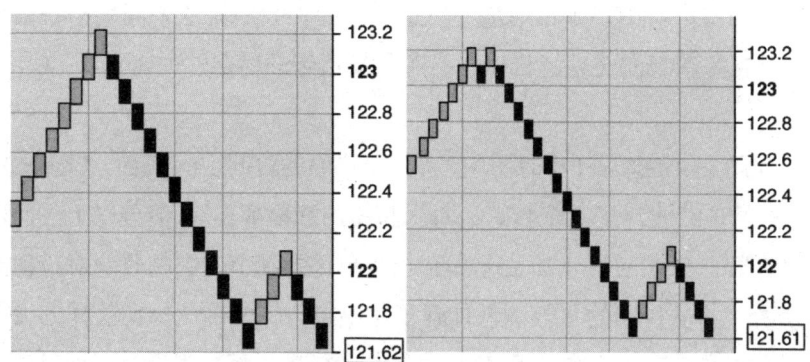

图 8.13　10 年期国债的 1 小时砖块图:左图的砖块对应值 0.01,右图的砖块对应值 10 个点
资料来源:技术图的版权为 www.ProRealTime.com 所有

步骤二:选择时间间隔:同时查看三种不同的时间间隔下的砖块图

我们如何才能选出最佳的时间间隔呢?我们认为最好的办法是,当

账面中出现盈利的时候，给砖块图设置尽可能短的时间间隔，具体的设置会根据交易品种的不同而有所差异。在每个不同的选项之间都要进行权衡。选择时间间隔较长，同时砖块的对应值较大的砖块图，可以屏蔽掉很多"伪反转"砖块的出现。而选择时间间隔较短，同时砖块的对应值较小的砖块图，会让交易者保持对价格变化的高敏感度，可能会导致他过早离场。如果选择三种不同的时间间隔，并同时查看这三张砖块图的图形的做法，效果就会比较好。

比如，图8.14、图8.15和图8.16是美国原油2009年6月合约的三个不同时间间隔下的砖块图。我们看到的是砖块图的1小时图、10分钟图和1分钟图。对于"哪张图最好"这个问题，我们说这个问题本身就错了。这三张图都向交易者传达了有关市场情绪的稳定性的信息。

在图8.14的原油1小时图中，从1个小时的时间区间来看，做多的情绪让行情连续收出了六个新高，每个新高的涨幅都在50美分以上。而图8.15的原油10分钟图可以说是揭示出了更多的细节，它的砖块对应值是25美分。将砖块图的参数调低加强了对牛市行情的确认。在这样的设置下，市场连着收出了17个涨幅为25美分的新高，而其间没有出现过反向的砖块。对于遵循三线反转的交易者来说，离场信号不出现的话，他就可以一直保留他的仓位。

.图8.16是原油的1分钟砖块图，参数又一次被调低，砖块的对应值降到了10美分，该图显示，当价格到达51.4美元一带时，振荡加大了。如果交易者账面已经有了盈利，就可以根据本图来进行减仓了。

第八章　卷土重来的砖块图——感应情绪的细微变化

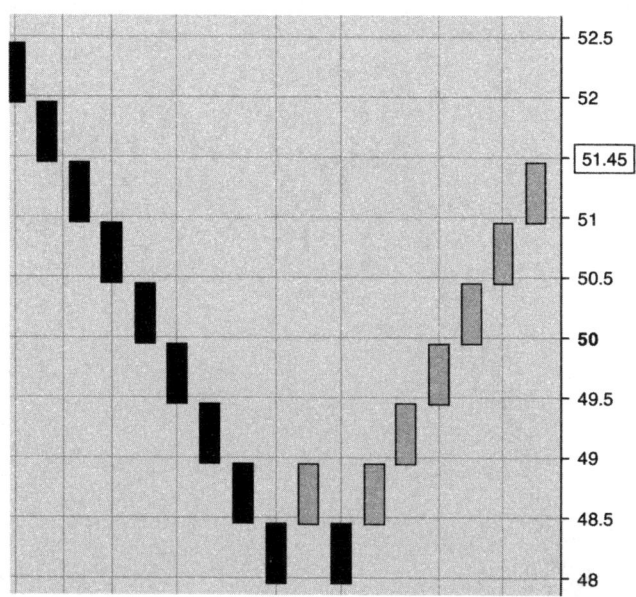

图 8.14　美国原油图的 1 小时砖块图，砖块对应值 0.50
资料来源：技术图的版权为 www.ProRealTime.com 所有

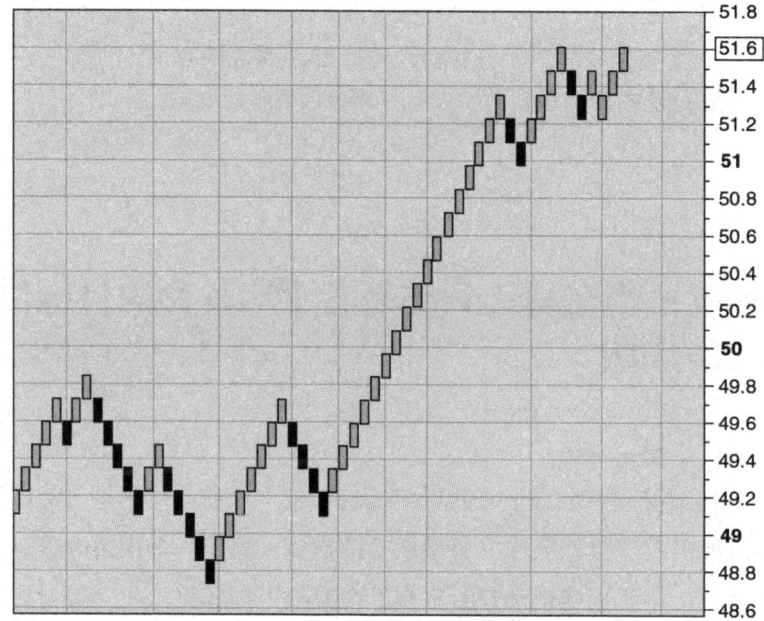

图 8.15　美国原油图的 10 分钟砖块图，砖块对应值 0.25
资料来源：技术图的版权为 www.ProRealTime.com 所有

图 8.16　美国原油图的 1 分钟砖块图，砖块对应值 0.10
资料来源：技术图的版权为 www.ProRealTime.com 所有

步骤三：当交易达到交易者平均盈利的目标位，启动砖块图

　　大多数交易者会忘记坚持保留他们的整个交易业绩记录。他们只注重将其账户的现金价值作为衡量成功的指标。这是一个很大的疏忽，因为它会让交易者很难正确判断出自己在交易中的弱点。在交易者首先要做的事情中，有一件就是确定他过往的交易记录中的平均利润水平。比

如，有位货币交易者在他以前的交易中，平均盈利为10个基点，那么如果现在的账面盈利达到了5个基点，他就应该开始使用砖块图了。采用砖块的对应值为1个基点的砖块图，可以让他的利润不会变成亏损。如果一位股票交易者过去在某只股票上的平均盈利为20美分，他的止损点位为15美分，那么他所用的砖块图中，砖块的对应值应设在5美分。

时间与砖块图

沉寂的十字线

在使用砖块图的过程中，很多交易者在看图的时候会觉得好像什么也没有发生，砖块图中的砖块也没有发生变化。当交易者看到这样情况的时候，经常会认为是哪里出了问题。这不是交易平台发出的数据有误。它表现出来的是市场处在犹豫当中。这样的情绪状态不足以让砖块图发生变化。我们把砖块图中出现的这种停顿状态称之为沉寂的十字线。感受到这种沉寂的交易者应该保持警觉，因为行情随时会到来。不过沉寂的十字线也不一定就意味着这里一点声音也没有。编程员可以在此设置一个闹铃，只要是砖块图处在没有任何变化的阶段，就会启动闹铃来提醒交易者。

分钟级别或跳动点级别的砖块图

在对情绪变化进行量化时，数一下砖块图中每分钟出现的砖块数目是个有用的办法。很多附带砖块图的交易平台都会提供这样的数据。既然砖块图只是在收盘的时候，根据收盘价是否达到了预先设定的砖块对应值，来决定要不要在图中加上一个砖块，那它就可以很好地用图形记录下市场情绪势头的强弱。如果图形上砖块增加的速度越快,就说明势头越强,这样的推断应该是符合逻辑的。那么每分钟砖块数目的变化就会成为市场情绪势头改变的先行指标。在图 8.17 中,这样的势头变化就很清晰地呈现了出来。

在一些市场,交易者甚至可以用更小的间隔来设置砖块图,如跳动点级别。跳动点就是贯穿交易平台的实际交易,它可以很好地替代成交量的数据。50 笔交易或 89 笔交易合并成一点的跳动点图应该与 1 分钟图有可比性。如果跳动点图的图形振荡得很厉害,交易者应该在设置上放宽一些,以屏蔽掉这些振荡。即便是在跳动点的级别上,我们也经常能从砖块图中判别出主导市场的或是看多,或是看空的情绪。

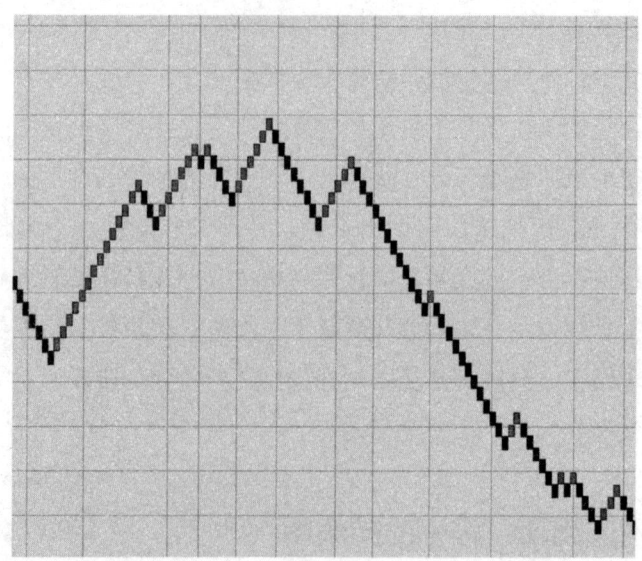

图 8.17　砖块图表示情绪势头的变化
资料来源:技术图的版权为 www.ProRealTime.com 所有

第八章 卷土重来的砖块图——感应情绪的细微变化

砖块图与经济数据发布前后的交易方法

大多数市场会对经济数据的发布作出反应，在信息发布前后价格会发生变动是众人皆知的。在数据公布前，市场情绪会出现犹豫，从而产生窄幅振荡行情。这段时间里，市场的行情波动会去考验支撑位或是阻力位。这种情况大概会发生在公布数据之前的5到10分钟，这个时候有些交易者对消息有了自己的预期，想着去抢先建仓。如果公布的数据出乎市场意料之外的话，那么经济数据公布就会引发市场作出回应。这种反应类似于化学中的扩散过程，经济数据好比是一滴酸性溶液，落在了碱性的处在犹豫之中的市场里！在所有计划安排中会对市场运行产生影响的事件中，经济数据发布可能是最重要的一项了。不过，人们通常会认为避开信息发布的这个时段，等到市场作出反应之后再操作比较明智。而砖块图则提供了几种不同的方法，让你在发布经济数据这个阶段进行交易时，可以有很高的准确度。

这里有一个例子，讲的是瑞士中央银行在2009年3月12日对市场进行干预，引发了市场的震动。这次干预使美元/瑞郎这对货币的汇价着实产生了400个基点的宽幅振荡。因为这个消息既不是事先计划安排好要公布的，也不属于在固定日期需要发布的消息，交易者无法预测出这个价格波动，并从波动一开始就参与其中进行交易。我们从蜡烛图的日线图和1分钟图（见图8.18a和图8.18b）中，都能看出这波行情的振幅之宽。

让我们来看一下，用了砖块图（见图8.19）之后会出现什么情况。交易者可以即刻参与到行情中去，并且一直持仓，直到砖块图出现反转后离场。另外，你还能根据砖块图的提示，有再次进场的机会：当砖块图的高点已经形成，你可以在回调之后再建仓。这个例子告诉我们如何用砖块图来把握入场时机。1分钟砖块图让交易者更容易对走势的变化进行判别，从而能抓住市场情绪的改变，即便它是发生在行情运行的中部也不例外。对于从微观层面绘制迅速变化的市场走势，砖块图具有超强的能力，比如说在经济数据公布后市场的即时反应。

砖块图与经济数据发布：
交易策略随机应变

针对经济数据发布前后的交易，砖块图最好是用在交易者建仓之后，而且不用去管当初他建仓用的是何种标准。让我们来看一些这个时候常见的交易策略，它们可以说是各有千秋，但接下来砖块图都会有用武之地。

▶**预估走势，提前建仓**：在这个策略中，交易者预先选择了他所期望的后市走向。如果经济信息发布的反应不出他所料，他就可以迅速获利。问题是，他应如何离场，何时离场？

▶**对冲消息，两手准备**：交易者如果采用的是这个策略，他就不需要对后市走向进行预估，而是同时挂出买单和卖单。当经济数据公布后，他会根据市场的走势平掉赔钱的仓位，而继续持有赚钱的仓位。那么问题又来了，他如何判断什么时候该获利了结呢？

▶**场外观望，静待回调**：采用这个策略的交易者会在经济数据发布前离场，然后一直在场外等到价格完成了对数据发布的反应后再入场。交易者在市场作出反应后，运用斐波那契阻力位来选择入场点位。有入场就有离场，这个问题就再次被提出来了，交易者持有获利仓位的时间应该是多长？

第八章 卷土重来的砖块图——感应情绪的细微变化

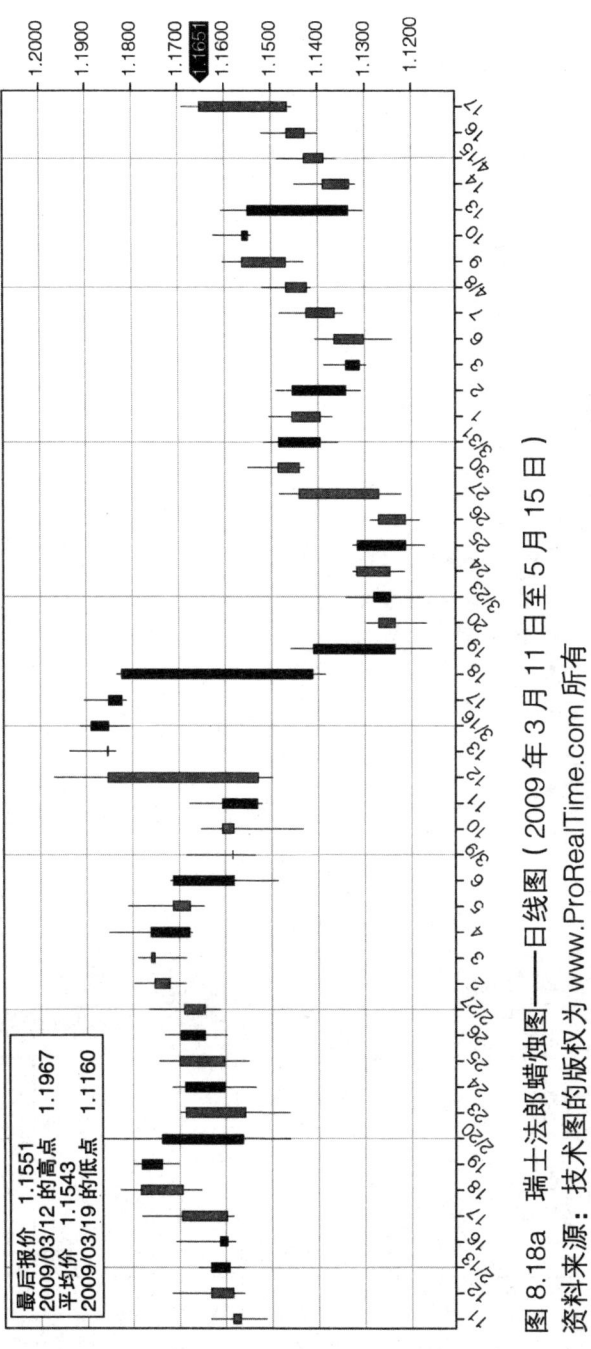

图8.18a 瑞士法郎蜡烛图——日线图（2009年3月11日至5月15日）
资料来源：技术图的版权为 www.ProRealTime.com 所有

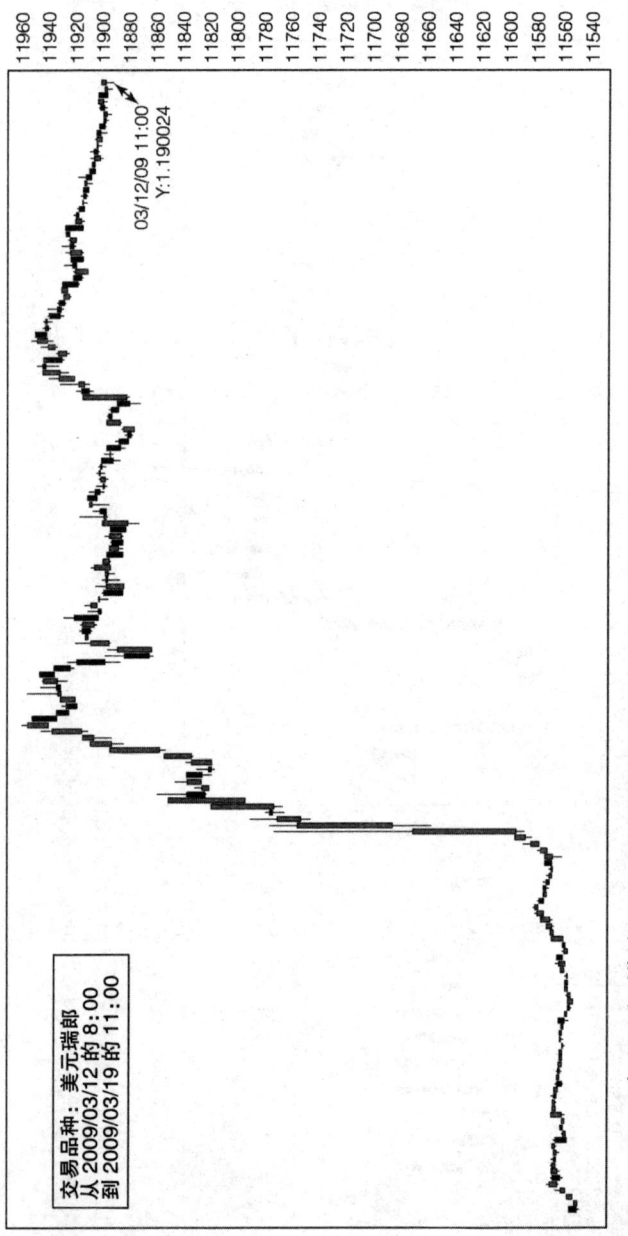

图 8.18b 瑞士法郎蜡烛图——1分钟图（2009年3月12日）
资料来源：技术图的版权为 www.ProRealTime.com 所有

第八章　卷土重来的砖块图——感应情绪的细微变化

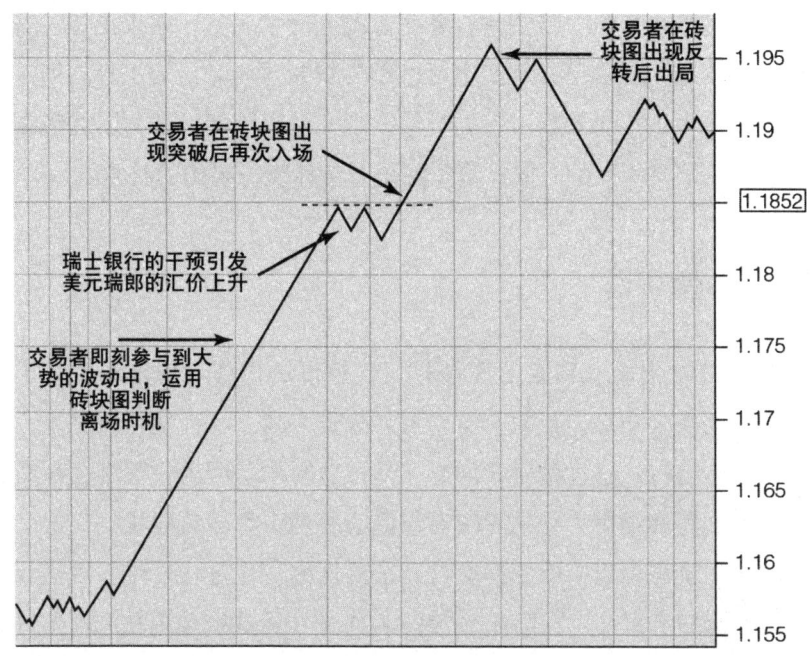

图 8.19　瑞士法郎砖块图——1 分钟图（2009 年 3 月 12 日）
资料来源：技术图的版权为 www.ProRealTime.com 所有

　　在这三种不同的交易策略中，砖块图都可以帮助交易者在准确的时机离场。经济数据发布的时刻，往往市场的情绪能量会达到峰值，这个时候交易者的交易热情会爆棚，而技术指标也都不那么有效了，因为它们滞后于行情的变化。此时，砖块图就成了最有效的工具，因为它能让交易者从图形中很直观地看出，市场变脸后的主导情绪方是否有持久性，从而为离场提供前所未有的准确信号。

砖块图用来判定入场时机

　　我们已经讨论过了砖块图的主要作用，那就是交易者可以将其作为判别何时离场的工具,特别是在账面有盈利的情况下,效果更佳。这里还有三种情况,说的是砖块图也可以作为判断入场时机的工具。第一种情况是走势中出现抛物线形态的时候,第二种是与斐波那契阻力线或是轴心点回调结合使用的时候,第三种是与布林线一起用的时候。

砖块图与抛物线

当走势中出现抛物线的形态时,就是市场情绪不稳定的征兆。市场在经济数据公布后,经常会有交易者蜂拥入场,从而使行情见顶,接下来就发生反转。这种抛物线的形态是很危险的,因为你很难去判断这个势头什么时候结束。交易者很有可能会有两头都赔钱的风险。这个时候,砖块图又可以再一次帮助交易者来对情绪变化进行量化,以确认该变化是否真的有意义。在图 8.20 和图 8.21 中展示的蜡烛图和砖块图里的同一个抛物曲线。对于制定交易策略来说,砖块图提供了更清晰的走势图。一旦交易者在蜡烛图中发现抛物线正在形成,他就可以将走势切换到砖块图,以市价下单,然后一直持有,直到连续出现了三个反向砖块为止。如果交易者注意到了抛物线,但却是要减掉手中的仓位时,就要等着砖块图中出现反转,然后再采取行动。

砖块图的图形屡屡都能发挥作用的原因是,它与其他的指标步调一致。每个砖块都表示主导情绪在市场上成功地迈出了一小步。砖块图中的牛熊之争就是不同颜色砖块之间的斗争。交易者在加入了市场中某个情绪的阵营后,再配备上砖块图,就可以观察砖块的动向。只要他那个阵营的砖块一直在预想的方向上不断推进,交易就会保持在盈利的良好状态。关键因素就是砖块的颜色,另外一点,交易者必须努力使各个参数达到一种平衡态。砖块的对应值要是设得太小了,图形的振荡性就会加大,并出现错误的信号。而如果砖块的对应值设置得太大了,指标又会滞后于行情。

第八章　卷土重来的砖块图——感应情绪的细微变化

图 8.20　出现抛物线形态的蜡烛图
资料来源：技术图的版权为 www.ProRealTime.com 所有

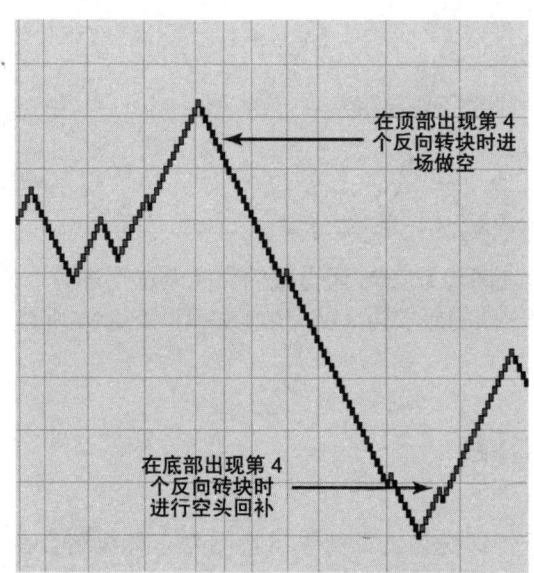

图 8.21　砖块图与抛物线并用下的进场与离场策略
资料来源：技术图的版权为 www.ProRealTime.com 所有

砖块图与斐波那契阻力线

要加强对情绪改变的确认,一个很有效的方法就是看砖块图与斐波那契阻力线的重合部分。在图 8.22 中,我们看到砖块图显示的是从高点到低点的波浪式下跌,然后有几次试图回到原来的高位。当交易者想抓住价格上升反弹的机会入场时,他采用砖块图作为参考。但是哪里是最好的入场点位呢?在这种情况下,如果价格突破了关键的斐波那契阻力位,如 0.618,那么就可以进行买入了。

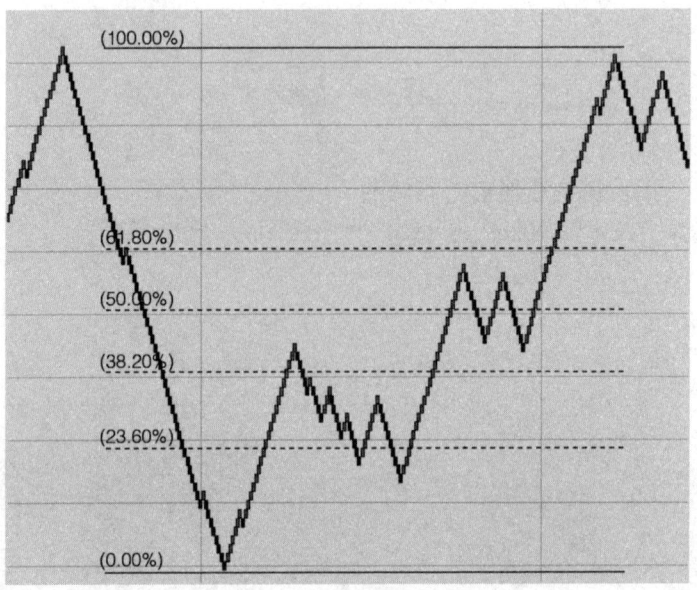

图 8.22　在砖块图与 61.8% 阻力线的交叉点位上进场
资料来源:技术图的版权为 www.ProRealTime.com 所有

砖块图与布林线

这个例子告诉交易者如何把砖块图与布林线结合在一起,来设定入场的信号。一般情况下,当蜡烛图与布林线放在一起使用时,如果出现价格向下跌破了布林带,而且没有向上回攻的迹象时,就是入场的信号。交易者这时就要去猜，哪个点位会是入场的时机。而砖块图的图形就帮我们解答了这个谜题。在8.23的欧元/美元1分钟砖块图中，当5分钟蜡烛图出现向下跌破布林带的情况时，砖块图同时跌破了支撑位。这就是对入场的确认信号。

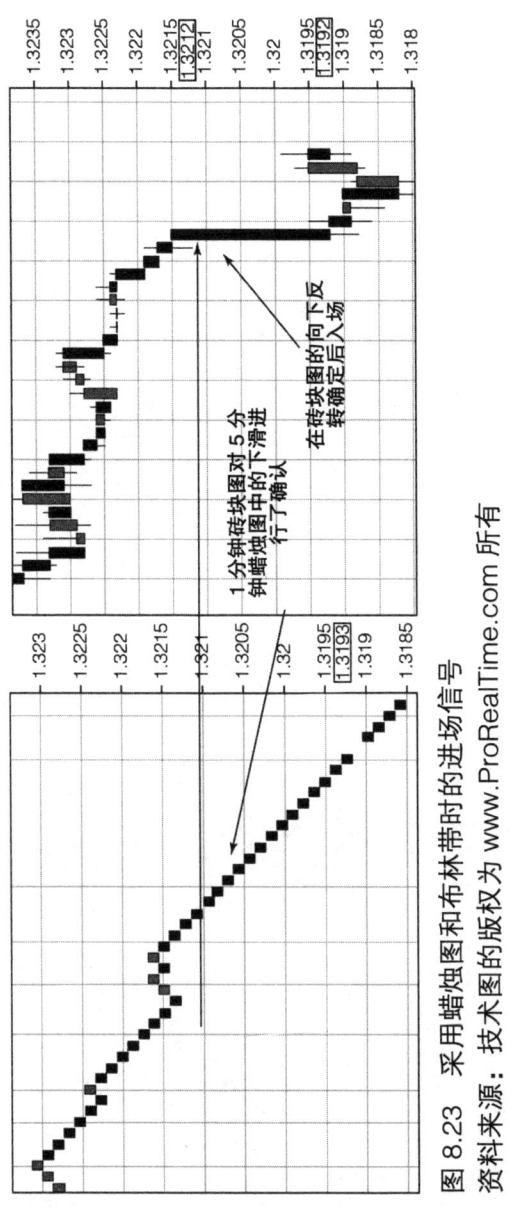

图 8.23 采用蜡烛图和布林带时的进场信号
资料来源：技术图的版权为 www.ProRealTime.com 所有

148 拐点交易策略 SENTIMENT INDICATORS

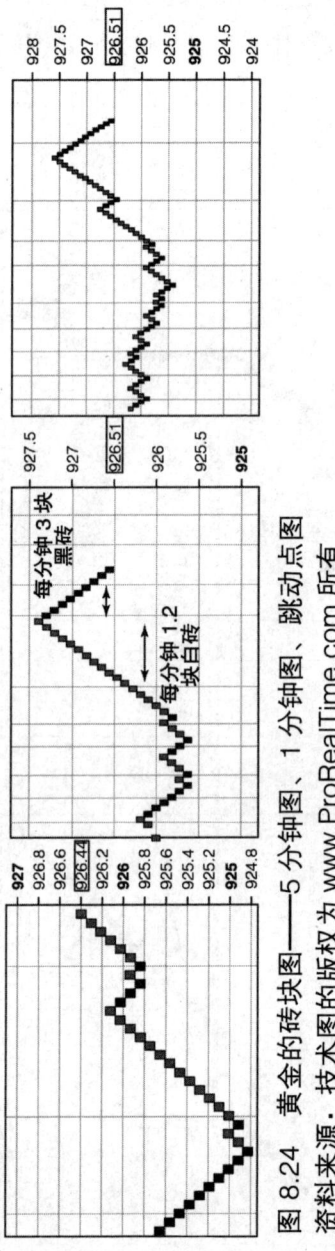

图 8.24 黄金的砖块图——5 分钟图、1 分钟图、跳动点图
资料来源：技术图的版权为 www.ProRealTime.com 所有

第八章 卷土重来的砖块图——感应情绪的细微变化

砖块图在多个市场中的应用

黄金

在图 8.24 中,我们看到了三张黄金的砖块图,它们分别是 5 分钟图、1 分钟图和跳动点图。黄金期货或现货的交易者可以发现,这三张图的支撑位都在 925.50 美元。不过,1 分钟图显示出在金价下跌过程中,市场情绪的快速变化:在金价上涨过程中,用了 12 分钟构筑了 10 个向上的砖块,与之相比的是,下跌中只用了两分钟就出现了 6 个向下的砖块。也就是说,情绪变化速度之比是每分钟 1.2 块白砖与每分钟 3 块黑砖之比。

原油

在日内交易时,原油交易者通过使用砖块图,就能洞察出市场情绪稳定性的强弱。他们可以采用 1 小时图,同时把砖块的对应值设在 10 美分。在图 8.25 中,2009 年 5 月美国原油在 5 个美元范围内的波动情况。在这个价格区间内,无论是空头情绪占优势还是多头情绪占上风,市场都在试图发生反转。在我们的例子中,四线反转的法则可以让交易者一路做空,设想他在 48.45 美元入场,在 44.88 美元离场。同样的法则也能让交易者从 45 美元一直做多到 47.3 美元。

从这个例子中,我们可以看出砖块图让交易者在经常出现的小波段行情中获得了适当的入场机会,坐上了市场主导情绪的轿子。那些想抓住大波段行情的交易者也可以用砖块图来搏取超额收益。

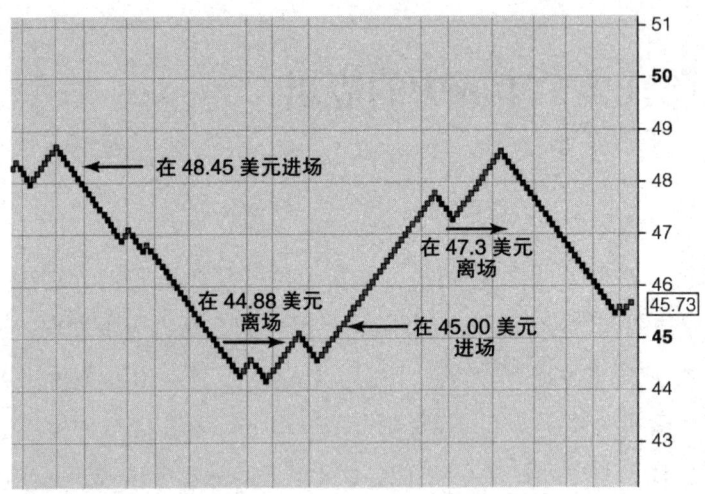

图 8.25 砖块图中的冲浪
资料来源：技术图的版权为 www.ProRealTime.com 所有

砖块图与六线反转图
抢帽客的工具

如果我们把砖块图和六线反转图放在一起，来比较它们对交易者发出的入场信号，结果会怎么样呢？

. 图 8.26 是黄金的 1 分钟图，左边是六线反转图，右边是砖块图。六线反转图在 4 月 23 日 12 点 23 分显示，行情在预计的点位 894.24 美元处发生了反转。交易者进场的时候会在这个点位上方设买入止损单，留给价格一定的波动空间。从砖块图这边来看，白砖在 4 月 23 日 14 点 35 分达到了 893.66 美元的高点，金价在 14 点 57 分突破了这个高点，升至 898.92 美元。同时运用价格反转图和砖块图时，我们可以看到，每个图所提供的信息虽然不尽相同，但都是很有用的。价格反转图较早发出了向上反

第八章 卷土重来的砖块图——感应情绪的细微变化

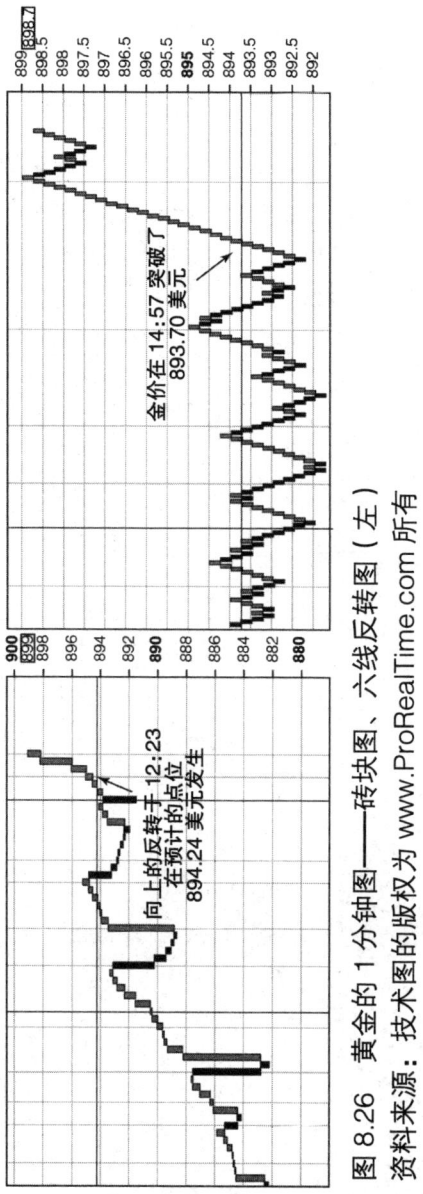

图 8.26 黄金的 1 分钟图——砖块图、六线反转图（左）
资料来源：技术图的版权为 www.ProRealTime.com 所有

152　拐点交易策略 SENTIMENT INDICATORS

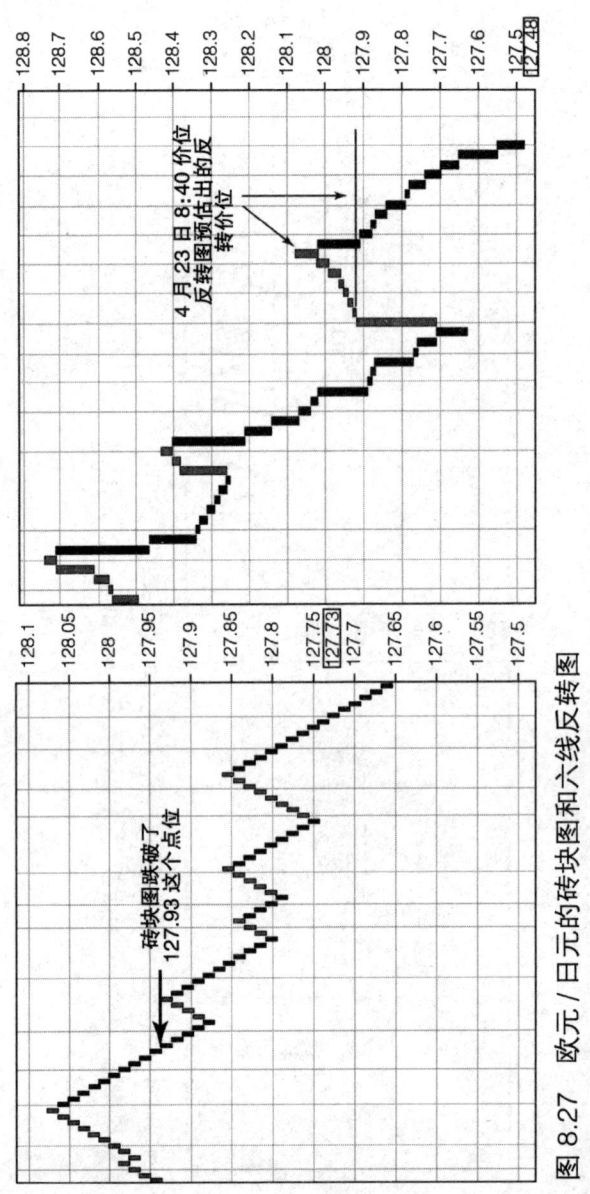

图 8.27　欧元/日元的砖块图和六线反转图
资料来源：技术图的版权为 www.ProRealTime.com 所有

转的信号,而砖块图是在两个小时后突破了之前的阻力位。从技术上说,交易者应该是两图并用。

欧元/日元

设想那些抢帽客都是要快速建仓,然后尽早出局的。在图 8.27 中,砖块图与六线反转图的结合使得他们可以很好地确认行情势头的强弱。我们能够看到,砖块图中出现下跌砖块序列的位置与六线反转图中的反转点位是相互重合的。

跳动点级别上的砖块图

有跳动点级别上的砖块图级吗?在传统的技术图形中,跳动点图往往会有很多杂音。而对于砖块图来说,它的逻辑是如果在图上出现某种形态,那么它一定是源起于最小间隔的波动。我们会期待在跳动点级别上的图形,可以将市场情绪的变化告知交易者。

砖块图有个明显的特征,就是它能够去除掉杂音,即使在跳动点级别上也能清晰地将走势展示出来。在图 8.28 中,我们看到的是采用跳动点数据的微软的砖块图,砖块的对应值是 0.05。如果采用三线反转的法则,交易者在窄幅振荡的行情发生突破后,以 22 美元买入,他就可以一直保留他的仓位,并能忍受其间的小幅下跌,因为每次下跌都没有连续出现过三个向下的砖块。

交易者在交易谷歌时采用了砖块的对应值为 0.05 的砖块图,因为一路都没有牛市行情的迹象出现,他很有可能捕捉到将近 6 美元的波段利润(见图 8.29)。

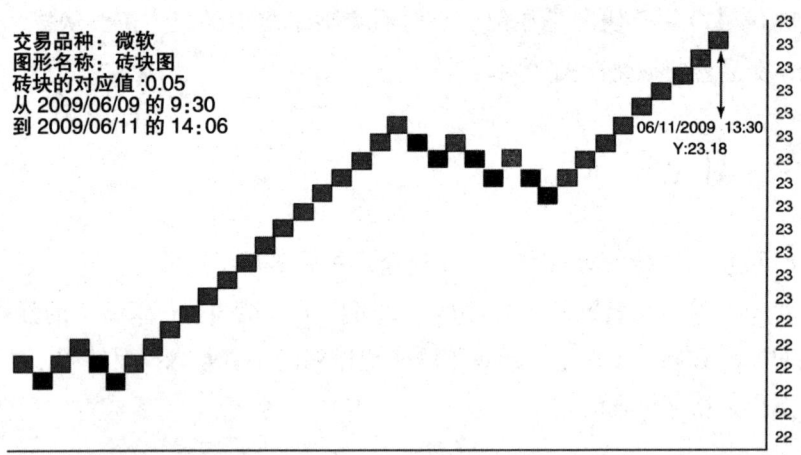

图 8.28 微软的砖块图
资料来源：Abe Confas 和 Sridhar Iyer

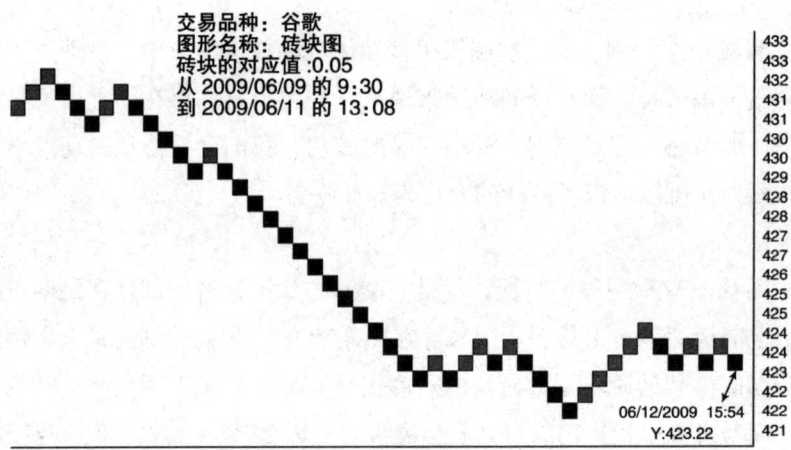

图 8.29 谷歌的砖块图
资料来源：Abe Confas 和 Sridhar Iyer

第八章 卷土重来的砖块图——感应情绪的细微变化

砖块图与成交量

让我们看一下采用跳动点数据和成交量生成的砖块图的形式。在图8.30中，我们看到的是卡特彼勒砖块图的跳动点图，图中还显示出了它的成交量。交易者要注意在成交量上的急剧放大，接下来看看它是否与反转砖块开始出现有关联。除此之外，如果是在砖块图的某个砖块序列中部出现成交量的急剧放大，这就是该趋势会延续的强烈信号。

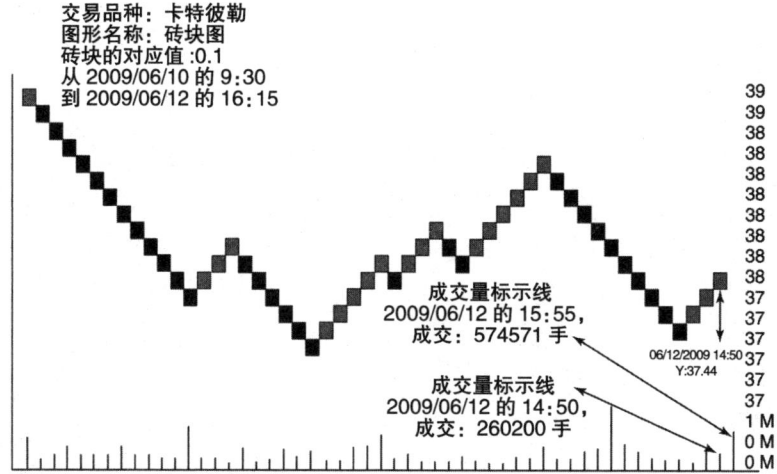

图8.30 卡特彼勒的砖块图
资料来源：Abe Confas 和 Sridhar Iyer

---

①摘自 Eugen Santos Jr. 与 Qunhua Zhao 所写的"推理对手意念的对手模型（Adversarial Models for Opponent Intent Inferencing）"，它是《对手推理——运用计算机来读取对手的想法（Adversarial Reasoning-Computational Approaches to Reading the Opponent's Mind）》一书的第一页，由 Chapman & Hall/CRC 出版，编辑：Alexander Kott 和 William M McEneaney。

第九章

钥匙图——等待情绪拐点的到来

本章的目的就是让你了解钥匙图的图形，理解它的基本概念和在交易中的主要用途。

钥匙图的基本知识

KAGI 这个词的日语意思是钥匙（译者注：该图起源于日本，图形酷似日本古代的钥匙）。钥匙图也是图如其名，它也是我们更有效地判别情绪转变的一把钥匙。它与砖块图一样，最好是在交易者已经决定了下一次交易的方向后再来用它。一旦交易者对趋势的方向作出了判断，接下来的任务就是要找到最理想的入场点位。当然，对于哪里是最理想的入场点，人们总会争论不休。一般来说，没有什么最佳的入场点，但是很多条件组合在一起，会得出一个最理想的入场时机。在这里，我们的重点就放在如何通过钥匙图来找到进场的时机。采用钥匙图的一个主要原因就是它可以精准地显示出情绪何时发生反转。这也是钥匙图图形的全部意义所在。在展示市场情绪变化方面，钥匙图是非常有效的。

让我们先给钥匙图中要用到的几个主要术语下个定义，以便于交易者以后对图形进行分析。

阴线和阳线：钥匙图的图形是由多条彼此呈直角的直线连接而成的，它们是粗细相间的。粗线为阳线，表示市场处在牛市，可以做多买入；细线为阴线，阴线表示市场处在熊市，适合卖空。记住阳线比阴线粗就可以了。有时图形中也用颜色来区分它们：阳线为灰色或红色，阴线为黑色或绿色。

肩部：当线形从细变粗，也就是从阴线转成阳线的时候，形成了钥匙图中的肩部，这时有可能会出现向下的反转。

腰部：腰部与肩部正好相反，当线形由粗变细，也就是从阳线转为阴线的时候，形成了钥匙图中的腰部，这时有可能会出现向上的反转。

转换——钥匙图中的主要看点：理解钥匙图的关键之处就在于要理解阴线与阳线之间的关系。钥匙图的一大优点就是它能把市场中多空情绪之间的平衡状态更清晰地展示给交易者。而从阴线转为阳线，或是从阳线转为阴线，就成了钥匙图形上的主要信号（见图9.1）。

反转点数：如果价格的涨幅或跌幅等于或超过了某个点数，就会出现拐点。反转点数可以是一个固定的点数，也可以用百分比来表示。而百分比在伸缩性上要好得多。究竟如何来设置这样一个数值，也没有过什么定论，交易者还是不得不自己去权衡。反转点数必须要足够小，才可以生成可靠的情绪转变信号。从另一个方面讲，如果反转点数设置得太大，会错失一些日内交易的信号，但对于长线交易者应该会比较有用。因此，反转点数应该是交易策略中的一个函数。那些短线抢帽客需要的反转点数将会小于追求大波段的长线交易者。不过，反转点数设置中出现的主观性也是人们对这个问题不太重视的结果。当设置时参考了其他图形的相关数据，如三线反转图中预估的反转点位，那么钥匙图的反转点数设置应该最大限度地与三线反转图中预估

第九章 钥匙图——等待情绪拐点的到来

的反转点位保持相关性。

反转点位：反转点位是交易者要看的关键指标。反转是否发生在主要的斐波那契阻力线上，或是与其他技术参数发生重合。另外反转点位还有可能会出现在较长的阴线或阳线的中点位置。

收盘价：钥匙图在绘制图形时只采用收盘价。

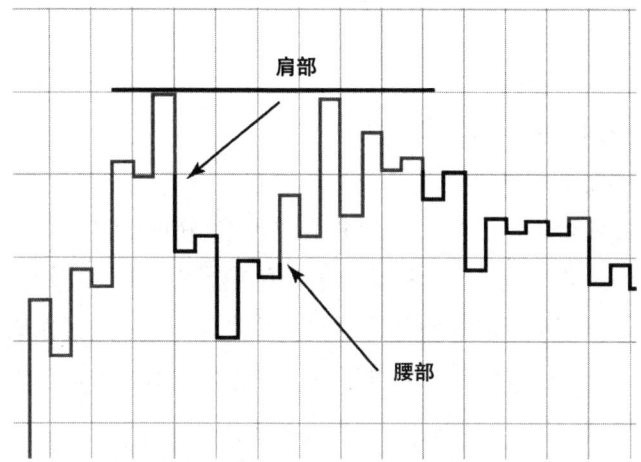

图 9.1　转换 – 钥匙图中的主要看点
资料来源：技术图的版权为 www.ProRealTime.com 所有

下面是钥匙图结构逻辑的详细说明。它也遵循了尼森的《股票 K 线战法》一书中提及的钥匙图有关法则。图 9.2 和图 9.3 是该结构逻辑的流程图。

钥匙图结构逻辑

使用者输入：
接受使用者输入或设定如下各项的默认值：
◎价格反转点数的百分比例；
◎以基点为单位的高于肩部（高点）的间距；
◎以基点为单位的低于腰部（低点）的间距。

基本结构逻辑：
1. 读取基准日和基准收盘价。
2. 将线形端点价格设定为基准收盘价。
3. 在线形端点上按如下方式计算判定反转的价格：
    a. 反转点数 = 线形端点价格 × 反转点数的固定比例 /100
    b. 判定低点时反转的价格 = 线形端点价格 − 反转点数
    c. 判定高点时反转的价格 = 线形端点价格 + 反转点数
4. 读取下一个日期，下一个收盘价。
5. 如果下一个收盘价收在低点时判定反转的价格点之下，那么就从线形端点到下一个收盘价之间划一条阴线。
6. 如果下一个收盘价收在高点时判定反转的价格点之上，那么就从线形端点到下一个收盘价之间划一条阳线。
7. 如果下一个收盘价落在低位时判定反转的价格点（含该价位）与高位时判定反转的价格点（含该价位）之间，那么就不划出第一条线，下一个收盘的记录会被跳过。
8. 如果划出了第一条线，那么就将新的线形端点价格设定为下一个收盘价。
9. 对于新的线形端点价格，按照基本结构逻辑步骤三中规定的公式来计算在低点或高点判定反转的价格。

迭代结构逻辑：

1. 读取日期和收盘价。
2. 如果还没有线划出，那么直接到迭代结构逻辑的步骤四。
3. 如果收盘价与目前的阴线或阳线在趋势走向上一致，那么就将这条阴线或阳线延长到收盘价。然后回到迭代结构逻辑的步骤七。
4. 如果现在的线形端点价格与收盘价的绝对价差小于反转点数，那么忽略该收盘价，回到迭代结构逻辑的步骤一。
5. 如果在上升趋势中，收盘价与线形端点价格之间的跌幅达到了反转点数，那么就构成了肩部转折，在向下划线时，先保持现有阴线或阳线的性质不变。当收盘价跌到前期腰部之下时，再将阳线改成阴线。然后回到迭代结构逻辑的步骤七。
6. 如果在下降趋势中，收盘价与线形端点价格之间的涨幅达到了反转点数，那么就构成了腰部转折，在向上划线时，先保持现有阴线或阳线的性质不变。当收盘价突破到前期肩部之上时，再将阴线改成阳线。
7. 将新的线形端点价格设定为下一个收盘价。
8. 对于新的线形端点价格，按照基本结构逻辑步骤三当中规定的公式来计算在低点或高点判定反转的价格。
9. 回到迭代结构逻辑的步骤一。

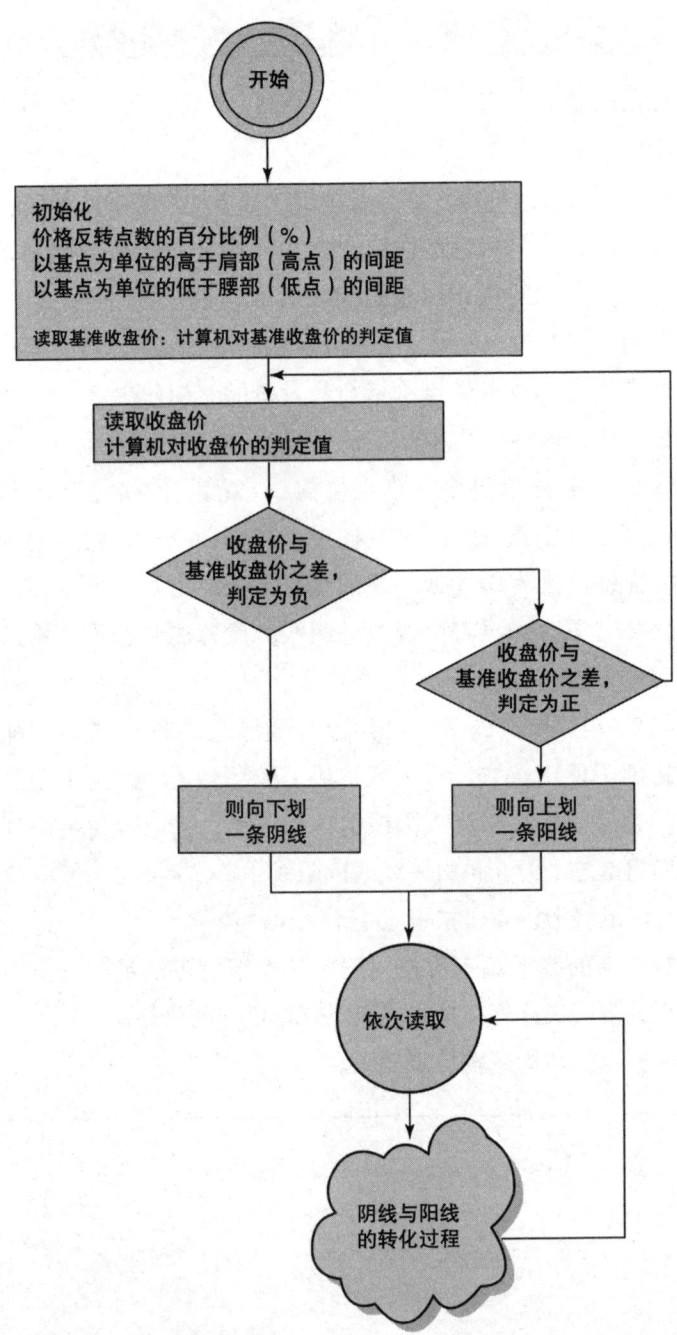

图 9.2 钥匙图结构逻辑
资料来源：Abe Confas 和 Sridhar Iyer

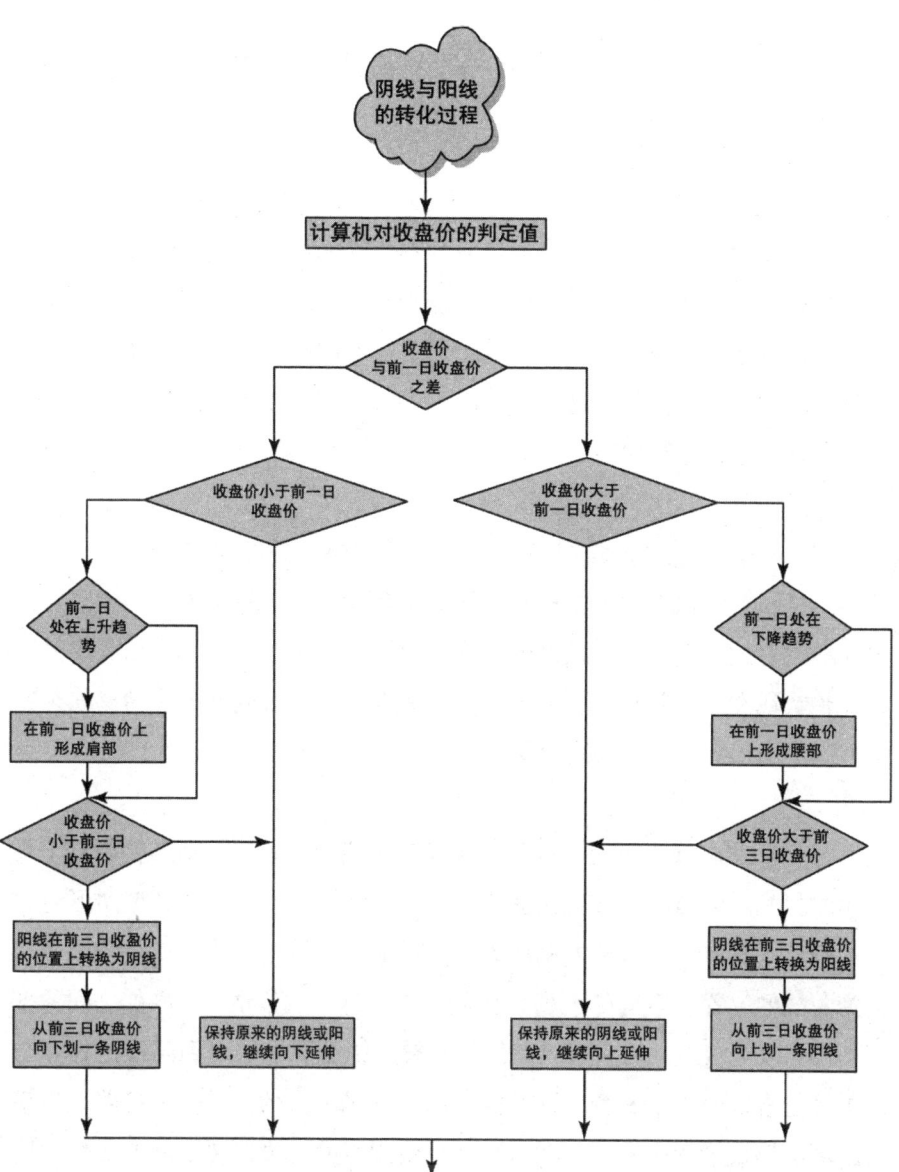

图 9.3 钥匙图结构补充逻辑
资料来源：Abe Confas 和 Sridhar Iyer

钥匙图发出的买卖信号——当阴线变成了阳线

钥匙图发出的买卖信号有很多种。在这一章，我们只着重介绍其中最主要的信号。首先，我们会考虑在钥匙图中使用趋势线。当趋势线出现在钥匙图中时，交易者就可以辨别出钥匙图是处在买入区还是卖出区，或者当前价格是否与趋势线接近。还有很重要的一点需要指出，那就是当钥匙图的图形呈现出平稳的走势时，就可以确认该趋势具有持续性，这也是一种视觉层面的确认。

有一种钥匙图的信号就是在突破了趋势线的时候出现的。正如图9.4中所示，我们看到在图的左边，将钥匙图的肩部连成了一条线，而在图的右边，钥匙图的腰部的连线构成了另一条线。这与蜡烛图中的下降趋势线和上升趋势线类似。它们在钥匙图中也有同样的作用。如果钥匙图的图形穿破了这条线，就产生了趋势的反转。

当阴线转换为阳线，或阳线转换为阴线的时候，交易者就得到了买卖的信号。问题是直接就接受这个信号，还是去寻求一些其他图形对它的确认呢？有一个重要的确认方法是看从阴线转为阳线，或是从阳线转为阴线的位置是不是在 50% 的中间线上。这个点位预示着牛熊之间的平衡即将发生变化。在图 9.5 中，我们看到钥匙图中阴线到阳线的拐点与下降趋势线发生了重合，这里就发出了一个买入的信号。紧接着，当钥匙图中形成了两个肩部，之后阳线变成阴线的时候，便是一个卖出的信号。最后，在图的最右边，我们看到快接近长线的中间点时，阴线变成了阳线。

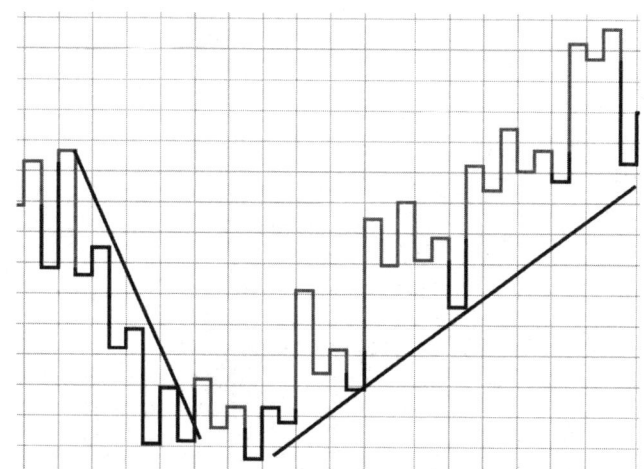

图 9.4　在突破趋势线时发出信号
资料来源：技术图的版权为 www.ProRealTime.com 所有

钥匙图：情绪转变的关键之处

钥匙图可以揭示出谁是市场的掌控方，还有在买方与卖方的力量抗衡中，是否已经发生了地位的转变。阴线或阳线的长度表明多空双方的力量是处在平衡状态，还是不平衡状态。钥匙图一张情绪连贯变化的示意图，交易者就是要寻找那些可能发生变盘的关键区域（见图 9.5）。正如我们之前所说，KAGI 在日语里是钥匙的意思。在启用某个技术图形作为交易的辅助工具时，我们的目的就是要将数据转化为比点线图或蜡烛图的视觉效果更为清晰的图形。

让我们来比较一下 2009 年 4 月美国原油的钥匙图（见图 9.6）和蜡烛图（见图 9.7）。这两张图哪个更清晰呢？钥匙图是否清楚地给出了支撑和阻力线的界限？在钥匙图中，我们所谓的"杂音"要少得多，而蜡烛图里由于实体带着大量的"尾巴"，给人一种嘈杂的感觉。

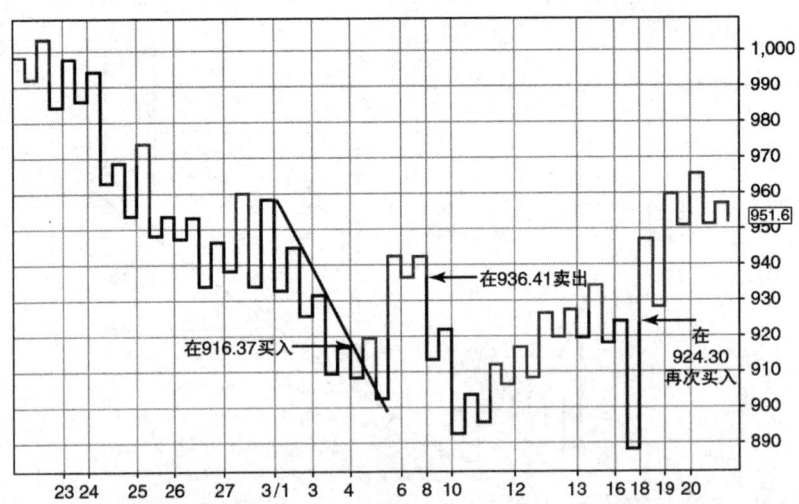

图 9.5　钥匙图：情绪连贯变化示意图
资料来源：技术图的版权为 www.ProRealTime.com 所有

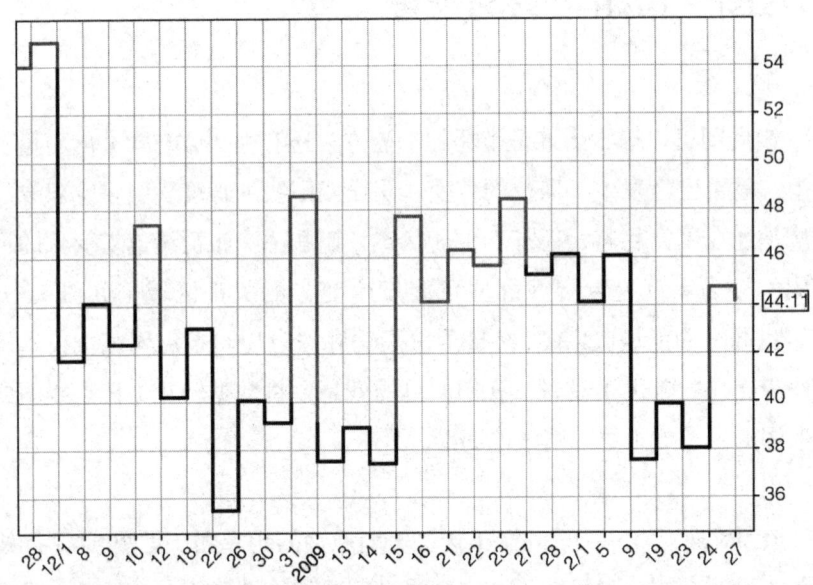

图 9.6　美国原油的钥匙图（2009 年 4 月）
资料来源：技术图的版权为 www.ProRealTime.com 所有

第九章 钥匙图——等待情绪拐点的到来

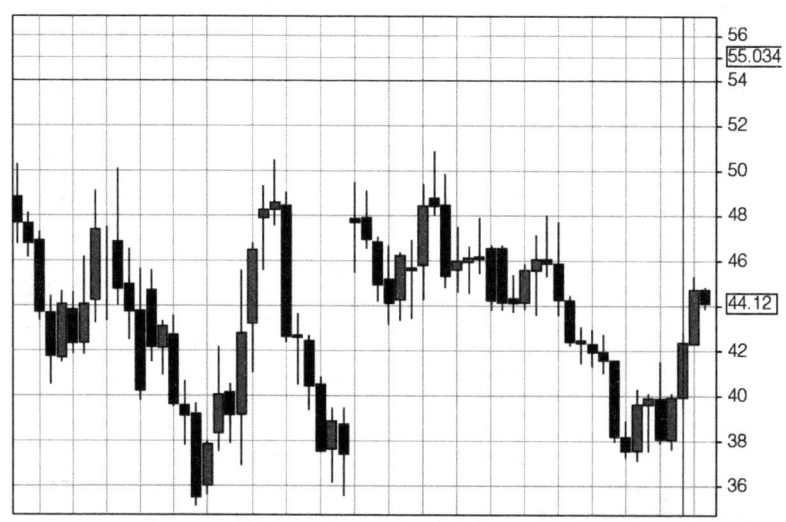

图 9.7 美国原油的蜡烛图（2009 年 4 月）
资料来源：技术图的版权为 www.ProRealTime.com 所有

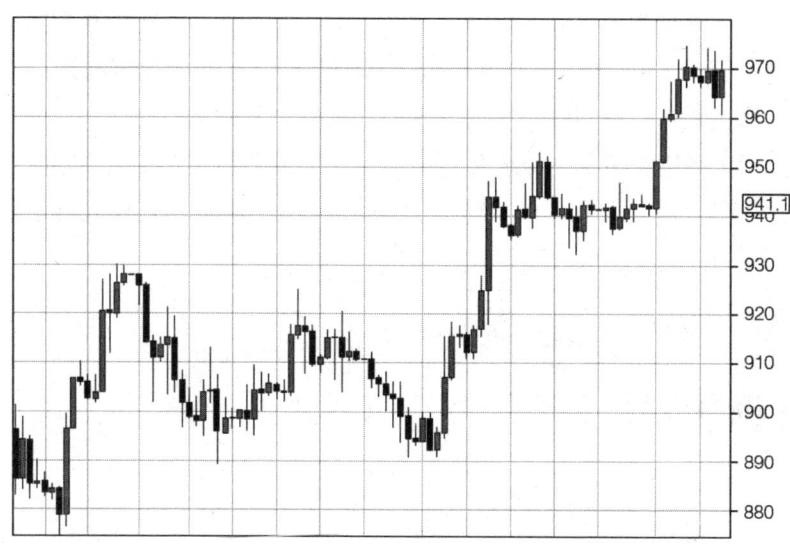

图 9.8 黄金现货的蜡烛图
资料来源：技术图的版权为 www.ProRealTime.com 所有

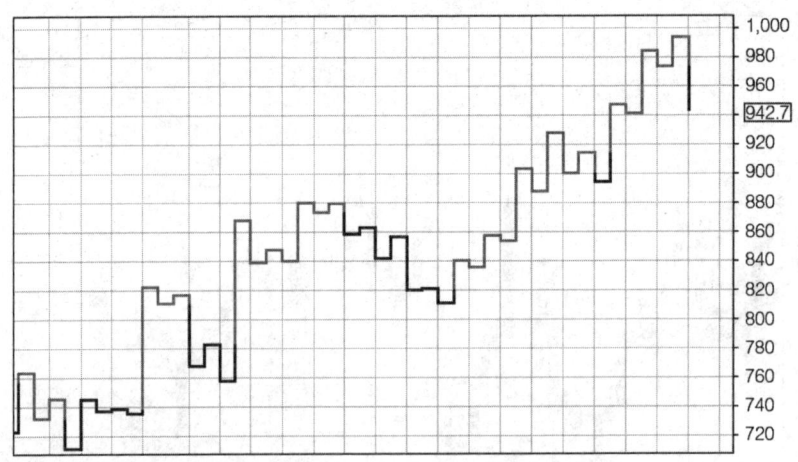

图 9.9 黄金现货的钥匙图
资料来源：技术图的版权为 www.ProRealTime.com 所有

  在图 9.8 黄金现货的蜡烛图中，我们看到趋势线被突破，不过接下来哪里应该是入场的点位，还是个没有确定答案的问题。在突破发生后，交易者是不是还要等价格继续运行一段后再入场呢？让我们来用钥匙图（见图 9.9）解决这个问题吧。在钥匙图中，我们能够看到阳线到阴线的转变，也有阴线到阳线的转换。另外，我们也要注意，在反转点数设置上简简单单的一个变化，就可以让交易者在制定交易策略时更加细致入微。这张钥匙图的反转点数设置为 1%，它可以很好地展示出价格的波动，而又不掺入过多的杂音。

钥匙图反转设置中的其他方法

  交易者在使用钥匙图时，就像用砖块图时一样，也可以按照自身的交易风格来设定与之相符的反转设置。不过，同时去看三种不同设置的钥匙图，仍是一个好的操作办法。这能够让交易者判断出，哪个设置最好地表现出了价格的整体走势。还有一点很重要，那就是钥匙图的反转设置要与砖块图或圈叉图的相关设置保持一定的关联。在数值上，钥匙图的设置应稍有差异，这样不仅可以最大化地体现出钥匙图在预测方面的作用，同时也为交易者提供了一个略微不一样的视角。

量化钥匙图

钥匙图对现在的交易者来说，还是相当陌生的技术图形。这主要是因为它与其他技术图形有些格格不入。钥匙图的象形特征让人们觉得很难去量化它，特别妨碍了西方的交易者去学习如何使用它。可能还有一个原因，那就是人们偏向于按照惯用的东西来行事，还不乐于去开发新的领域。尽管这样，我们认为对钥匙图多看上一眼还是值得的，因为我们会看到它在发现交易中地标性价格方面会很有潜能。到目前为止，交易者看钥匙图还主要是为了找到那些典型的价格走势。在这方面它表现得很好，因为它可以明确地告诉我们相关的支撑线和阻力线的位置。不过，对于那些对钥匙图不太熟悉的交易者来说，只是简单地看钥匙图的图形是有风险的，那些看图者很容易被一些价格走势误导。当然，钥匙图对于那些有很强的图形辨识能力的交易者还是很有用的，但是，对于大多数的交易者来讲，钥匙图的图形太过陌生与象形。针对这些钥匙图使用中出现的难题，我们在此提供一个更为有效的使用方法。我们将钥匙图中生成的数据作成一个表格，里面包括了主要的量度指标，从中可以看出价格的波动情况。这个表格可以自动地反映出钥匙图的图形想传达给你的主要信息。

在钥匙图的价格波动表中，应该至少要包括以下几项内容：

▶收盘后，在钥匙图中是划阴线还是划阳线

➤ 连续阴线或阳线的数目
➤ 阴线与阳线之比
➤ 阴线与阳线之比的移动平均值
➤ 阴线转为阳线或是阳线转为阴线的变盘点位

这些都是交易者在使用钥匙图时应该掌握，或是应该自己推算出的数据。

钥匙图 PK 蜡烛图——哪个图更好些？

如果你可以同时生成走势的钥匙图与蜡烛图，并将两者放在一起作比较，来判断两图的关键点位在哪里会合，这应该是个很有用的操作方法。它们是不是预估出了很接近的阻力线和支持线？钥匙图的反转点位是否在斐波那契阻力线上？通过钥匙图和蜡烛图之间的对比，我们对价格走势会有一些更深入的认识。在图9.10中，左边是2009年6月美国国债的4小时钥匙图，反转点数设在10个基点。右边是同期美国国债的蜡烛图，时间间隔也是4小时。首先，我们能看到，由于钥匙图只根据收盘价来决定是否划出新的线形，它在图形上就显得比蜡烛图更干净，"杂音"更少。另外在信息量密集的地方，它的各种变数就会很多，这一点也很重要。比起钥匙图来，蜡烛图占用很大的屏幕面积来表现价格的波动。两图在加入斐波那契阻力线的位置上也是有区别的。这也会产生不同的结果。交易者使用斐波那契阻力线来辅助进行判断是很有效的，你不仅可以把钥匙图与斐波那契阻力线结合使用，也可以把斐波那契线引入到蜡烛图中。当蜡烛图中的阴线或阳线与斐波那契阻力线发生叠加效应时，那条斐波那契线不是价格的低点就是价格的高点。

第九章 钥匙图——等待情绪拐点的到来 171

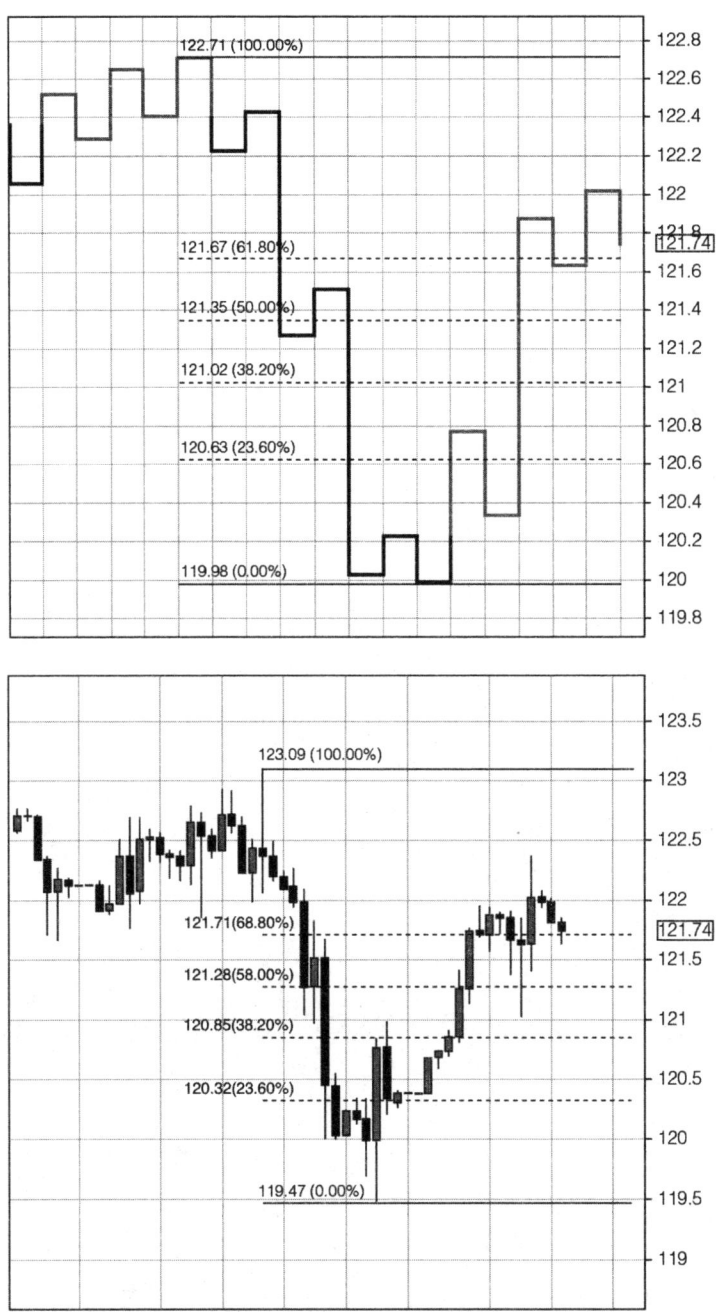

图 9.10 美国国债的 4 小时钥匙图（左）和蜡烛图（右）
资料来源：技术图的版权为 www.ProRealTime.com 所有

第十章 圈叉图

本章要讲述的是圈叉图的基本概念和在交易市场中的应用。

圈叉图是本书选取的所有这些别具特色的技术图形中的最后一种。它就像价格反转图和钥匙图一样，也是在计算机时代到来前就已经出现了。它也是本书中所有这些技术图形之中唯一一个起源于西方的。近年来，Thomas Dorsey 已经成为圈叉图研究的著名领军人物，他把圈叉图运用到分析价格波动当中。Jeremy Du Plessis 在他的著作《圈叉图最佳指南（The Definitive Guideto Pointand Figure）》（Harriman House 出版）的前言中写道：

"任何想要对市场进行技术分析的人都应该充分了解圈叉图。它可能是西方最古老的技术图形，但是这并不意味着，我们在当今时代可以忽视它的存在。恰恰相反，一旦你对圈叉图的认识越来越深入，你就会对于过去那些没有圈叉图的日子中，自己居然还能在市场中生存下来而感到惊诧。"

如何运用圈叉图

圈叉图的具体绘制方法如下：当价格的涨幅超过了某个预定点数，则在图中的格子里标上一个 X；如果价格的跌幅达到了预定点数的三倍，则判定为反转，在右侧一栏新开一个 O 列。而当价格的跌幅超过了该预定点数，则在图中的格子里标上一个 O；如果价格的涨幅达到了预定点数的三倍，则判定为反转，在右侧一栏新开一个 X 列。在圈叉图中，这也被称之为三格反转。通常情况下，圈叉图做图时选用的是高点或低点价格，而不是收盘价。

下表是圈叉图的结构逻辑。图 10.1 和图 10.2 是圈叉图的结构逻辑和补充逻辑的流程图。

圈叉图（OX 图）结构逻辑

圈叉图结构逻辑中采用了以下各个定义和公式。
将 Low 定义为目前的低点
将 High 定义为目前的高点
将 ParentLow 定义为前一日低点
将 ParentHigh 定义为前一日高点

方格顶（前一日高点）

▶ 计算出前一日高点除以方格对应值的整数商
▶ 如果（整数商乘以方格对应值）等于前一日高点，那么方格顶（前一日高点）= 前一日高点

除此之外，方格顶（前一日高点）=（整数商 +1）乘以方格对应值

方格顶（目前的低点）

▶ 计算目前的低点除以方格对应值的整数商
▶ 如果（整数商乘以方格对应值）等于目前的低点，那么方格顶（目前的低点）= 目前的低点

除此之外，方格顶（目前的低点）=（整数商 +1）乘以方格对应值

方格底（前一日低点）

▶计算出前一日低点除以方格对应值的整数商

▶方格底（前一日低点）= 整数商乘以方格对应值

方格底（目前的高点）

▶计算出目前的高点，方格对应值）

▶方格底（目前的高点）= 整数商乘以方格对应值

上升趋势的标记

如果出现下述表述，则标记为上升趋势

方格底（目前的高点 – 方格顶（前一日高点）/ 方格对应值）的差值大于或等于1

则评估为真

下降趋势的标记

如果出现下述表述，则标记为下降趋势

方格底（前一日低点）– 方格顶（目前的低点）/ 方格对应值的差值大于或等于1

则评估为真

上升趋势段的具体设定

从方格顶（前一日高点）到方格底（目前的高点）的这段趋势，设定

符号为"X"

符号数量 = 方格底（目前的高点）– 方格顶（前一日高点）/ 方格对应值 +1

趋势标记为上升趋势

该趋势段的最后一格以目前的高点设定为方格底

下降趋势段的具体设定

从方格底（前一日低点）到方格顶（目前的低点）的这段趋势，设定

符号为"O"

符号数量=（方格底（前一日低点）—方格顶（目前的低点）)/方格对应值+1

趋势标记为下降趋势

该趋势段的最后一格以目前的低点设定为方格顶

反转点数

方格对应值乘以（在改变列时所要求的构成反转的方格格数）

价格反转点位

上升趋势中价格反转点位=该趋势段的最后一格的底部－反转点数

下降趋势中价格反转点位=该趋势段中最后一格的顶部+反转点数

使用者输入：

接受使用者输入或设定如下的默认值：

➤读取方格对应值，以基点为单位

➤读取在改变列时所要求的构成反转的方格格数

基本结构逻辑

1. 读取方格对应值和反转点数
2. 将列号设为1
3. 读取基准日期、基准高点价格和基准低点价格
4. 读取下一个日期、下一个高点价格和下一个低点价格。
5. 确定是上升还是下降趋势，然后设定相应的标记
6. 如果为上升趋势，那么就按照上升趋势段的具体设定来执行

如果为下降趋势，那么就按照下降趋势段的具体设定

第十章 圈叉图

来执行

除此之外，忽略价格列，将趋势标记设为空

迭代结构逻辑：

1. 读取日期、高点价格和低点价格。

2. 将前一列设在当下不可忽略的列之前

3. 如果以前和现在的趋势为上升趋势，那么

按照上升趋势段的具体设定方法来执行，然后回到迭代结构逻辑的步骤一

如果在上升趋势中出现了上升趋势中价格反转点位，那么

按照下降趋势段的具体设定方法来执行，然后回到迭代结构逻辑的步骤一

除此之外，将趋势标记设定为空，忽略当前列，然后回到迭代结构逻辑的步骤一

4. 如果以前和现在的趋势为下降趋势，那么

按照下降趋势段的具体设定方法来执行，然后回到迭代结构逻辑的步骤一

如果在下降趋势中出现了下降趋势中价格反转点位，那么

按照上升趋势段的具体设定方法来执行，然后回到迭代结构逻辑的步骤一

除此之外，将趋势标记设定为空，忽略当前列，然后回到迭代结构逻辑的步骤一

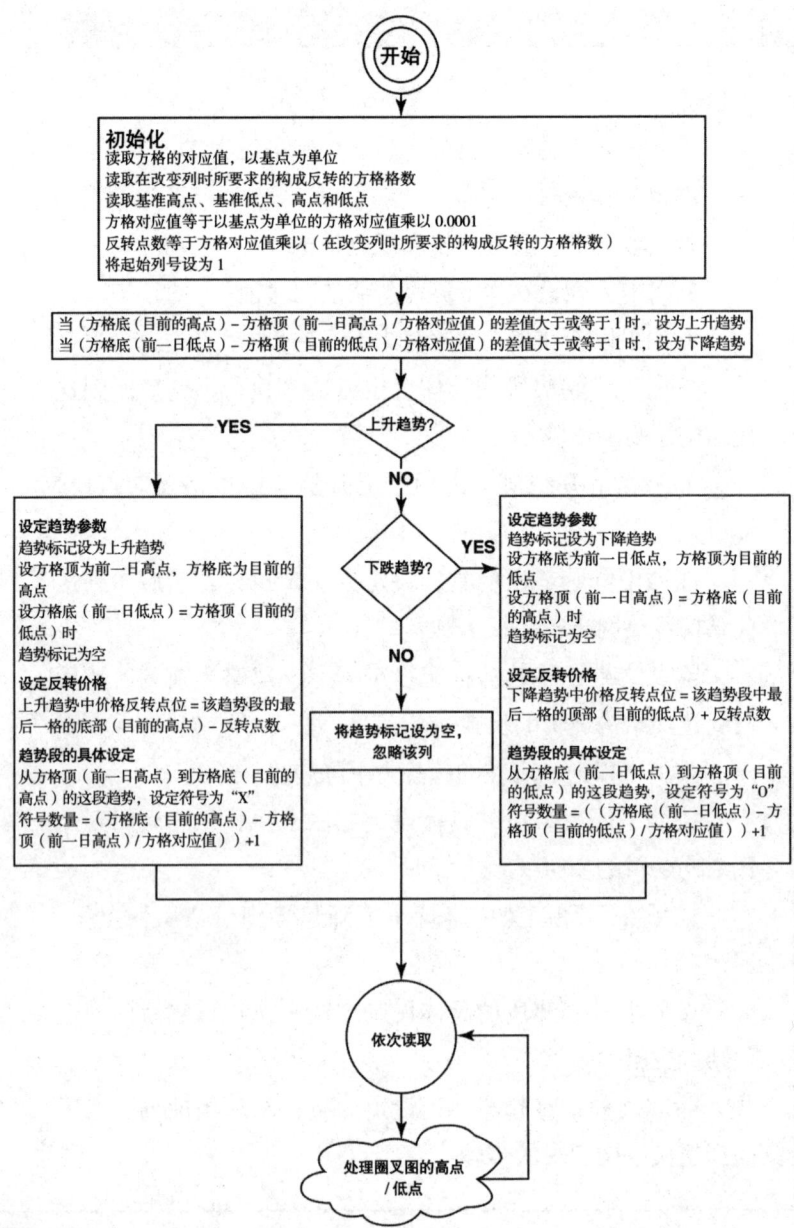

图 10.1　圈叉图结构逻辑
资料来源：Abe Confas 和 Sridhar Iyer

第十章 圈叉图

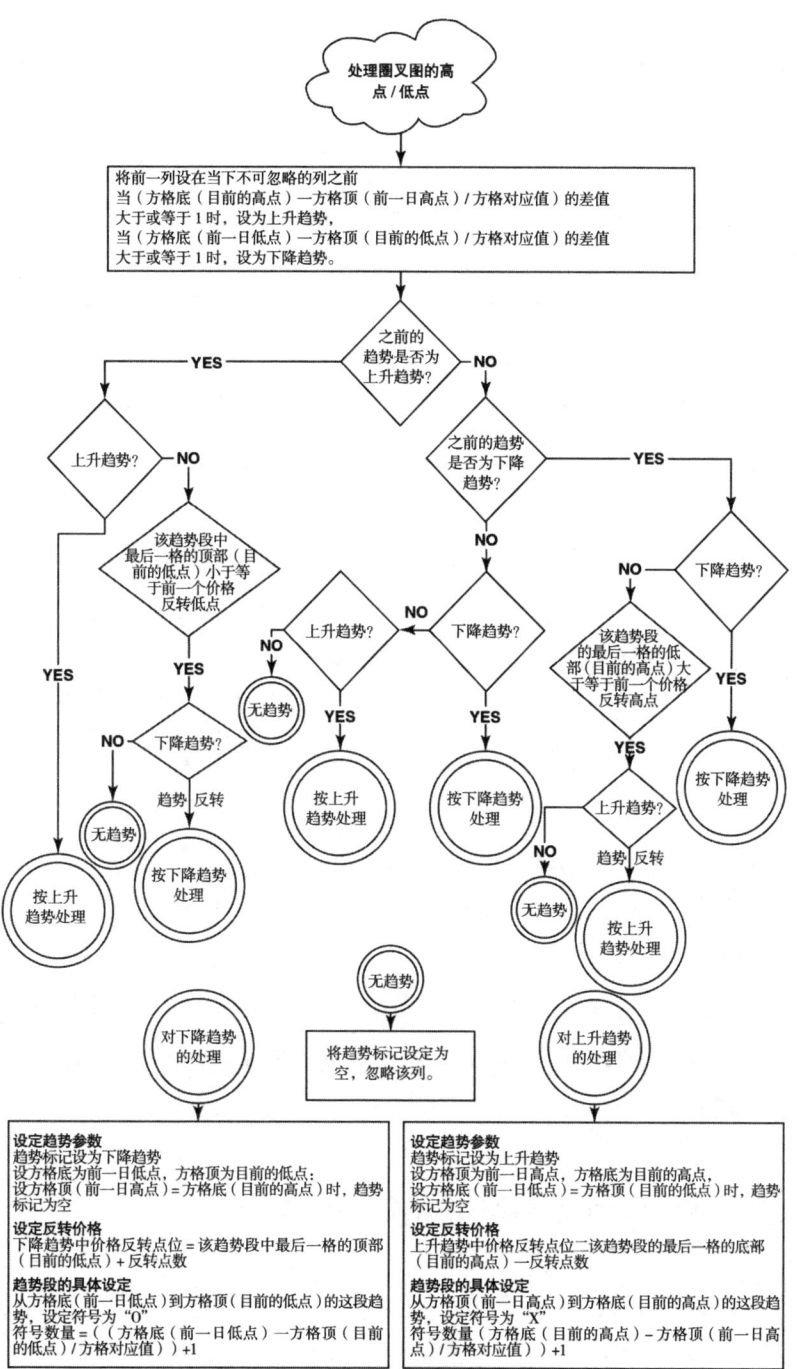

图 10.2 圈叉图的补充逻辑
资料来源：Abe Confas 和 Sridhar Iyer

反转点数的设定：何时对设置进行变换

交易者应该根据他所在的交易市场的不同，来选择不同的反转点数的设定值。什么样才是好的设置总让人争论不休，因为毕竟这从很多方面讲都是个人主观上的判断。基本上来说，这个反转点数的设定要大到可以生成稳定的走势图，同时也要小到可以反映出市场情绪的变化。如果设定的点数太大了，那么生成的图形里就会掩盖掉一些重要的波动行情，而如果设定的点数太小了，就会出现过多的反转。这样的一种权衡是我们可以量化的。在对圈叉图的这个阶段的研究中，很少涉及到如何来判定最优的增幅或跌幅的点数。很多投资专家会强调这主要看交易者自己的判断。不过真正至关重要的问题是，圈叉图中设置的反转点数是否与其他技术图形中预估的相关点位重合，或者是能够相互确认。这里提出这一点的主要想法是让圈叉图为交易者进行多样性分析出一份力。就是说交易者应该把圈叉图的图形与同期其他技术图形的走势放在一起进行比较。在分析市场时单独使用圈叉图是次优的选择，这样做不能把它的价值完全发挥出来。而当我们将圈叉图与其他技术图形结合在一起使用时，圈叉图对关键的支撑位和阻力位有很强的确认作用。我们很快就可以看到如何把圈叉图与其他图形的信号整合在一起的案例。反转点数的设置之所以重要，也是因为它可以很大程度地影响到圈叉图对其他图形的信号进行确认的能力。如果交易者的钥匙图中采用的反转设置是1%，那么在圈叉图中，对反转点数的设定要略低一点，以便生成的图形更加精细。

设置方格对应值是制定止损策略的基础

方格对应值的设置还有一项很重要的作用，那就是它可以为制定止损策略服务。比如，假设交易者平均的盈利额在1.50，那么当反转列出现的时候，他的账面盈利势必被砍掉很多。如果方格的对应值设置

0.25，那就意味着圈叉图不论是从 X 列转换为 O 列，还是从 O 列转换为 X 列，价格都会出现 0.75 的波幅。如果交易者选择了 0.25 作为方格的对应值，眼睁睁看着一半的利润跑掉的风险就会加大。问题是对应值设在什么水平上是交易者能够接受的呢？交易者是否真的能接受丢掉 50% 的盈利？如果不行的话，就让这个设置来决定发生反转的时机吧。在这种情况下，可以把方块的对应值设在 0.01，就是说那价格出现 0.30 的变动时，圈叉图中会见到反转列。采用这样的设置就会使交易者保住的利润多出不少。交易者如果这样来操作的话，就可以充分发挥圈叉图的预警作用，在图中出现反转的时候减仓或清仓出局。那么我们能否将反转列的出现作为入场的信号呢？这就要看反转发生的位置了。如果反转列出现的点位与关键的斐波那契阻力位相交，那么就有理由把它作为进场的指标来看。如果反转列是发生在某个行情区间的中段，那么在这个时候入场恐怕就不太合适了。

我们也将看到，圈叉图在与价格反转图和钥匙图结合在一起使用时，反转列的出现可以增强交易者进场交易的信心。

设置因市场不同而有所变化

圈叉图具有很强的视觉吸引力。比起蜡烛图，圈叉图中的 X 列和 O 列会给人更为清晰的印象。更为重要的是，当你适度变化方格的对应值时，对市场情绪的把握程度也会加深。让我们来举几个不同市场中的例子，看看在设置改变后，圈叉图发生了什么变化。

黄金的日线图与 10 分钟图的对比

方格对应值的设置也要根据圈叉图时间间隔的不同而有所差别。比如，选取大一些的方格对应值，理应可以抓住波幅比较大的行情，而在 10 分钟图中，就可以把对应值设得小一些，这样可以更敏锐地感受到情绪的小幅波动。在图 10.3 中，1% 的方格对应值与日线图的搭配就很合适，但在图 10.4 中，就需要把方格的对应值减半，以便交易者能看到金价运行中更多细节的地方。

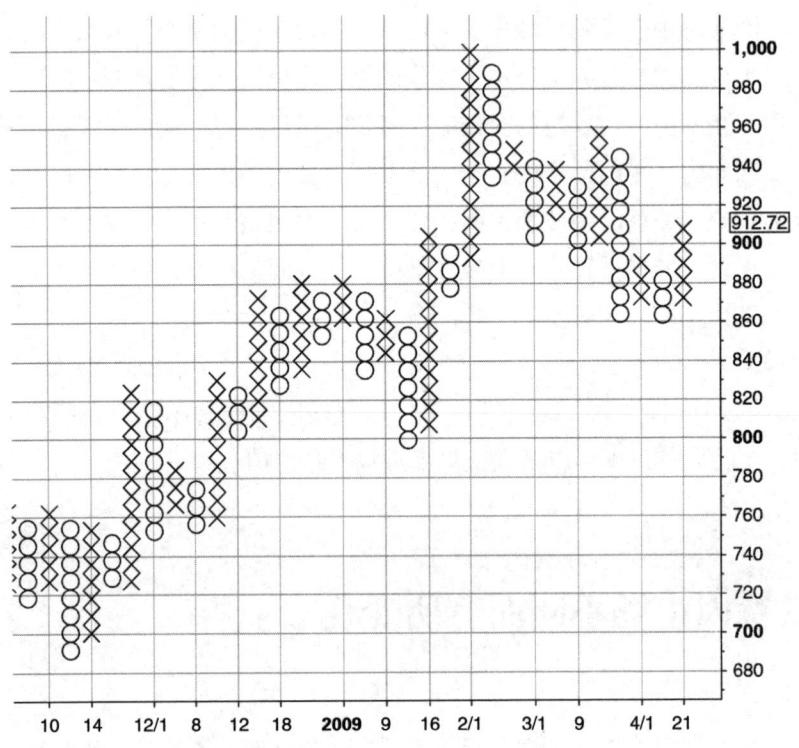

图 10.3　黄金现货的圈叉图——日线图，方块对应值为 1%
资料来源：技术图的版权为 www.ProRealTime.com 所有

第十章　圈叉图

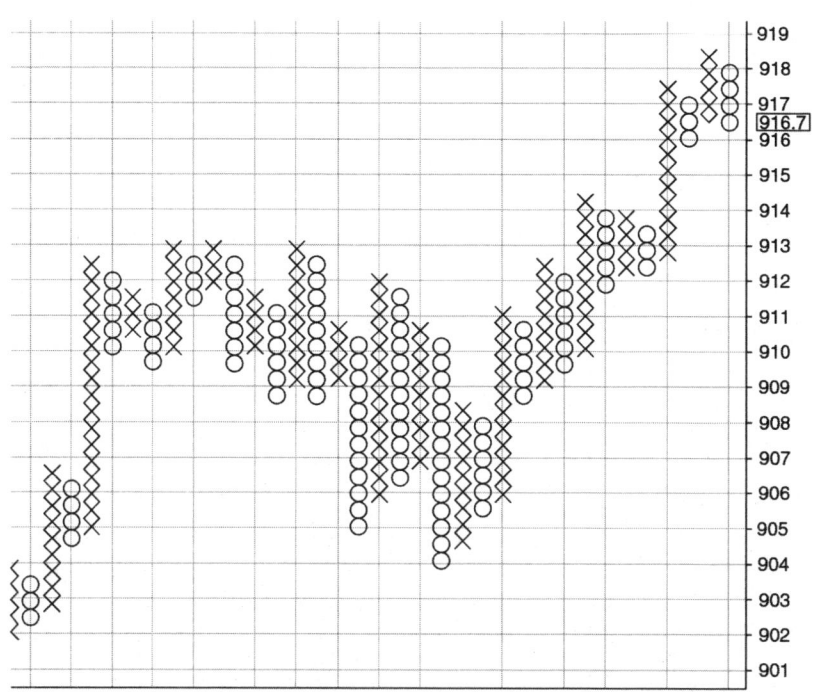

图 10.4　黄金现货的圈叉图——10 分钟图，方块对应值为 0.5%
资料来源：技术图的版权为 www.ProRealTime.com 所有

原油与圈叉图

原油的交易者在设置方块的对应值时，要与他们预期的平均盈利水平相对应。让我们假设价格出现 90 美分的账面盈利会让交易者感到满意。在这样情况下，如果方块的对应值为 10 美分，那么就意味着当圈叉图的反转列出现时，价格已经回调了 30 美分。这种对利润的削减会导致交易者在利润变成亏损前进行减仓。除此之外，我们在图 10.5 中可以看到，即便在 15 分钟图里，将方格对应值设为 10 美分也能有助于交易者更精确地把握油价的运行。

如图 10.6 所示，那些技术图中的常见形态，如趋势线、通道、双顶和双底等，在圈叉图中都很容易能看出来。就像在其他技术图形中那样，这些经典的常见形态在圈叉图中也会起到锦上添花的作用，它们能够对圈叉图中关键点位发出的信号进行确认。作为市场情绪的示意图，圈叉图不仅可以快速地反映出支撑线与阻力线的位置，还能反映出买方与卖方之间的博弈情况。所以交易者就可以把圈叉图看作是市场情绪的盖革计数器，因为它对多方和空方之间的摩擦和争战中任何一点的升级都能体察到。

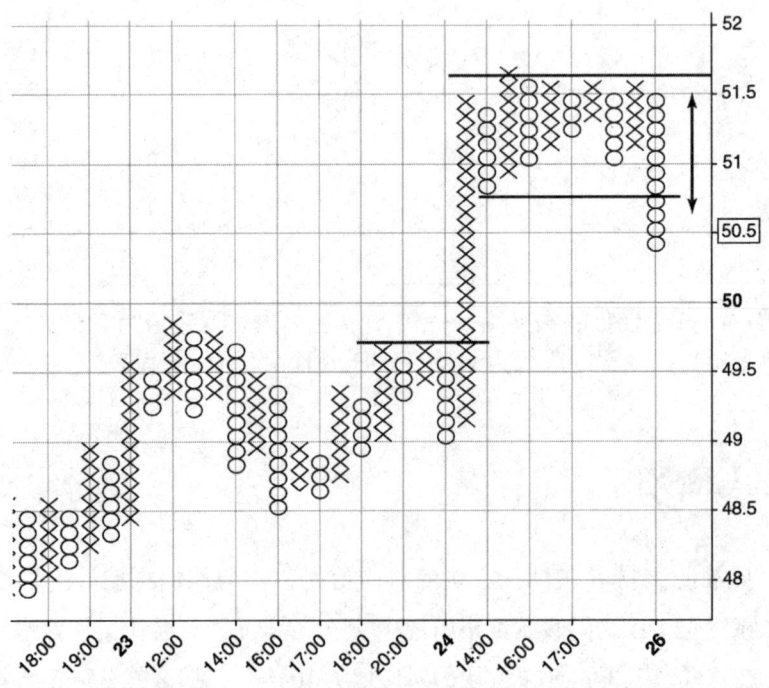

图 10.5　原油的圈叉图（2009年6月）——15分钟图，方块对应值为10美分

资料来源：技术图的版权为 www.ProRealTime.com 所有

第十章 圈叉图

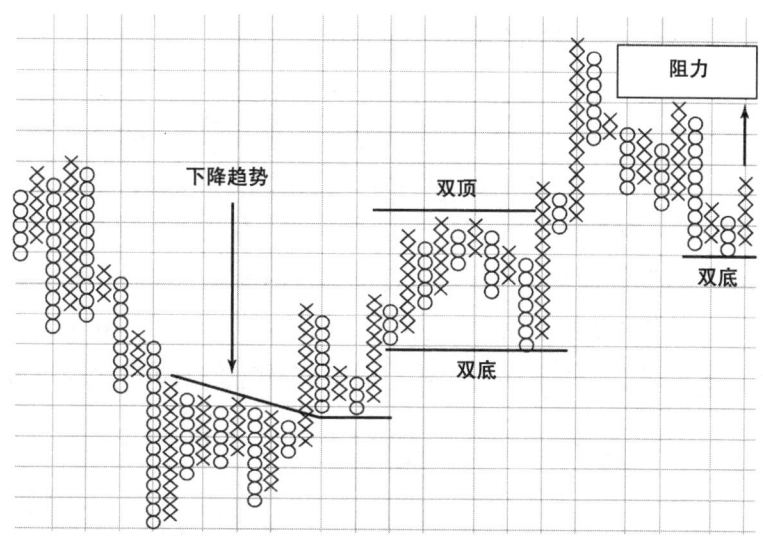

图 10.6 圈叉图中的常见形态
资料来源：技术图的版权为 www.ProRealTime.com 所有

横向数方格法

在圈叉图中，当价格出现突变后，有一种方法可以估计出行情可能有多远，我把它称之为横向数方格法。Tom Dorsey 是圈叉图研究的权威之一，他对该方法进行了下列说明：

当找到最宽的 X 列和 O 列的队形后，只需简单地横着来数一下这个队形所占的方格数。把方格数乘以 3，然后把结果再乘上方格的对应值。接下来将得出来的结果与该队列的最低点位相加即可。[①]

Tom Dorsey 同样也对操作时的风险进行了设定："在最初开始交易时，对于可能出现的每一个点的亏损，都要至少有两个点的盈利来与之对应。"[②]

斐波那契阻力位与圈叉图

斐波那契阻力位与圈叉图结合在一起用，效果也颇佳。交易者会发现，在比较长的 X 列或 O 列的中段，经常会发生反转，接下来又出现反向的反转。这种特点与价格在斐波那契阻力位的运行特点相仿。在圈叉图中加入斐波那契线，可以为进场信号的准确性加码（见图 10.7）。如果在某条斐波那契阻力线之上出现了反转的 X 列，或者在某条斐波那契线之下出现了反转的 O 列，那么这样的反转就比其他点位的反转更加可靠。

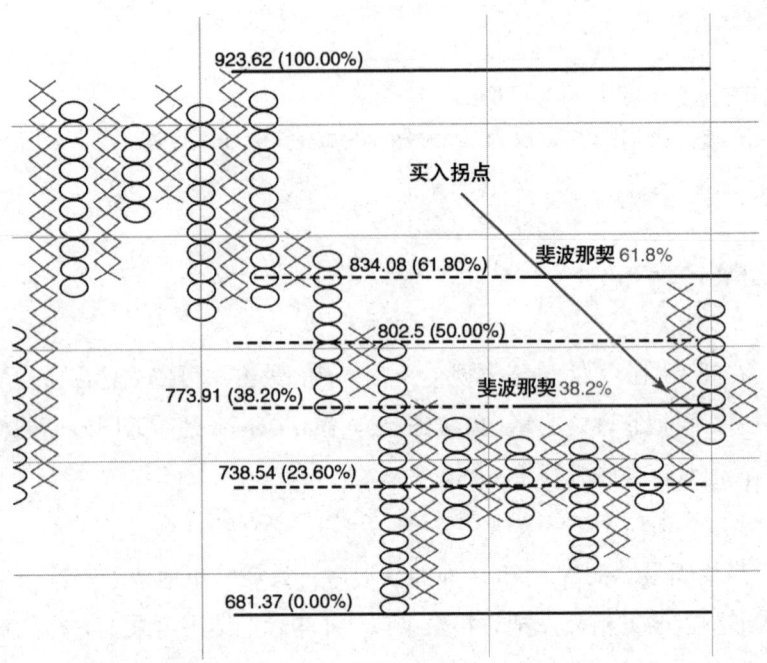

图 10.7　斐波那契阻力线与圈叉图的完美结合
资料来源：技术图的版权为 www.ProRealTime.com 所有

第十章　圈叉图

美元指数的圈叉图

美元指数（DXY）在货币和期货交易市场都充当着很重要的角色。它经常被看作是美元市场情绪的晴雨表。交易者或投资者在看美元指数的走势图时，经常会思考几个关键的问题。首先，图上显示出的主导趋势方向是什么？第二，这个趋势方向的力度如何？最后，图中是否出现了进场或离场的信号？其中，第一个问题其实并不那么容易回答，因为进场点位取决于投资者是想做长线交易还是短线交易。如果他想打持久战，那么看DXY的历史走势图（见图10.8）来寻找答案就是最好的办法。与此相对的是，短线交易者就可以关注DXY最近的走势（见图10.9），对他们来说，最好的策略就是找到新近出现的比较明显的低点或高点，并从短线的角度对走势进行评估。在我们的例子中，DXY的整体趋势方向是向下的，在5月出现了新的下跌O列。但是我们还应该记住，最好把近期的行情放大到更小的时间间隔的圈叉图中去看。这样做的话，你在DXY的日内走势图中就会看到，在下跌趋势中的DXY遭遇到了一波向上的反弹。

趋势方向的强度

趋势方向的强度有多大，圈叉图又是如何表示它的呢？问这样一个问题能够为圈叉图展示出的情绪性质提出有价值的见地。用了圈叉图后，交易者可以很快感受到趋势强度怎样，反转的力度如何，以及支撑位或阻力位是否有明显作用。这使得圈叉图成为了那些处在中间地带的交易者的好帮手，他们既不是太长线的交易者，也不是超短线的交易者。趋势的强度与它的不同变化可以很迅速地表现在X列或O列的长度上，而且还会通过反转的频率表现出来。当然，交易者会期望在较长的

X 列或 O 列之后，出现的反转列会比较短。这也是圈叉图在图形显示方面的一个优势。只要交替出现的反转列不破掉目前存在的外部阻力线和支撑线，那就只不过是价格整固的信号而已。在这种时候，多头与空头之间的博弈进入到了势均力敌的地带。在价格发生突变前，没有任何一方是赢家。而价格发生突破的点位，也就是最佳的交易入场点位。所以，价格发生突破的区域应该是交易者重点予以关注的。

让我们来看几个例子。在图 10.10 中，我们能看出整体的趋势是向下的。在 O 列中有过一次大幅的下跌，但紧接着是一次反抽，然后就是 X 列与 O 列交替出现。而从最近两个 O 列构成的双底到新近的走势来看，行情有上行的趋势。不过这样的走势离一马平川的上涨还有很大距离。尽管交易者可以看到，最新出现在图中的是 X 列，但也不能断定上涨行情就此确立，更确切地讲，这里只能判断出看多情绪在市场中占优。

圈叉图的常见形态在图中很容易与经典的趋势线发生重合。一旦趋势线沿着 X 列或 O 列在平面上的走向延伸，交易者实际上就可以确立买入区域和卖出区域了。除此之外，由于趋势线的角度可以表现出趋势的动能强弱，因而趋势线的这个特征在圈叉图中有着很重要的作用。图 10.10 中显示的是一个很重要的形态，即下降趋势线被破掉了。另外，我们还应注意到，O 列在下跌过程中是沿着一条 45 度角的趋势线运行的。这就提供给我们该趋势动能的另一个层面的信息：对于每个下跌的方格 O，都要有两个上涨的方格 X 来与之对应。当 45 度角的趋势线被破掉的时候，它在趋势反转上是一个额外突出的信号。在欧元/美元的圈叉图中（见图 10.10），我们看到 45 度角的趋势线实际上一直在追随着逐步走低的 X 列。如果你能够划出这样一条线，就代表某个市场情绪处于强势。在这个例子里，当空方的屏障被击破时，就可以认为是多方发动有力反攻的信号。在图 10.11 中，我们能看到最为有趣的四重底。

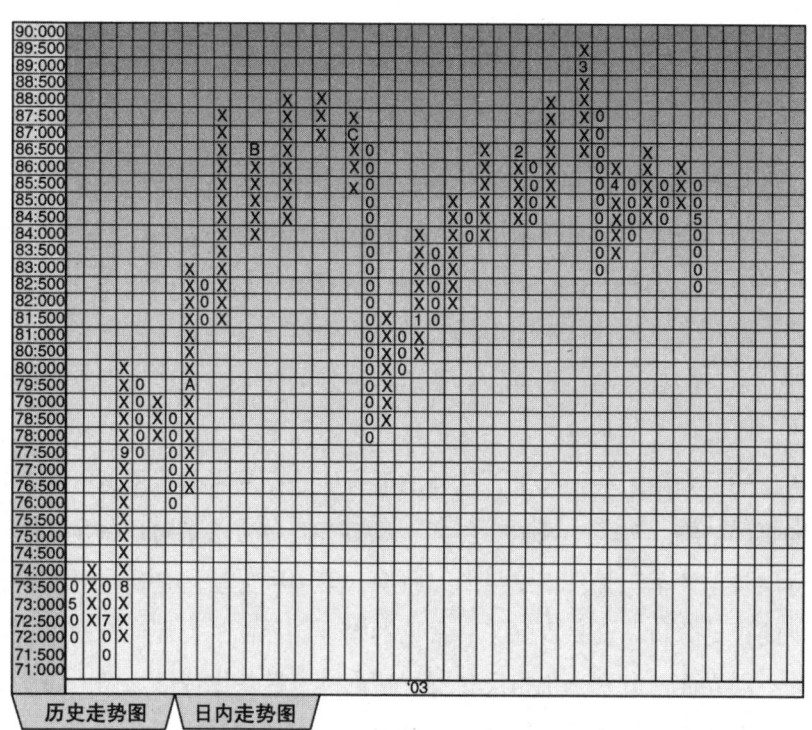

图10.8 美元指数的圈叉图——2009年5月11日至5月12日时的历史走势图
资料来源：彭博社

在图10.12中，我们看到原油的圈叉图中出现了以两个X列为标志的双顶结构。毫无疑问，这里是强阻力位。反过来，在底部出现以两个O列为标志的双底时，也能让价格停住下跌的脚步，会显示出强力的支撑。

多种技术图形相结合

我们现在要进入到这本书的核心概念当中。大多数使用圈叉图、价格反转图、钥匙图或是砖块图的人，眼光都放得不够远。他们往往只选这些图中最熟悉的一种技术图形来用，而忽视其他图形的作用。然而我们已经看到了，每种技术图形都有其独特的地方，没有一种图形可以找到百分之百的替代品。所以，为了达到更好的效果，就应该摒弃以前的做法，取而代之的是将这些各有千秋的技术图形结合在一起使用，把它们各自的预判结果整合起来。这样的整合能让交易者对价格运行的认识程度更加精细。为了达到这个目标，我们有两种方法来对这些技术图形进行比较与评估，并且将结果予以整合。第一种方法就是通过界面进行直观的视觉分析。交易者除了有常见的蜡烛图界面外，还会有两个或更多的不同界面，分别是价格反转图、钥匙图、砖块图或圈叉图。每个屏幕实际上都成了一个分析界面。同时查看所有这些技术图形的走势可以让交易者的眼球很快获得新的信号，并找到他们的兴趣点。在实际操作中，把所有的技术图形这样一遍看下来，能够产生出新的价格地标。以前，交易者还很少这样去做，这是因为这样的方法要求多屏同时显示。由于屏显技术的发展降低了相应的成本，现在但凡是认真用心的交易者，很少有人还使用少于双屏显示的终端设备，这样一来，查看与比较各种技术图形的走势的方法就容易实现了。

第二种方法也是要整合并比较这些图形，但比较的却不是图形本身，而是在一个价格数据矩阵中进行，具体内容在下一章我们马上就会介绍到。我们把记录比较结果的表格称为价格地标矩阵。这样的矩阵让交易者可以确定出每个技术图形之间重要的相关区域，而不需要把每个图都画出来。这个方法还有一个突出的优点，那就是交易者可以很快地分析出市场中是多头行情，还是空头行情。那些看多的交易者从多头情

第十章　圈叉图

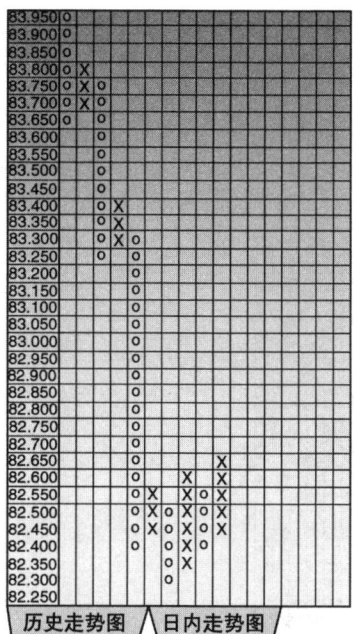

图 10.9　美元指数的圈叉图——2009 年 5 月 11 日至 5 月 12 日的日内走势图
资料来源：彭博社

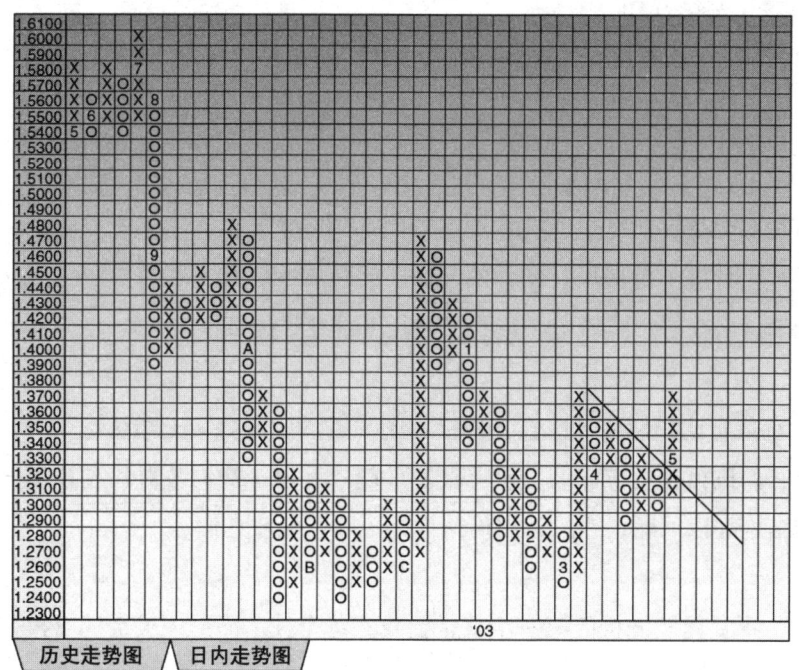

图 10.10　圈叉图与趋势线：45 度角
资料来源：彭博社

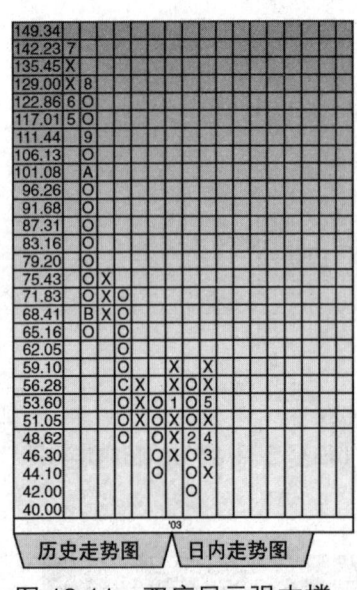

图 10.11 双底显示强支撑
资料来源：彭博社

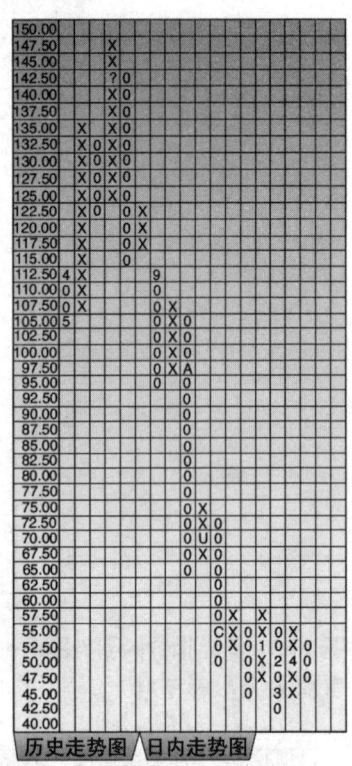

图 10.12 双顶显示强阻力
资料来源：彭博社

绪是否能贯穿所有这些技术图这方面得到多重确认。而那些看空的交易者，在看过了价格反转图、圈叉图、砖块图、钥匙图和蜡烛图之后，也能确认出在每个图形中，空头情绪是否都在尽情宣泄。

首先让我们通过比较各种技术图形的同期走势，先来讨论一下如何对它们进行视觉方面的分析。在后面的章节里，我们会对各种技术图形的结构加以回顾，然后运用价格地标矩阵来比较它们。

视觉比较分析的第一步就是要找到每个技术图形中关键的支撑位和

第十章 圈叉图

阻力位，并在每个图上都做好相应的标记。下面有一些例子。

标准普尔500现金指数的日线图

在标普500的多个技术图形并排的界面里（见图10.13），你能看到在界面上方，圈叉图、钥匙图和价格反转图都有各自不同的阻力线和支撑线。交易者要逐一审视这些主要的价格地标。这里要问一个重要的问题，那就是这些不一致的"地标"对于将要进行的交易是起到信号确认的作用，还是彼此间相互抵触呢？交易者可以把这些图中偏多和偏空的走势放在一起看。在圈叉图中，如果出现了X列，就可以视为看多后市，而且圈叉图中的X列还在不断走高。钥匙图的腰线也在不断抬高，阴线新近才转变为阳线。价格反转图显示标普指数连续收出了八个新高，接着有一个向下的反转，不过只是那种忽上忽下的抽风式下跌。这就确认了牛市行情依然强劲。从另一个方面讲，交易者在制定卖空的策略时，不意味着说马上就进场交易，而是要等到这些技术图中都出现了偏空的走势以后再出手。在圈叉图中，我们看到内部的支撑为801.82，外部的支撑在779.55。钥匙图显示的支撑位是786.91，外部的支撑在675.15。价格反转图的内部支撑位在813.95，外部支撑位接近675。

需要注意的是，不同的技术图形确认出的支撑位存在差异。对于那些寻找向下变盘的做空交易者来说，每个图形给出的地标是不一样的。比如，圈叉图中做空交易入场信号是在图形中出现O列。而钥匙图的做空介入信号是阳线转换为阴线。在价格反转图中，价格发生向下的反转就是做空信号。操作策略也要根据各自图形的价格运行方式来定。为了最大限度地为交易者的利益着想，应该预先对可能出现的各种价格运行情况做全面地打算。这个看上去再明白不过的事，却很少有人能做到。

194　拐点交易策略 SENTIMENT INDICATORS

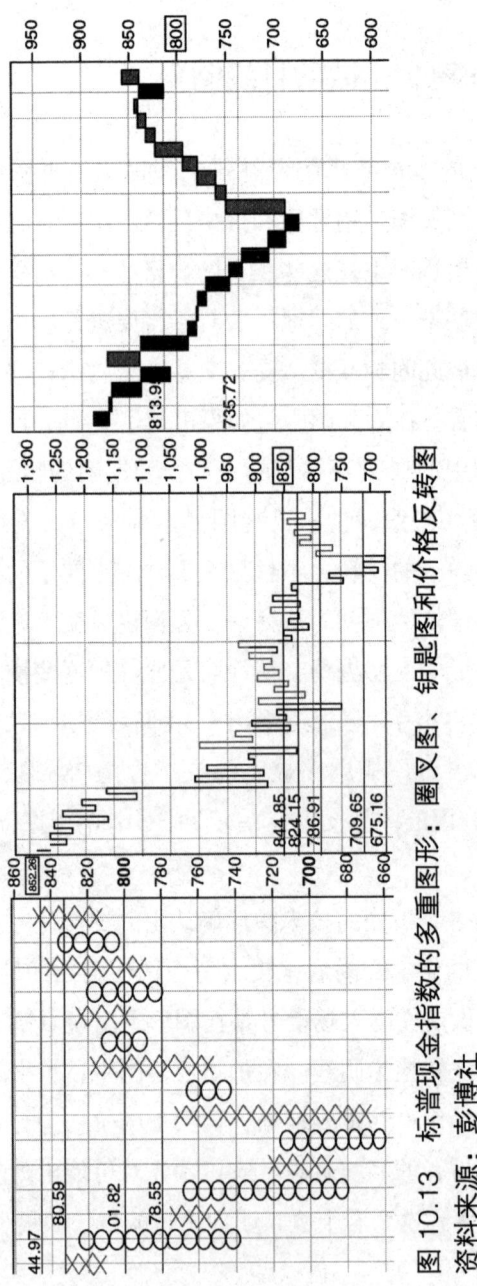

图 10.13　标普现金指数的多重图形：圈叉图、钥匙图和价格反转图
资料来源：彭博社

多个角度看黄金

从图 10.14 到图 10.16，它们分别是黄金现货各种不同的技术图形，明显可以反映出每种图形在显示信息密集度上的差别。钥匙图很轻松地就展示出了黄金一整年的走势，它的时间间隔是一个月。而蜡烛图显示的是一个半月的行情变化，它所占的图形面积与钥匙图相同。而圈叉图的 X 列和 O 列又对价格进行了压缩，交易者可以很容易地从全局的角度把握到市场情绪的脉搏。在反映每个时段的信息密集度方面，价格反转图与圈叉图几乎是不相上下。

每个图生成的价格地标也存在着差异。钥匙图中显示的支撑位是 867.97，而最近一次变盘后的支撑是在 894.50。蜡烛图的图形波动性非常大，很难确切地判断出具体的支撑位与阻力位。

对于谁在掌控市场这个问题，这四张图却没能给出决定性的判断。因为在圈叉图上刚刚出现了 X 列，可以说多头情绪占优。不过在价格反转图中，最右侧出现了向下的反转，这又确认了市场处在空头行情里。

多个视角看原油

图 10.17 的界面将原油的四个技术图形并列显示在一起，让我们看到不同的图形在支撑点位、阻力线和预估的买入与卖出区域上存在着差异。这里我们看到，在蜡烛图中油价走出了三角形的形态，它的支撑位在 50 美元。钥匙图对这种三角形的走势进行了确认，它的腰线支撑也在 50 美元。而圈叉图显示它的外部支撑线位于 49 美元。

拐点交易策略 SENTIMENT INDICATORS

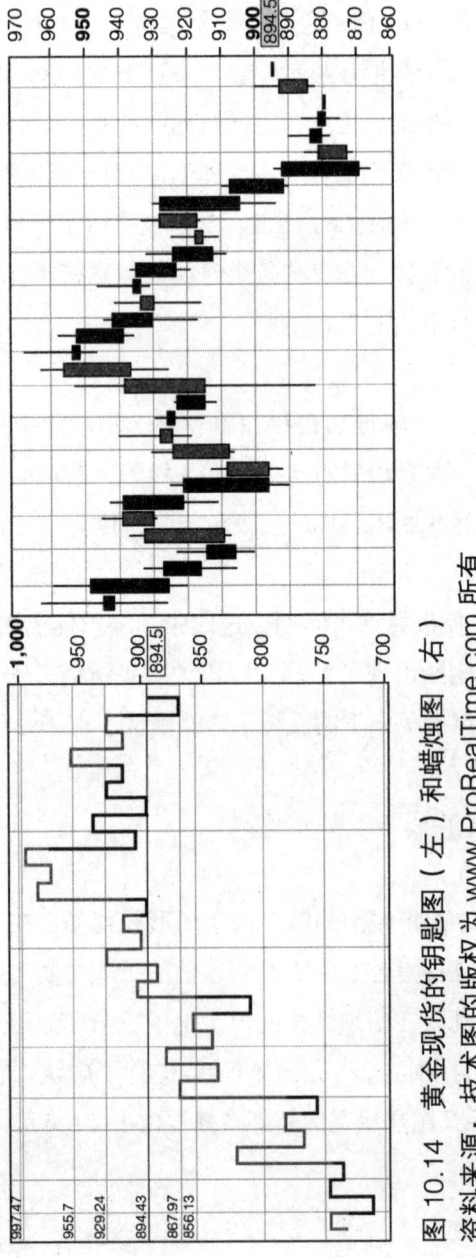

图 10.14　黄金现货的钥匙图（左）和蜡烛图（右）
资料来源：技术图的版权为 www.ProRealTime.com 所有

第十章 圈叉图

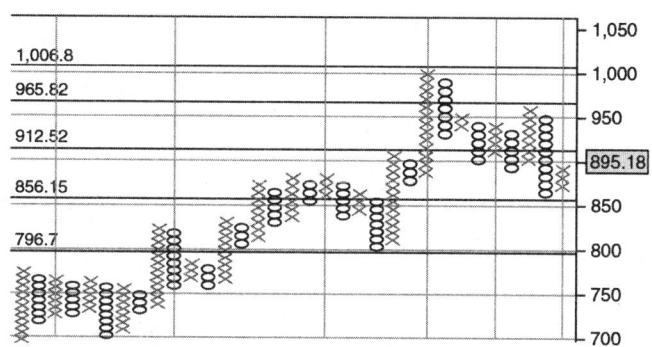

图 10.15 黄金现货的圈叉图
资料来源：技术图的版权为 www.ProRealTime.com 所有

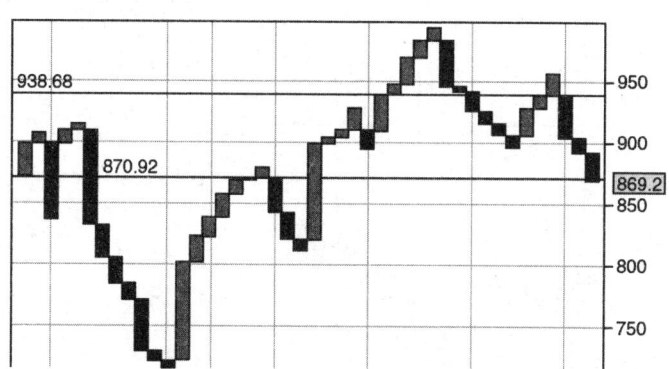

图 10.16 黄金现货的价格反转图
资料来源：技术图的版权为 www.ProRealTime.com 所有

多个视角看标普现金指数

从图 10.18 到图 10.20，我们可以分别看到标普现金指数的 1 分钟图以价格反转图、圈叉图、蜡烛图和钥匙图的形式出现。让我们从价格反转图开始说起。在价格反转图的最右侧，我们看到了向下的反转，于是我们马上就能看到下跌趋势已经就位了。更为重要的是，价格反转图预

198　拐点交易策略　SENTIMENT INDICATORS

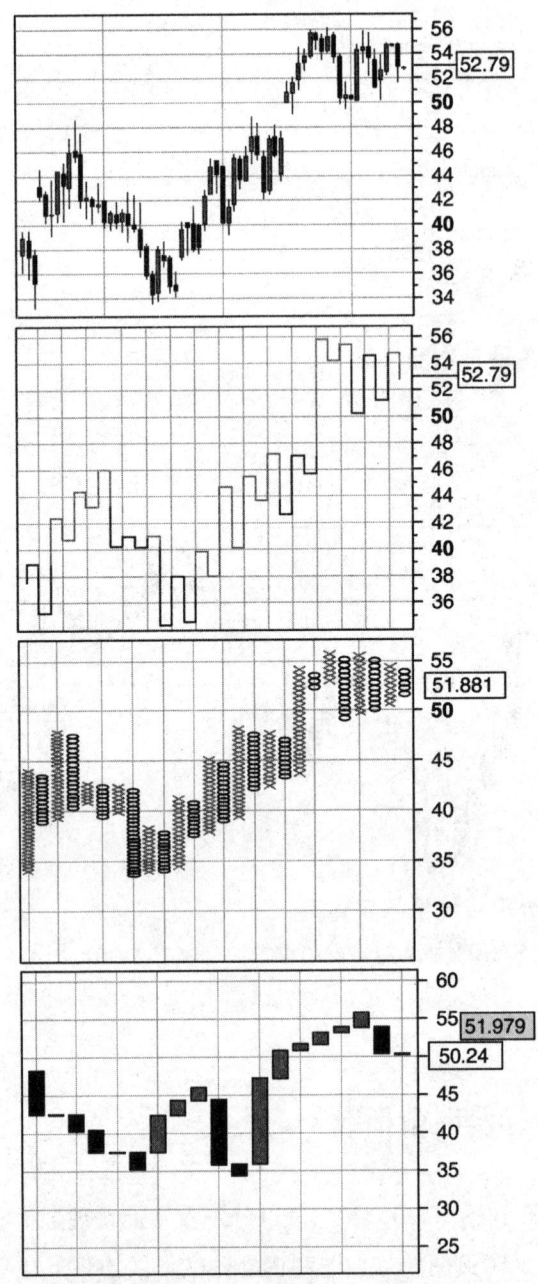

图 10.17　原油的四图并列显示的界面
资料来源：技术图的版权为 www.ProRealTime.com 所有

第十章 圈叉图

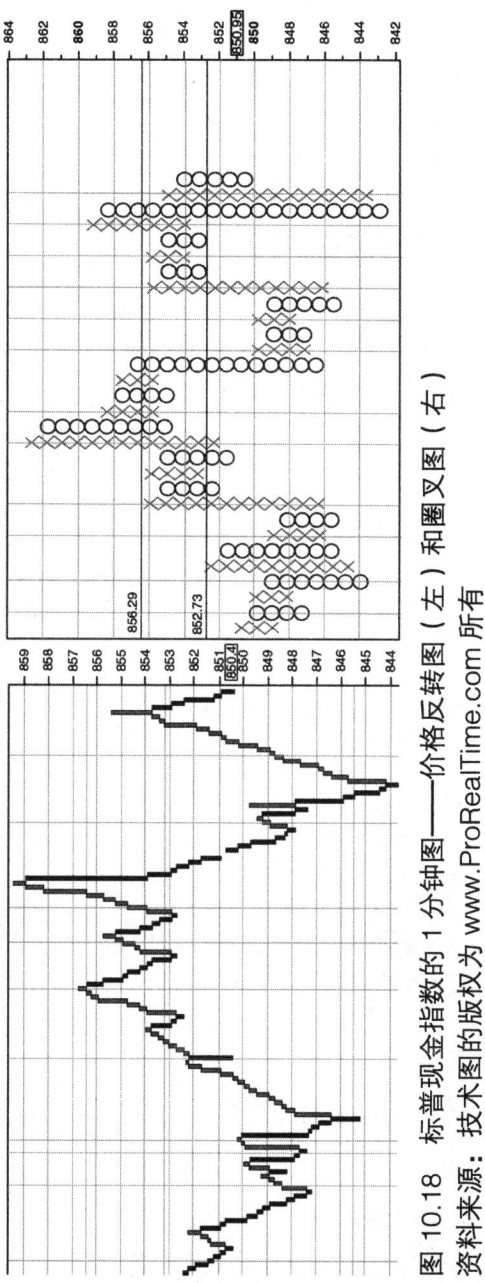

图 10.18 标普现金指数的 1 分钟图——价格反转图（左）和圈叉图（右）
资料来源：技术图的版权为 www.ProRealTime.com 所有

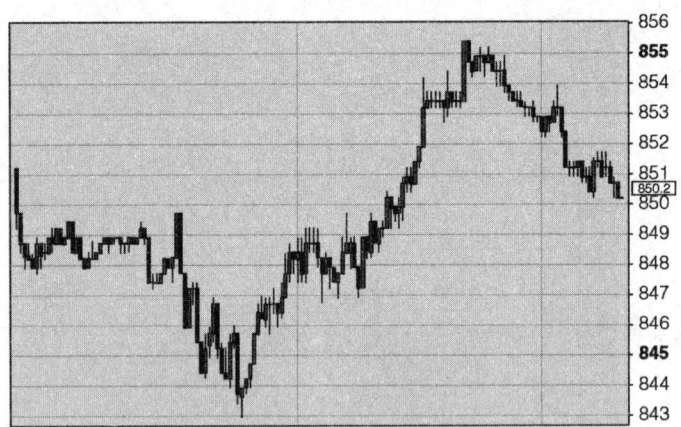

图 10.19　标普现金指数的 1 分钟图——蜡烛图
资料来源：技术图的版权为 www.ProRealTime.com 所有

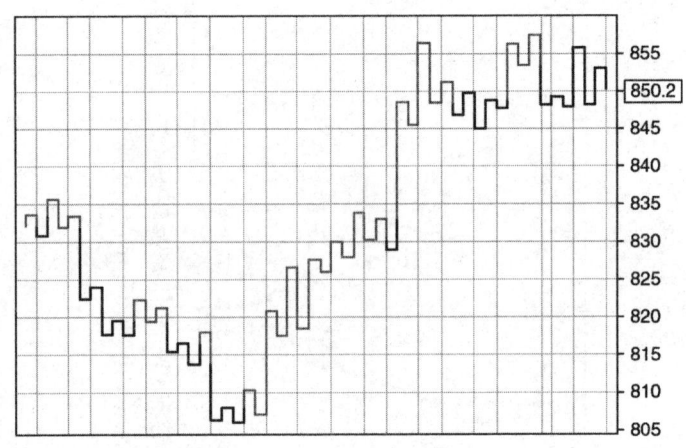

图 10.19　标普现金指数的 1 分钟图——钥匙图
资料来源：技术图的版权为 www.ProRealTime.com 所有

估出的反转点位在 853.18。而圈叉图预计的变盘点位在 852.73。同期的钥匙图显示，845.00 是具有地标意义的支撑位。这里我们又再一次看到，在蜡烛图所能提供的东西之外，其他三种技术图形还能为我们提供一个额外的视角，那就是支撑线与阻力线的点位。

第十章　圈叉图

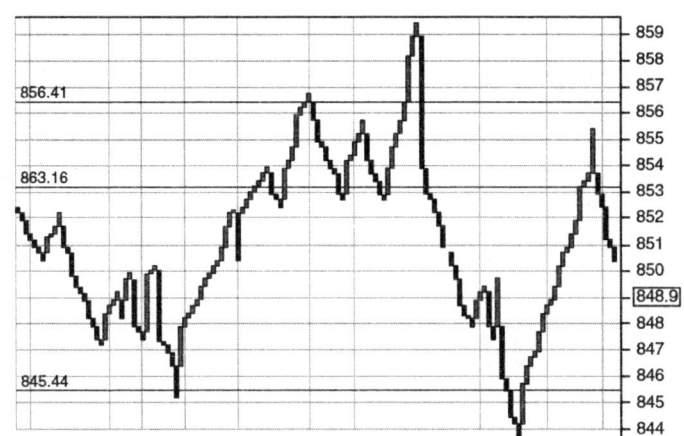

图 10.21　价格反转图——1 分钟图
资料来源：技术图的版权为 www.ProRealTime.com 所有

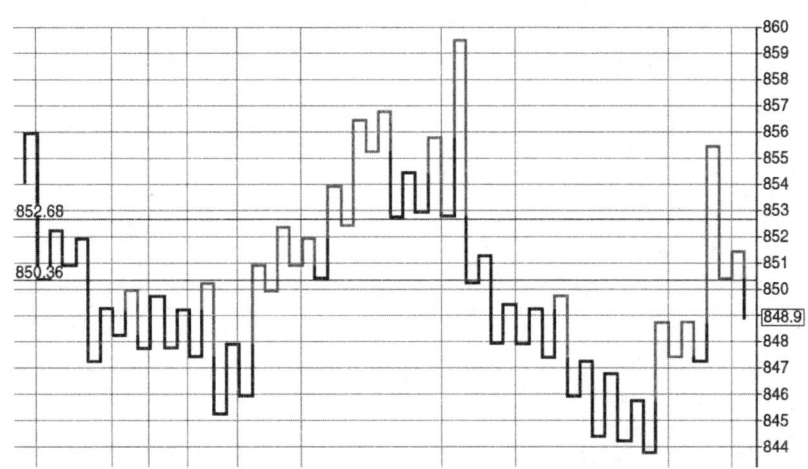

图 10.22　钥匙图——1 分钟图
资料来源：技术图的版权为 www.ProRealTime.com 所有

1 分钟图的实例

通过图 10.21 和图 10.22，我们可以将价格反转图的 1 分钟图和钥匙图的 1 分钟图（设置为 0.10）进行比较。我们知道价格反转图可以预估出反转的点位。在4月14日13点12分，它预测的反转点位是856.41。而在4月14日12点26分，钥匙图中显示在852.56有支撑。而反转是发生在13点28分，点位在该支撑位下方。在这个例子里，钥匙图的信号早发出了20多分钟。这样的差距在实际操作中会关系到能否赚到一大笔钱。

---

① Thomas Dorsey 所著《圈叉图（Point and Figure Charting）》Wiley，2007年版
②《圈叉图（Point and Figure Charting）》，2001年版

第十一章

融汇贯通——整合价格反转图、钥匙图、砖块图和圈叉图

本章要将价格反转图、钥匙图、砖块图和圈叉图整合成一个框架结构，让你无需看图，就可以获得一个有用的交易分析工具，同时它还有提示预警的作用。读者将学会如何把所有这些技术图形的能量聚集在一起，识别出关键的价格地标和多个进场点位，并对它们发出的信号进行确认，我们也将引入价格地标矩阵这个概念，同时它也是一种分析工具。

价格地标矩阵的运用

要想在同一时间把价格反转图、钥匙图、圈叉图和砖块图的作用发挥得淋漓尽致，最好的方法就是生成价格地标矩阵。这是个具有创新型的办法，是对以上四种图形的数据进行整合与设计，达到确认它们的主要信号的目的。既然很多交易者的操作界面上看不到或看不全这几种技术图形，那么价格地标矩阵就恰好为这些人提供了另一种可供选择的方式。它可以运用相应的结构逻辑，将蜡烛图中的开盘价、高点、低点和收盘价数据转化为数据表的形式，并能提供多重的提示与预警。这个概

念让交易者既能够得到使用这些技术图的好处，又不必真的在界面上把它们显示出来。

让我们来看看在不同的交易品种中，是如何将数据转换为矩阵的。我们将依次演示欧元/美元、黄金、原油、DAX和标普指数的价格地标矩阵。原则上讲，我们可以把这个方法用在任何一个交易品种上。

首先，我们来仔细审视一下价格地标矩阵的主要结构（注：所有例子里的数据来自彭博社）。

价格地标矩阵的组成部分

第一部分：原始价格数据

价格地标矩阵是数据库的电子数据表，这样交易者就可以得到从价格反转图、钥匙图、砖块图和圈叉图等不同角度产生的数据。这样的矩阵是由如下几个部分组成的。第一部分就是使用者的输入内容。这个输入部分的具体内容会因技术图形类型的不同而有所区别。在这个部分里，还包括了使用者对图形相应参数的设置。就价格反转图来说，是要设定它是几线反转，对砖块图来说，要设定的是砖块的对应值，而钥匙图需要设定的是反转的点数，圈叉图则要设定方格的对应值和反转的格数。

矩阵的第二部分是原始价格数据部分，它主要是用来存储和显示价格数据的。

第三部分是数据处理单元，它列出的数据都是编程需要的所有关键信息，如日期、开盘价、高点、低点和收盘价（见表11.1）。这个部分

第十一章 融汇贯通——整合价格反转图、钥匙图、砖块图和圈叉图

对于那些想要自己编程的交易者来说很重要。

表 11.1 原始数据——价格地标矩阵

欧元/美元原始价格数据				
日期	开盘价	高点	低点	收盘价
2007/10/23	1.4181	1.4279	1.4172	1.4263
2007/10/22	1.4280	1.4348	1.4126	1.4181
2007/10/19	1.4294	1.4319	1.4245	1.4301
2007/10/18	1.4207	1.4310	1.4197	1.4295
2007/10/17	1.4172	1.4230	1.4158	1.4208
2007/10/16	1.4204	1.4226	1.4144	1.4173
2007/10/15	1.4130	1.4243	1.4130	1.4205
2007/10/12	1.4196	1.4213	1.4154	1.4178
2007/10/11	1.4145	1.4241	1.4136	1.4196
2007/10/10	1.4105	1.4171	1.4094	1.4145
2007/10/9	1.4047	1.4113	1.4015	1.4106
2007/10/8	1.4138	1.4154	1.4036	1.4048
基准价格				

接下来就是价格地标矩阵图，当中有这几种技术图形的截图，同时上面还标有各自的关键地标价。

第二部分：与价格反转图对应的矩阵组成部分

这里列出的是与价格反转图对应的各个组成部分。价格反转图的数据处理部分包括（见表 11.2）：

▶价格波动情况（PM）：指的是价格是在上涨还是下跌。

▶价格反转（PR）：指的是反转是否已经发生。

▶方格低点收盘（BLC）：指的是在低点价位收盘。

▶方格高点收盘（BHC）：指的是在高点价位收盘。

▶价格反转方格的编号（BID）：指的是反转柱体对应的方格编号。

表11.2 价格反转图（PB）之处理过程

[PB IS] 输入部分		[PB PS] 编程人员数据处理部分				
[PB EURUSD] 原始数据		PB PM 价格波动情况	PB 3PBR 是否为三线反转？	PB BLC 方格收盘低点	PB BHC 方格收盘高点	PB BID 价格反转方格的编号
PB D 日期	PB C 收盘价					
2007/10/23	1.4263	上涨	否	1.4181	1.4263	
2007/10/22	1.4181	下跌	是	1.4181	1.4295	8
2007/10/19	1.4301	上涨		1.4295	1.4301	7
2007/10/18	1.4295	上涨		1.4208	1.4295	6
2007/10/17	1.4208	上涨		1.4205	1.4208	5
2007/10/16	1.4173	下跌	否	1.4173	1.4205	
2007/10/15	1.4205	上涨		1.4196	1.4205	4
2007/10/12	1.4178	下跌	否	1.4178	1.4196	
2007/10/11	1.4196	上涨		1.4145	1.4196	3
2007/10/10	1.4145	上涨		1.4106	1.4145	2
2007/10/9	1.4106	上涨		1.4048	1.4106	1

第十一章　融汇贯通——整合价格反转图、钥匙图、砖块图和圈叉图　207

表11.3　价格反转图的价格地标图

[PB EURUSD] 原始数据		[PB ISI] 输入部分				PB PLM 价格地标制图部分						
PB D 日期	PB C 收盘价	PB CHL 已完成的连续高点/低点的次数	PB NRP 下一个反转价格	PB H 连续高点出现的次数	PB L 连续低点出现的次数	PB RES 推荐的入场交易策略	PB BLC 反转点到收盘低点的间距	PB BHC 反转点到收盘高点的间距	PB ABLC 反转点到盘低点的平均间距	PB ABHC 反转点到盘高点收盘的平均间距	PB UR 从开始日期起出现向上反转的次数	PB DR 从开始日期起出现向下反转的次数	PB HCUR 在向上反转时出现连续新高点序列的平均柱体数	PB DCDR 在向下反转时出现连续新低点序列的平均柱体数
2007/10/23	1.4263													
2007/10/22	1.4181	1个新低			1		0.0024		0.0024		1			
2007/10/19	1.4301	7个新高	1.4205	7		在1.4205以下出现反转时卖空							7	
2007/10/18	1.4295	6个新高	1.4196	6		在1.4196以下出现反转时卖空								
2007/10/17	1.4208	5个新高	1.4145	5		在1.4145以下出现反转时卖空								
2007/10/16	1.4173													
2007/10/15	1.4205	4个新高	1.4106	4		在1.4106以下出现反转时卖空								
2007/10/12	1.4178													
2007/10/11	1.4196	3个新高	1.4048	3		在1.4048以下出现反转时卖空								
2007/10/10	1.4145	2个新高		2										
2007/10/9	1.4106	1个新高		1										

与价格反转图对应的价格地标的制图部分（见表 11.3）包括但不限于以下几栏：

▶已完成的连续高点/低点的次数（它可以告诉我们反转柱体出现后向上或向下的序列走了多远）
　▶下一个反转价格
　▶推荐的入场交易策略（指明了买入或卖出的点位）
　▶反转点到收盘低点的间距
　▶反转点到收盘高点的间距
　▶反转点到收盘低点的平均间距
　▶反转点到收盘高点的平均间距
　▶从开始日期起出现向上反转的次数
　▶从开始日期起出现向下反转的次数
　▶在向上反转时出现连续高点序列的平均柱体数
　▶在向下反转时出现连续新低序列的平均柱体数

第三部分：与钥匙图对应的矩阵组成部分

在与钥匙图对应的价格地标矩阵中，显示的是在钥匙图分析法中独有的关键数据（见表 11.4a）。钥匙图的原始数据只采用收盘价，所以你不会看到在其他图形的矩阵中列出的开盘价、高点和低点。在使用者设定参数的输入部分，还有使用者所设定的反转点数，发出下单信号所需的与肩部或腰部的间距。它们包括：

　▶日期
　▶收盘价
　▶线形端点价格（阳线或阴线的起始价格）
　▶反转点数（从线形端点起形成肩部和腰部所要求的最小点数）

第十一章 融汇贯通——整合价格反转图、钥匙图、砖块图和圈叉图

表 11.4a 价格地标：钥匙图

[K IS] 输入部分											K PLM 价格地标制图部分					
	[K PS] 编程人员数据处理部分															
[K PRA] 固定比例的反转点数		0.1														
[K DAS] 肩部（高点）上方的间距（以基点计）		5					K CL 线形类别		K NC 连续高点或低点的次数							
[K DBW] 腰部（低点）下方的间距（以基点计）		5														
[K EURUSD] 原始数据			K TPL 在线形端点设定的反转价格													
K D 日期	K C 收盘价	K LTP 线形端点价格	K RALT 反转点点数	K L 在低点设定的反转价格	K H 在高点设定的反转价格	K YIN 阴线	K YANG 阳线	K S 肩部/高点	K W 腰部/低点	K SPTP 肩部价格反转点位	K PBS 预估的买入信号（阴线变成阳线）	K WPTP 腰部价格反转点位	K PSS 预估的卖出信号（阳线变成阴线）	K RYY 阴线长度与阳线长度的比例
2007/10/23	1.4263	1.4263	0.0014263	1.4248737	1.4277		上涨	3						
2007/10/22	1.4181	1.4181	0.0014181	1.4166819	1.4195	下跌			3	1.4301		1.4181		33.33%
2007/10/19	1.4301	1.4301	0.0014301	1.4286699	1.4315		上涨							
2007/10/18	1.4295	1.4295	0.0014295	1.4280705	1.4309		上涨							
2007/10/17	1.4208	1.4208	0.0014208	1.4193792	1.4222		上涨		2			1.4173		18.52%
2007/10/16	1.4173	1.4173	0.0014173	1.4158827	1.4187	下跌		2		1.4205			1.4178	
2007/10/15	1.4205	1.4205	0.0014205	1.4190795	1.4219		上涨		1		1.4205			
2007/10/12	1.4178	1.4178	0.0014178	1.4163822	1.4192	下跌		1		1.4196				
2007/10/11	1.4196	1.4196	0.0014196	1.4181804	1.4210		上涨							
2007/10/10	1.4145	1.4145	0.0014145	1.4130855	1.4159		上涨							
2007/10/9	1.4106	1.4106	0.0014106	1.4091894	1.4120		上涨							
2007/10/8	1.4048	1.4048	0.0014048	1.4033952	1.4062									
基准收盘价														

表11.4b 价格地标：砖块图

[R IS] 输入部分		[R PS] 编程人员数据处理部分				R PLM 价格地标绘制图部分			
R BS 砖块对应值的设定（以基点计）	10	RIC							
[R EURUSD] 原始数据									
R D 日期	R C 收盘价	R BIS 序列中的砖块数目	R BC 砖块颜色	R NBB 下一块黑砖	R NGB 下一块灰砖	R DCD 砖块图细节展示	R BM 每个时间单元增添的砖块数（走势力度）	R BC 砖块颜色	R NSB 下一个得到支撑的变盘点位	R NRB 下一个受到阻力的变盘点位
2007/10/23	1.4263	6	灰色	1.4248	1.4258	2007/10/23	6	灰色	第11块黑砖	
2007/10/22	1.4181	10	黑色	1.4188	1.4198	2007/10/22	10	黑色	第2块黑砖	第12块灰砖
2007/10/19	1.4301	1	灰色	1.4288	1.4298	2007/10/19	11	灰色		
2007/10/18	1.4295	8	灰色	1.4278	1.4288					
2007/10/17	1.4208	2	灰色	1.4198	1.4208					
2007/10/16	1.4173	1	黑色	1.4178	1.4188	2007/10/16	1	黑色		第2块灰砖
2007/10/15	1.4205	1	灰色	1.4188	1.4198	2007/10/15	1	灰色		第15块灰砖
2007/10/12	1.4178	0	灰色	1.4178	1.4188	2007/10/12	0	灰色		
2007/10/11	1.4196	5	灰色	1.4178	1.4188	2007/10/11	14	灰色		
2007/10/10	1.4145	4	灰色	1.4128	1.4138					
2007/10/9	1.4106	5	灰色	1.4088	1.4098					
2007/10/8	1.4048	0		1.4048	1.4048	2007/10/8				
基准收盘价										

第十一章 融汇贯通——整合价格反转图、钥匙图、砖块图和圈叉图

下面这几栏属于其价格矩阵的制图部分，对价格数据中的关键内容进行了说明：

- 阴线
- 阳线
- 出现连续高点（肩部）的次数
- 出现连续低点（腰部）的次数
- 肩部价格反转点位
- 预估的买入信号：阴线变成阳线
- 腰部价格反转点位
- 预估的卖出信号：阳线变成阴线
- 阴线长度与阳线长度的比例

第四部分：与砖块图对应的矩阵组成部分

砖块图（见表11.4a和表11.4b）的价格地标矩阵由输入、处理和制图这三部分组成，其中包含的是与砖块图有关的信息。它们包括但不限于以下内容：

- 使用者对砖块对应值的设定
- 日期
- 收盘价
- 砖块序列的数目
- 砖块颜色
- 下一块黑砖
- 下一块灰砖
- 添加砖块的数目
- 砖块颜色

►下一个得到支撑的变盘点位
►下一个受到阻力的变盘点位
►每分钟增添的砖块数

第五部分：与圈叉图对应的矩阵组成部分

对于圈叉图来说，相关价格数据同样也是在其特有的各栏中进行排列和展示，（见表11.5至表11.7），它们包括但不限于以下几栏：

►方格的对应值（使用者对方格的设定）
►构成反转的方格格数（关于价格反转的设定）
►日期
►高点
►低点
►图中价格坐标
►趋势段的各列
►突变为X列
►突变为O列
►X列的最高点
►O列的最低点
►趋势标记（趋势方向）
►下一个上升趋势值或方格顶部
►下一个上升趋势值或方格底部
►下一个下跌趋势值或方格底部
►方格顶部（低点）
►该趋势段的最后一格
►价格反转：高点
►价格反转：低点

第十一章 融汇贯通——整合价格反转图、钥匙图、砖块图和圈叉图

➤符号数目

➤趋势段符号

表 11.5 圈叉图的输入部分

[PAF IS] 输入部分		
[PAF BS] 方格的对应值（以基点计）		10
[PAF BRR] 构成反转的方格格数		3
[PAF EURUSD] 原始数据		
[PAF D] 日期	[PAF H] 高点	[PAF L] 低点
2007/10/23	1.4279	1.4172
2007/10/22	1.4348	1.4126
2007/10/19	1.4319	1.4245
2007/10/18	1.4310	1.4197
2007/10/17	1.4230	1.4158
2007/10/16	1.4226	1.4144
2007/10/15	1.4243	1.4130
2007/10/12	1.4213	1.4154
2007/10/11	1.4241	1.4136
2007/10/10	1.4171	1.4094
2007/10/9	1.4113	1.4015
2007/10/8	1.4154	1.4036
基准价格		

价格地标矩阵图

构建价格地标矩阵的中心思想就是每个技术图形都会提供一个或更多的关键性警示信号。这些警示可以是对于趋势方向的预测，也可以是支撑线和阻力线的点位，或者是投资者情绪的转变等等。之所以会产生各种不同的警示信号，那是因为各个技术图形在构建的时候遵循的逻辑各有不同。这样就将价格数据分别转变为价格反转图、钥匙图、圈叉图和砖块图等外观各异的走势图。价格地标矩阵图可以显示这四种图形的任意一种，也可以把它们全都显示出来。结果我们就能够从全新的角度来审视价格的运行情况。

表 11.6　圈叉图价格地标的制图部分

PAF PLM 价格地标制图部分									
PAFCP 图中价格坐标	PAF SPC 趋势段的各列						PAF BX 突变为 X 列	PAF BO 突变为 O 列	PAF HX X 列的最高点	PAF LO O 列的最低点
	1	2	3	4	5	6				
1.4310				X					1.4310	
1.4300				X	O					
1.4290				X	O					
1.4280				X	O					
1.4270				X	O	X				
1.4260				X	O	X				
1.4250				X	O	X	1.4250			
1.4240		X		X	O	X				
1.4230		X	O	X	O	X				
1.4220		X	O	X	O	X				
1.4210		X	O	X	O	X				
1.4200		X	O	X	O	X				
1.4190		X	O	X	O	X				
1.4180		X	O	X	O	X				
1.4170		X	O	X	O	X				
1.4160		X	O	X	O	X				
1.4150		X	O	X	O	X				
1.4140		X	O	X	O	X				
1.4130		X	O		O	X				
1.4120		X			O			1.4120		1.4120
1.4110		X								
1.4100		X								
1.4090		X								
1.4080		X								
1.4070		X								
1.4060		X								
1.4050		X								
1.4040		X								
1.4030	O	X								
1.4020	O									

表 11.7 圈叉图的程序处理部分

PAF TF 趋势标记	[PAF PS] 编程人员数据处理部分									PAF SC 符号数目	PAF PS 趋势段符号	PAF CN 列号
	PAF UP 上升趋势参数		PAF DP 下跌趋势参数		PAF LP 该趋势段的最后一格	PAF PR 价格反转				
	PAF NUV 下一个上升趋势值或方格顶部（前一日高点）	PAF BFH 方格底部（目前的高点）	PAF NDV 下一个下跌趋势值或方格底部（前一日低点）	PAF BCL 方格顶部（目前的低点）		PAF H 高点	PAF L 低点			
上升	1.4130				1.4270		1.4240	15	X	6
下跌			1.4240	1.4120	1.4120	1.4150		13	O	5
下跌			1.4300	1.4250	1.4250	1.4280		6	O	5
上升	1.4240	1.4310			1.4310		1.4280	8	X	4
上升	1.4230	1.4230			1.4230		1.4200	1	X	4
上升	1.4140	1.4220			1.4220		1.4190	9	X	4
下跌			1.4150	1.4130	1.4130	1.4160		3	O	3
下跌			1.4230	1.4160	1.4160	1.4190		8	O	3
上升	1.4180	1.4240			1.4240		1.4210	7	X	2
上升	1.4030	1.4170			1.4170		1.4140	15	X	2
下跌			1.4030	1.4020	1.4020	1.4050		2	O	1

价格地标矩阵图（见图11.1）是由几个显示区组成的。左边显示的是原始的价格数据、价格反转图和钥匙图。中间显示区包括原始价格数据表，在中间显示区上部的是砖块图。右边显示的是圈叉图。这些显示区可以在一个屏幕上，也可以分成多个屏幕。最为重要的是，这样一个工具让交易者如同有了X光机或磁共振成像设备，能对价格运行明察秋毫。这种深入的分析方法是前所未有的。

当把价格数据同时转化为价格反转图、钥匙图、圈叉图和砖块图等不同形态时，交易者就能看到对关键点位或地标的提示。

让我们来深入探讨几个例子，首先从欧元/美元开始说起。将数据收集并转化为原始价格数据文档。数据传输可以是由交易平台随时提供实时数据，也可以是交易者上传。接下来，交易者可以把数据文档中的某个具体的数据点进行重点标注。被突出的数据点就会以价格反转图、钥匙图、砖块图和圈叉图的形式表现出来。实际上，交易者同时可以从四个图形的角度来将价格运行视觉化。关键问题是，每种技术图是否能生成可以向交易者传递信息的价格点位或价格地标？对于支撑位或阻力位，它们的预测是否大致相同？价格反转图中的预估的反转点位与钥匙图中阴线变阳线或阳线变阴线的变盘点是否有联系？砖块图中是否有向上或向下的砖块序列？它们与交易者所想的趋势方向是否符合？圈叉图中显示的列还是看多还是看空？价格地标矩阵图能够生成各个技术图的关键预测点位，从而使交易者可以马上就一目了然。

下面我们通过一些价格地标矩阵图的实例，可以看到这些矩阵是如何以多图协同的方式来解决问题的。

第十一章 融汇贯通——整合价格反转图、钥匙图、砖块图和圈叉图

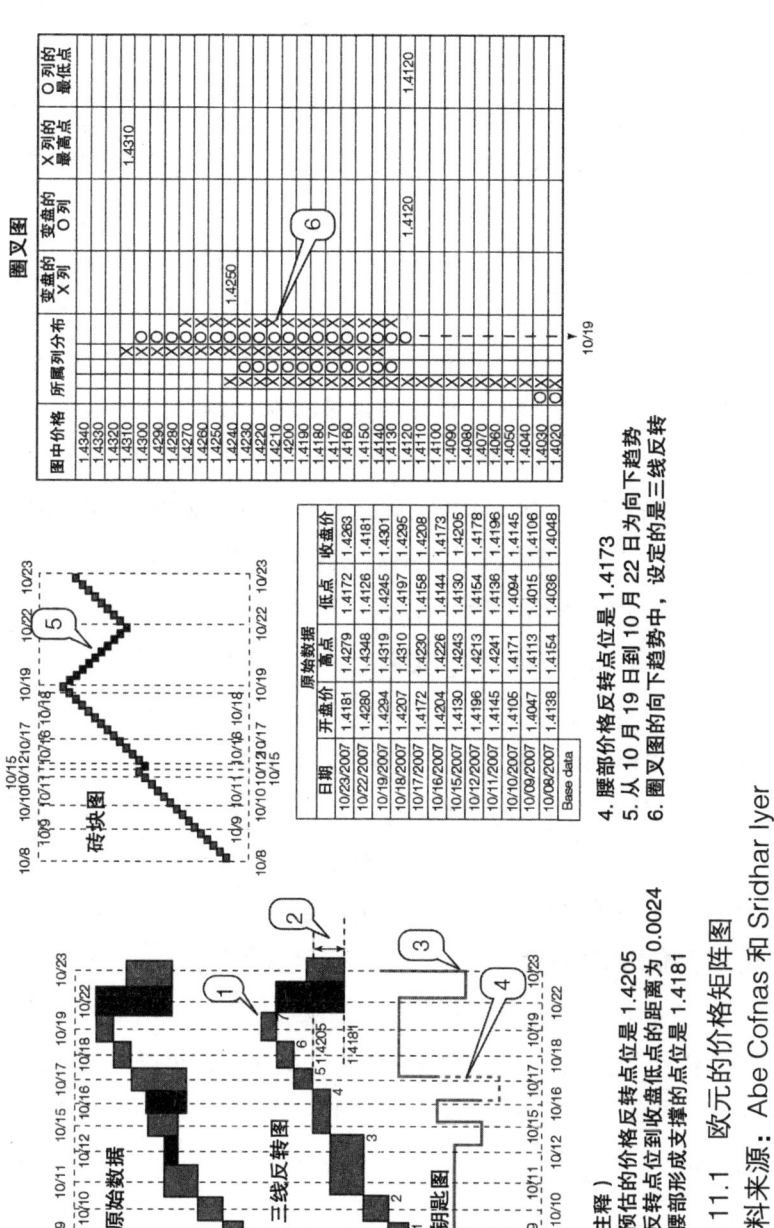

图 11.1　欧元的价格矩阵图

资料来源：Abe Cofnas 和 Sridhar Iyer

欧元／美元

在表11.1的欧元价格矩阵图中，我们选择的样本日期是2007年10月19日。审视价格矩阵图的第一步，就应该把目光放在价格反转图上。这样做法的内在逻辑是因为价格反转图最容易对预估出的点位进行定位。除此之外，在所有这些别具风格的技术图中，价格反转图是唯一一个能够毫不含糊地预判出下一个反转点位的图形。10月19日这天，欧元／美元创下了连续第七个新高。根据反转图中预估下一个反转点位的法则，我们要倒着往回数三个柱体，得到的是1.4205，它就可以作为下一个反转的支撑位。10月23日，这个反转真的发生了。与此同时，砖块图也开始出现了向下的黑砖序列。这更加确认了市场中负面情绪起着控制局面的作用。10月22日，钥匙图在1.4181的价位上形成了具有支撑力度的腰部。而在10月19日，圈叉图给出的信号还是对牛市行情的确认，因为那时图中显示的还是X列。我们能够看到，当价格反转图和钥匙图在指明入场的区域时，砖块图和圈叉图在对市场的运行方向进行确认。如果交易者想要卖出欧元，买入美元，其他的技术图也会对走势予以确认。除此之外，交易者还可以制定套利的交易策略，将一个卖出止损单挂在价格反转图预估的反转点位下方，同时把另一个卖单设在钥匙图的腰部上。10月23日，在砖块图中盘面出现了变化，当看到三个向上的白砖时，就到了该出局的时候。

这个例子仅仅反映了价格地标矩阵的功能。在可以上网的新版本中，你可以去点击任何一个过去行情中的时点，都会显示出生成这四种图形的界面。

黄金

黄金交易者在价格地标矩阵里可以从四种技术图形的角度来看待价格运行情况。图 11.2 中的样本是从价格原始数据表中抽取的,这是将它们按矩阵法则转换为价格反转图、钥匙图、砖块图和圈叉图的价格地标前的样子。

第一个图是价格反转图,在输入部分是让交易者有机会进行各种设置。而处理部分将帮助程序员将数据转换为价格反转图(见表11.9)。

黄金价格地标矩阵的制图部分(见表11,10)则通过一些关键性条目,对价格反转图进行量化分析。

同样的原始价格数据还能转化为钥匙图的数据矩阵(见表11.11),它可以生成钥匙图中的金价价格地标。

砖块图的矩阵(见表11.12)和圈叉图的地标矩阵(见表11.13)也能立刻生成与这两种技术图形相关的数据。

接下来,价格地标矩阵的所有组成部分就会被转换与整合成价格地标图,该图将汇集四种技术图形的价格反转点位、支撑位和阻力位等关键点位,放在一起进行展示。比如,在图 11.2 的黄金价格地标图中,2009 年 1 月 14 日,价格反转图预估出金价在 857.40 美元时会发生向上的反转。2009 年 1 月 20 日,钥匙图显示在同一价位,阴线转变为阳线。而在同一时间,圈叉图也出现了从 X 列到 O 列的变化。砖块图在此期间也保持着向上的趋势。所有这四种技术图形的价格地标都确认金价的后市转为走牛。

表 11.8 黄金的原始价格数据

GOLD RPD 黄金的原始价格数据				
日期	开盘价	高点	低点	收盘价
2009/1/23	856.95	903.34	852.99	899.75
2009/1/22	854.30	863.11	844.14	857.00
2009/1/21	857.30	864.66	843.96	854.25
2009/1/20	835.95	866.76	824.19	857.25
2009/1/19	843.99	846.55	832.45	835.90
2009/1/16	817.85	843.65	816.15	843.15
2009/1/15	811.65	821.65	802.59	817.80
2009/1/14	821.95	829.40	807.63	811.70
2009/1/13	820.70	830.40	814.66	822.00
2009/1/12	854.74	857.00	815.93	820.85
2009/1/9	857.50	868.85	845.24	854.20
2009/1/8	842.85	864.59	836.85	857.40

原油

在价格地标矩阵中，原油的价格运行也是通过类似的方式合并在一起反映出来的。表 11.15 和表 11.16 分别为原始数据的输入部分和数据处理部分，即把原始数据转化为编程所需的各项重要的分类数据，而在价格地标图中，显示的是价格反转图、钥匙图、砖块图和圈叉图，及其各自关键的点位。

在原油的价格地标图（见图 11.3）中，交易者还是会像看其他地标图那样，先从价格反转图的预估反转价位开始看起，然后运用钥匙图和砖块图给出的提示对该点位加以确认。在这个例子中，我们看到的是，2008 年 12 月 24 日，原油的价格反转点位预估会在 49.52 元出现。因此，那些看多后市的交易者会考虑将这个价位视作一个重要的入场点位，而把买入止损单的点位设在这个点位之上也是有充分理由的，当反转柱体

表 11.9　价格反转图的输入和处理部分

[PB IS] 输入部分			PB PS 编程人员数据处理部分 PB NPB				
反转柱体数（默认值为3）		3	PB 3PBR 是否为三线反转?	PB BLC 方格收盘低点	PB BHC 方格收盘高点	PB BID 价格反转方格的编号
[PB GOLD] 原始数据		PB PM 价格波动情况				
PB D 日期	PB C 收盘价					
2009/1/23	899.75	上涨	是	820.85	899.75	4
2009/1/22	857.00	上涨	否	820.85	857.00	
2009/1/21	854.25	下跌		854.25	857.25	
2009/1/20	857.25	上涨	否	820.85	857.25	
2009/1/19	835.90	下跌		835.90	843.15	
2009/1/16	843.15	上涨	否	820.85	843.15	
2009/1/15	817.80	上涨	否	811.70	817.80	
2009/1/14	811.70	下跌		811.70	820.85	3
2009/1/13	822.00	上涨	否	820.85	822.00	
2009/1/12	820.85	下跌		820.85	845.20	2
2009/1/9	854.20	下跌		854.20	857.40	1
2009/1/8	857.40					
基准收盘价						

突破这个价位时，止损单就会成交。另一个办法是以市场价下单。钥匙图同样也在 49.52 元出现了反转，腰部的形成也显示出这里的支撑作用。而这次反转出现在 2008 年 12 月 18 日，也就是在价格反转图做出反转预估之前。这也是个如何将几个技术图形融汇贯通的例子。在交易术语的解读中，价格反转点位对腰部的突破就相当于是价格找到了支撑的表现。在钥匙图中，2008 年 12 月 29 日，阴线在 47.46 元开始变成了阳线，这也显示出市场情绪的转变。在这个例子里，钥匙图比起价格反转图来

表 11.10 黄金价格反转矩阵

					价格地标绘制图部分					
PB CHL 已完成的连续高点/低点出现的次数	PB NRP 下一个反转价格	PB H 连续高点出现的次数	PB L 连续低点出现的次数	PB RES 推荐的入场交易策略	PB BLC 反转点到收盘低点的间距	PB BHC 反转点到收盘高点的间距	PB ABLC 反转点到收盘低点的平均间距	PB ABHC 反转点到收盘高点的平均间距	PB UR 从开始日期起出现向上反转的次数	PB DR 从开始日期起出现向下反转的次数	PB HCUR 在向上反转时出现连续高点序列的平均柱体数	PB DCDR 在向下反转时出现连续新低序列的平均柱体数
1个新高		1				42.35		42.35		1		3
3个新低	857.40		3	当价格突破 857.40 时买入								
2个新低			2									
1个新低			1									

第十一章　融汇贯通——整合价格反转图、钥匙图、砖块图和圈叉图

表 11.11　黄金钥匙矩阵

[K IS] 输入部分													
	[K PS] 编程人员数据处理部分								K PLM 价格地标控制图部分				
[K DAS] 肩部(高点)上方的间距(以基点计)				0.1									
[K DBW] 腰部(低点)下方的间距(以基点计)				5									
[K GOLD] 金价原始数据					5								
				K TPL 在线形端点设定的反转价格		K CL 线形类别			K NC 连续高点或低点的次数				
K D 日期	K C 收盘价	K LTP 线形端点价格	K RALT 反转点数	K L 在低点设定的反转价格	K H 在高点设定的反转价格	K YIN 阴线	K YANG 阳线	线形类别	K S 肩部/腰高点	K W 腰部/低点	K SPTP 肩部价格反转点位	K PBS 预估的买入信号(阴线变成阳线)	K WPTP 腰部价格反转点位	K PSS 预估的卖出信号(阳线变成阴线)	K RYY 阴线长度与阳线长度的比例
2009/1/23	899.75	899.75	0.89975	898.85	900.65										
2009/1/22	857.00	857.00	0.87500	856.14	857.86			上涨		4			854.25		
2009/1/21	854.25	854.25	0.85425	853.40	855.10			下跌	3		857.25	843.15			51.42%
2009/1/20	857.25	857.25	0.85725	856.39	858.11			上涨		3	843.15		835.90		
2009/1/19	835.90	835.90	0.83590	835.06	836.74	下跌									
2009/1/16	843.15	843.15	0.84315	842.31	843.99	上涨			2						
2009/1/15	817.80	817.80	0.81780	816.98	818.62	下跌				2			811.70		
2009/1/14	811.70	811.70	0.81170	810.89	812.51	上涨			1		822.00				
2009/1/13	822.00	822.00	0.82200	821.18	822.82	下跌				1			820.85		
2009/1/12	820.85	820.85	0.82085	820.03	821.67	下跌									
2009/1/9	854.20	854.20	0.85420	853.35	855.05										
2009/1/8	857.40	857.40	0.85740	856.54	858.26										
基准收盘价															

表 11.12 黄金砖块矩阵

R BS 砖块对应值的设定（以基点计）			[R IS] 输入部分		[R PS] 编程人员数据处理部分					R PLM 价格地标绘制图部分			
25000						[R IC] 日内交易数据计算							
[R GOLD] 原始数据			R D 日期	R C 收盘价	R BIS 序列中的砖块数目	R BC 砖块颜色	R NBB 下一块黑砖	R NGB 下一块灰砖	R DCD 砖块图细节展示	R BM 每个时间单元增添的砖块数（走势力度）	R BC 砖块颜色	R NSB 下一个得到支撑的变盘点位	R NRB 下一个受到阻力的变盘点位
			2009/1/23	899.75	17	灰色	894.90	897.40	2009/1/23	17	灰色		第 7 块灰砖
			2009/1/22	857.00	0		852.40	854.90					
			2009/1/21	854.25	0		852.40	854.90					
			2009/1/20	857.25	6	灰色	837.40	854.90	2009/1/20	6	灰色	第 2 块黑砖	
			2009/1/19	835.90	1	黑色	839.90	839.90	2009/1/19	1	黑色		
			2009/1/16	843.15	-10	灰色	814.90	842.40	2009/1/16	11	灰色	第 19 块黑砖	
			2009/1/15	817.80	1	灰色	812.40	817.40					
			2009/1/14	811.70	4	黑色	822.40	814.90	2009/1/14	18	黑色		第 12 块灰砖
			2009/1/13	822.00	0		822.40	824.90					
			2009/1/12	820.85	13	黑色	854.90	824.90					
			2009/1/9	854.20	1	黑色	857.40	857.40	2009/1/8				
			2009/1/8	857.40	0								
基准收盘价													

第十一章 融汇贯通——整合价格反转图、钥匙图、砖块图和圈叉图

表 11.13 黄金圈叉图

[PAF IS] 输入部分			[PAF PS] 编程人员数据处理部分								PAF PLM 价格地标绘制图部分							
PAF BS 方格的对应值（以基点计）	10			PAF UP 上升趋势参数		PAF DP 下跌趋势参数			PAF PR 价格反转									
构成反转的方格格数	3		PAF TF 趋势标记	PAF NUV 下一个上升趋势顶或方格顶的值（前一日高点）	PAF BFH 方格底部的值（目前的高点）	PAF NDV 下一个下跌趋势值或方格底部的值（前一日低点）	PAF BCL 方格顶部（目前的低点）	PAF LP 该趋势段的最后一格	PAF H 高点	PAF L 低点	PAF SC 符号数目	PAF PS 趋势段符号	PAF CN 列号	PAF CP 圈中价格坐标	PAF SPC 趋势段的各列		PAF BX 突变为X列	PAF BO 突变为O列	PAF BRR PAF HX X列的最高点	PAF LO O列的最低点
[PAF GOLD] 金价原始数据	PAFH 高点	PAFL 低点													1	2				
PAFD 日期																				
2009/1/23	903.34	852.99	上升	870.00	900.00			900.00		870.00	4	X	2	900	1					
2009/1/22	863.11	844.14	无												890		X				
2009/1/21	864.66	843.96	无												880		X				
2009/1/20	866.76	824.19	上升	850.00	860.00			860.00		830.00	2	X	2	870		X				
2009/1/19	846.55	832.45	无												860		X				
2009/1/16	843.65	816.15	上升	820.00	840.00			840.00		810.00	3	X	2	850		X				
2009/1/15	821.65	802.59	无												840		X				
2009/1/14	829.40	807.63	下跌			810.00	810.00	810.00	840.00		1	O	1	830	0	X				
2009/1/13	830.40	814.66	无												820	0	X				
2009/1/12	857.00	815.93	下跌			830.00	820.00	820.00	850.00		2	O	1	810	0	X			900.00	810.00
2009/1/9	868.85	845.24	无																		
2009/1/8	864.59	836.85																			

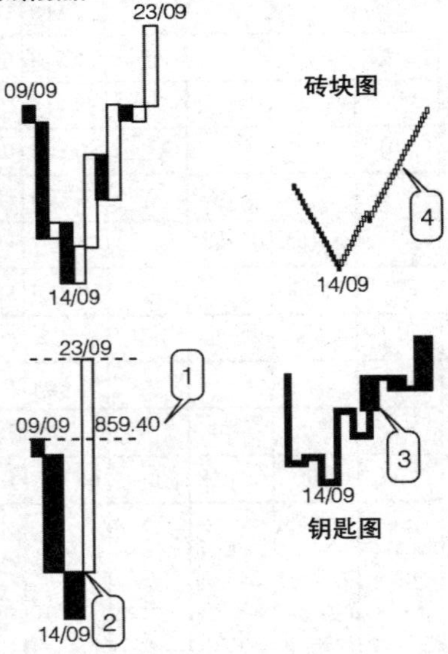

226 拐点交易策略 SENTIMENT INDICATORS

原始数据

日期	开盘价	高点	低点	收盘价
1/23/2009	856.95	903.34	852.99	899.75
1/22/2009	854.30	863.11	844.14	857.00
1/21/2009	857.30	864.66	843.96	854.25
1/20/2009	835.95	866.76	824.19	857.25
1/19/2009	843.99	846.55	832.45	835.90
1/16/2009	817.85	843.65	816.15	843.15
1/15/2009	811.65	821.65	802.59	817.80
1/14/2009	821.95	829.40	807.63	811.70
1/13/2009	820.70	830.40	814.66	822.00
1/12/2009	854.74	857.00	815.93	820.85
1/09/2009	857.50	868.85	845.24	854.20
1/08/2009	842.85	864.59	836.85	857.40

4. 砖块图的向上趋势符合三线反转法则
5. 圈叉图的向上趋势中，预估的反转价位

圈叉图

价格	列 1	列 2
900		×
890		×
880		×
870		×
860		×
850		×
840		×
830	o	
820	o	
810	o	

砖块图

钥匙图

三线反转图

原始数据

（注释）
1. 时间为 1 月 22 日至 1 月 23 日
2. 价格反转图预估的价格反转价位是 857.40 美元
3. 1 月 20 日，钥匙图出现阴线

图 11.2 黄金的价格地标图
资料来源：Abe Cofnas 和 Sridhar Iyer

第十一章 融汇贯通——整合价格反转图、钥匙图、砖块图和圈叉图

表 11.14 原油

[PB IS] 输入部分		PB PS 编程人员数据处理部分				
PB NPB 反转柱体数（默认值为3）		3				
[PB OIL] 原始数据		PB PM 价格波动情况	PB 3PBR 是否为三线反转?	PB BLC 方格收盘低点	PB BHC 方格收盘高点	PB BID 价格反转方格的编号
PB D 日期	PB C 收盘价					
2009/1/2	54.73	上涨	是	53.16	54.73	7
2008/12/31	53.16	上涨	是	46.52	53.16	6
2008/12/30	47.67	上涨	否	47.46	47.67	
2008/12/29	47.46	上涨	否	45.08	47.46	
2008/12/26	45.08	上涨	否	42.79	45.08	
2008/12/24	42.79	下跌		42.79	46.52	5
2008/12/23	46.52	下跌		46.52	47.46	4
2008/12/22	47.46	下跌		47.46	49.52	3
2008/12/19	50.05	上涨	否	49.52	50.05	
2008/12/18	49.52	下跌		49.52	51.86	2
2008/12/17	51.86	下跌		51.86	53.10	1
2008/12/16	53.10					
基准收盘价						

说，更早地发出了买入信号。交易者还可以更激进一些，在阴线变成阳线的时候就以市场价入场。我们再来看看砖块图，它实际上在12月24日进入到了多头序列，扭转了之前连续十个黑砖的下跌序列。实际上，当别的图形出现空翻多的反转时，圈叉图还是处在O列当中，它直到12月19日才出现了X列。结合这个原油的例子，可以看出，对于做多的入场策略，价格反转图、钥匙图和圈叉图是能够相互之间进行确认的。

表 11.15　原油价格地标制图部分

PB PLM 价格地标制图部分												
PB CHL 已完成的连续高点/低点的次数	PB NRP 下一个反转价格	PB H 连续高点出现的次数	PB L 连续低点出现的次数	PB RES 推荐的入场交易策略	PB BLC 反转点到收盘低点的间距	PB BHC 反转点到收盘高点的间距	PB ABLC 反转点到收盘低点的平均间距	PB ABHC 反转点到收盘高点的平均间距	PB UR 从开始日期起出现向上反转的次数	PB DR 从开始日期起出现向下反转的次数	PB HCUR 在向上反转时出现高点连续新低序列的平均柱体数	PB DCDR 在向下反转时出现新低连续序列的平均柱体数
2个新高		2			5.21			4.42		5		5
1个新高		1			3.64			3.64		5		5
5个新低	49.52	5		当价格突破49.52时买入								
4个新低	51.86	4		当价格突破51.86时买入								
3个新低	53.10	3		当价格突破53.10时买入								
2个新低		2										
1个新低		1										

第十一章 融汇贯通——整合价格反转图、钥匙图、砖块图和圈叉图

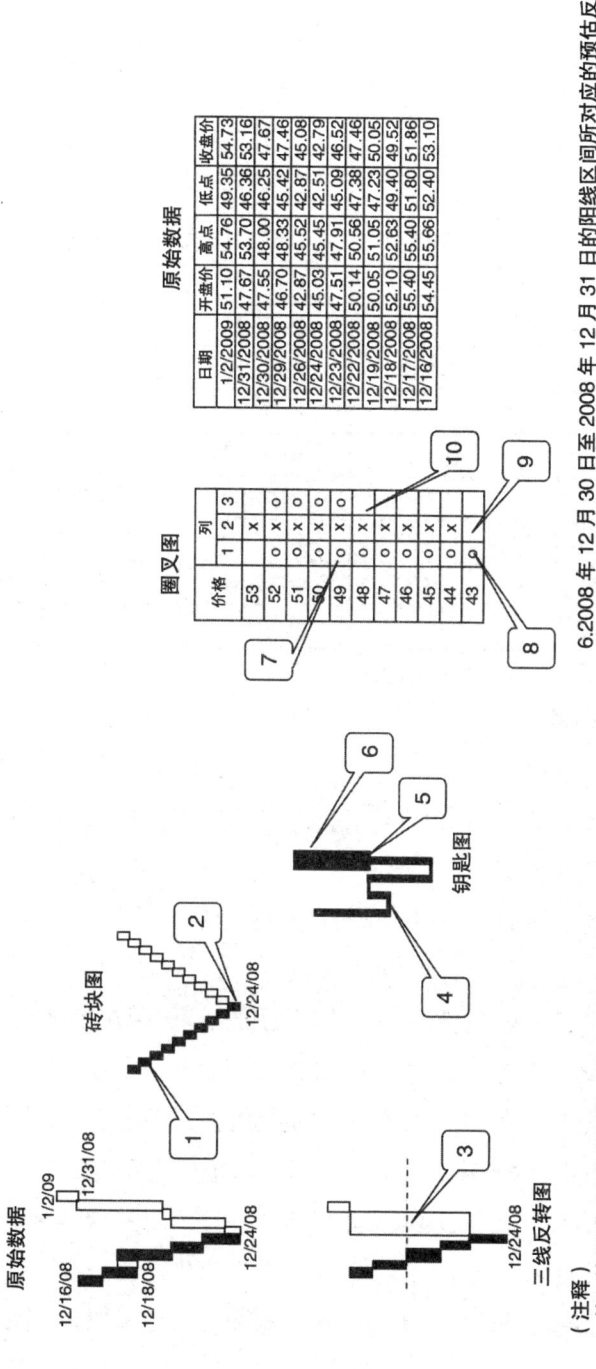

图 11.3 原油的价格地标图

资料来源：Abe Cofnas 和 Sridhar Iyer

表 11.16　DAX 原始价格数据

DAX RPD 原始价格数据				
日期	开盘价	高点	低点	收盘价
2008/11/6	5101.98	5101.98	4781.51	4813.57
2008/11/5	5268.80	5271.91	5142.85	5166.87
2008/11/4	5018.83	5302.57	4993.10	5278.04
2008/11/3	5053.94	5089.54	4867.94	5026.84
2008/10/31	4856.02	5066.81	4785.11	4987.97
2008/10/30	4894.14	5042.49	4827.27	4869.30
2008/10/29	4460.26	4885.85	4460.26	4808.69
2008/10/28	4314.91	4823.45	4314.91	4823.45
2008/10/27	4143.45	4486.13	4026.77	4334.64
2008/10/24	4362.79	4362.93	4014.60	4295.67
2008/10/23	4559.71	4576.87	4364.20	4519.70
2008/10/22	4739.74	4740.31	4535.64	4571.07
基准价格				

德国 DAX 指数与价格地标矩阵

从全球的金融市场来看，德国 DAX 指数都算得上是一个重要的指数，因为它追踪的是 30 只德国蓝筹股的走势。从表 11.16、表 11.17、表 11.18 和图 11.4，我们把样本数据用于构建价格地标矩阵。

价格地标矩阵生成了一张综合性的图，其中的价格反转图在 2008 年 10 月 31 日发出预测，反转的点位将会是 4869.30，结果这个点位在 11 月 4 日就达到了。我们注意到，钥匙图在 10 月 31 日的前几天，即 10 月 28 日，就在 4823.45 形成了肩部。这意味着交易者不想在这个价格反转的点位进场。如果反转的点位比这个肩部还低的话，那么它的力度会更大些。砖块图中出现黑砖是在 11 月 5 日，也就是在价格反转发生之后。这样看来，要是交易者当初已经进场的话，可以按照砖块图的信号来加仓。圈

表 11.17 输入和处理部分

[PB IS] 输入部分		PBPS 编程人员数据处理部分				
PB NPB 反转柱体数 (默认值为3)		3				PB BID 价格反转方格的编号
[PB DAX] 原始数据		PB PM 价格波动情况	PB 3PBR 是否为三线反转?	PB BLC 方格收盘低点	PB BHC 方格收盘高点	
PB D 日期	PB C 收盘价					
2008/11/6	4813.57	下跌	是	4813.57	5026.84	8
2008/11/5	5166.87	下跌	否	5166.87	5026.84	
2008/11/4	5278.04	上涨		5026.84	5278.04	7
2008/11/3	5026.84	上涨		4987.97	5026.84	6
2008/10/31	4987.97	上涨		4869.30	4987.97	5
2008/10/30	4869.30	上涨		4823.45	4869.30	4
2008/10/29	4808.69	下跌	否	4808.69	4823.45	
2008/10/28	4823.45	上涨	否	4295.67	4823.45	3
2008/10/27	4334.64	上涨	否	4295.67	4334.64	
2008/10/24	4295.67	下跌		4295.67	4519.70	2
2008/10/23	4519.70	下跌		4519.70	4571.07	1
2008/10/22	4571.07					
收盘价格						

叉图的图形在11月4日还处在X列中,但是11月5日就变成了O列,从而进一步确认交易者可以进场做空了。

标普500指数的价格地标矩阵

我们如何能在这些技术图形的信号帮助下来交易标普500指数呢?让我们来看一下标普500指数价格地标矩阵的样本数据。我们首先要

表 11.18 价格地标：制图部分

PB CHL	PB NRP	PB H	PB L	PB RES	PB BLC	PB BHC	PB ABLC	PB ABHC	PB UR	PB DR	PB HCUR	PB DCDR
					PB PLM 价格地标制图部分							
已完成的连续高点/低点的次数	下一个反转价格	连续高点出现的次数	连续低点出现的次数	推荐的入场交易策略	反转点到收盘低点的间距	反转点到收盘高点的间距	反转点到收盘低点的平均间距	反转点到收盘高点的平均间距	从开始日期起出现向上反转的次数	从开始日期起出现向下反转的次数	在向上反转时出现连续新高序列的平均柱体数	在向下反转时出现连续新低序列的平均柱体数
1个新低			1		55.73		55.73		1		5	
5个新高	4869.30	5		当指数跌破4869.30时卖出								
4个新高	4823.45	4		当指数跌破4823.45时卖出								
3个新高	4295.67	3		当指数跌破4295.67时卖出								
2个新高		2										
1个新高		1	2									
2个新低			1									
1个新低												

第十一章 融汇贯通——整合价格反转图、钥匙图、砖块图和圈叉图

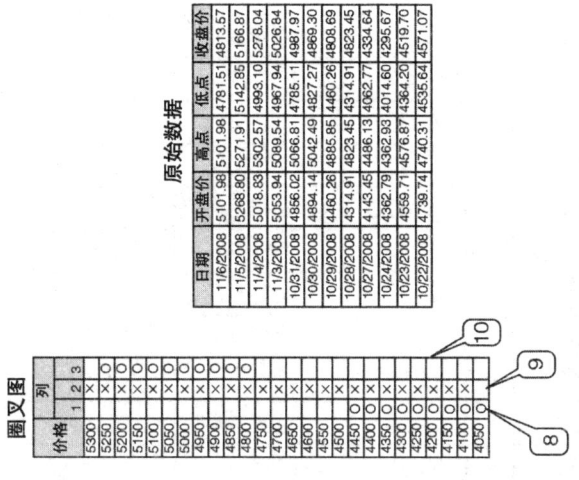

（注释）
1. 价格反转图预估的反转点位是 4869.30
2. 2008 年 11 月 4 日预估的反转发生于砖块图中的第 13 块或其最后的灰砖
3. 2008 年 10 月 28 日的肩部点位是 4823.45
4. 2008 年 10 月 24 日的腰部点位是 4295.67
5. 2008 年 11 月 4 日的肩部点位是 5278.04
6. 2008 年 10 月 29 日的腰部点位是 4823.45
7. 2008 年 10 月 27 日至 2008 年 10 月 27 日，开始出现阴线，点位为 4571.07
8. 2008 年 10 月 22 日至 10 月 24 日之间的 O 列为列 1
9. 2008 年 10 月 27 日至 11 月 4 日之间的 X 列为列 2
10. 2008 年 11 月 5 日至 11 月 6 日之间的 O 列为列 3

图 11.4 DAX 指数的价格地标图
资料来源：Abe Cofnas 和 Sridhar Iyer

表 11.19　标普 500 的原始价格数据

SPX RPD 原始价格数据				
日期	开盘价	高点	低点	收盘价
2008/7/28	1257.76	1260.09	1234.37	1234.37
2008/7/25	1253.51	1263.23	1251.75	1257.76
2008/7/24	1283.22	1283.22	1251.48	1252.54
2008/7/23	1278.87	1291.17	1276.06	1282.19
2008/7/22	1257.08	1277.42	1248.83	1277.00
2008/7/21	1261.82	1267.74	1255.70	1260.00
2008/7/18	1258.22	1262.23	1251.81	1260.68
2008/7/17	1246.31	1262.31	1241.49	1260.32
2008/7/16	1214.65	1245.52	1211.39	1245.36
2008/7/15	1226.83	1234.35	1200.44	1214.91
2008/7/14	1241.61	1253.50	1225.01	1228.30
2008/7/11	1248.66	1257.27	1225.35	1239.49
基准数据				

输入原始的数据（见表 11.19）。这些原始数据会转化为各个图形中的信号。这里会有分别与价格反转图（见表 11.20–21）、钥匙图（见表 11.22–23）、砖块图（见表 11.24）和圈叉图（见表 11.25）等相对应的矩阵。

标普的价格地标图

我们也把价格地标这个概念用在标普指数上（见表 11.19–27 和图 11.5），首先注意到的是，价格反转图在 2008 年 7 月 23 日发出预测，反转会在 1260.32 点发生。在这个日期的前后，钥匙图中出现了很多的肩部反转，显示指数走得不太稳定。还有一点很重要，那就是 7 月 28 日，钥匙图在 1257.16 点形成了肩部。而这个肩部在价格反转图预估的反转

表 11.20　标普 500 价格反转图的处理部分

[PB IS] 输入部分		PB PS 编程人员数据处理部分				
PB NPB 反转柱体数（默认值为 3）		3				
[PB GOLD] 原始数据		PB PM 价格波动情况	PB 3PBR 是否为三线反转?	PB BLC 方格收盘低点	PB BHC 方格收盘高点	PB BID 价格反转方格的编号
PB D 日期	PB C 收盘价					
2008/7/28	1234.37	下跌	是	1234.37	1252.54	9
2008/7/25	1257.76	上涨		1252.54	1257.76	
2008/7/24	1252.54	下跌	是	1252.54	1277.00	8
2008/7/23	1282.19	上涨		1277.00	1282.19	7
2008/7/22	1277.00	上涨		1260.68	1277.00	6
2008/7/21	1260.00	下跌	否	1260.00	1260.68	
2008/7/18	1260.68	上涨		1260.32	1260.68	5
2008/7/17	1260.32	上涨		1245.36	1260.32	4
2008/7/16	1245.36	上涨		1228.30	1245.36	3
2008/7/15	1214.91	下跌		1214.91	1228.30	2
2008/7/14	1228.30	下跌		1228.30	1239.49	1
2008/7/11	1239.49					
基准收盘价						

点位之下。既然肩部的形成就意味着这里指数有压力，我们看到在预估的反转点位下方，指数发生了向下的反转。交易者需要等待卖出信号的发出，即阳线转变为阴线的时候。这在 7 月 25 日，当标普的点位到了 1252.64 的时候发生了。砖块图在 7 月 24 日出现了向下的反转。而在 7 月 24 日到 28 日之间，圈叉图中形成了 O 列。

表 11.21 标普 500 价格反转图的制图部分

					PB PLM 价格地标制图部分							
PB CHL 已完成的连续高点/低点的次数	PB NRP 下一个反转价格	PB H 连续高点出现的次数	PB L 连续低点出现的次数	PB RES 推荐的入场交易策略	PB BLC 反转点到收盘低点的间距	PB BHC 反转点到收盘高点的间距	PB ABLC 反转点到收盘低点的平均间距	PB ABHC 反转点到收盘高点的平均间距	PB UR 从开始日期起出现向上反转的次数	PB DR 从开始日期起出现向下反转的次数	PB HCUR 在向上反转时出现高点连续序列的平均柱体数	PB DCDR 在向下反转时出现新低连续序列的平均柱体数
2个新低			2		25.95		16.87		1		5	
1个新低			1		7.78		7.78		1		5	
5个新高	1260.32	5		当点位跌破1260.32时卖出								
4个新高	1245.36	4		当点位跌破1245.36时卖出								
3个新高	1228.30	3		当点位跌破1228.30时卖出								
2个新高		2										
1个新高		1										
2个新低			2									
1个新低			1									

第十一章 融汇贯通——整合价格反转图、钥匙图、砖块图和圈叉图

表11.22 钥匙图的输入和处理部分

[K IS] 输入部分				[K PS] 编程人员数据处理部分	
[K PRA] 固定比例的反转点数				0.1	
[K DAS] 肩部（高点）上方的间距（以基点计）				5	
[K DBW] 腰部（低点）下方的间距（以基点计）				5	
[K SPX] 原始数据		K LTP 线形端点价格	K RALT 反转点数	K TPL 在线形端点设定的反转价格	
K D 日期	K C 收盘价			K L 在低点设定的反转价格	K H 在高点设定的反转价格
2008/7/28	1234.37	1234.37	1.2343700	1233.14	1235.60
2008/7/25	1257.76	1257.76	1.2577600	1256.50	1259.02
2008/7/24	1252.54	1252.54	1.2525400	1251.29	1253.79
2008/7/23	1282.19	1282.19	1.2821900	1280.91	1283.47
2008/7/22	1277.00	1277.00	1.2770000	1275.72	1278.28
2008/7/21	1260.00	1260.00	1.2600000	1258.74	1261.26
2008/7/18	1260.68	1260.68	1.2606800	1259.42	1261.94
2008/7/17	1260.32	1260.32	1.2603200	1259.06	1261.58
2008/7/16	1245.36	1245.36	1.2453600	1244.11	1246.61
2008/7/15	1214.91	1214.91	1.2149100	1213.70	1216.12
2008/7/14	1228.30	1228.30	1.2283000	1227.07	1229.53
2008/7/11	1239.49	1239.49	1.2394900	1238.25	1240.73
基准收盘价					

关于价格地标矩阵的结论

对于这样一个将价格反转图、钥匙图、圈叉图和砖块图整合在一起的最佳方式，我们有如下重要几点要讲。首先，从逻辑关系上来说，价格反转图应该是该分析方法的启动点，这是因为价格反转图是它们当

表 11.23 钥匙图的制图部分

K CL 线形类别		K NC 连续高点或低点的次数		K PLM 价格地标制图部分				
K YIN 阴线	K YANG 阳线	K S 肩部/高点	K W 腰部/低点	K SPTP 肩部的价格反转点位	K PBS 预估的买入信号(阴线变成阳线)	K WPTP 腰部的价格反转点位	K PSS 预估的卖出信号(阴线变成阴线)	K RYY 阴线长度与阳线长度的比例
下跌	上涨	2		1257.76			1252.54	348.08%
	下跌	1	2	1282.19	1239.49	1252.54		57.56%
	上涨							
	上涨							
	上涨							
	上涨		1			1214.91		
下跌								
下跌								

第十一章 融汇贯通——整合价格反转图、钥匙图、砖块图和圈叉图

表11.24 砖块图

[R IS] 输入部分		[R PS] 编程人员数据处理部分					R PLM 价格地标制图部分		
R BS 砖块对应值的设定（以基点计）	50000		R IC 日内交易数据计算						
[R GOLD] 原始数据		R BIS 序列中的砖块数目	R BC 砖块颜色	R NBB 下一块黑砖	R NGB 下一块灰砖	R DCD 砖块图细节展示	R BM 每个时间单元增添的砖块数（走势力度）	R BC 砖块颜色	R NSB 下一个得到支撑的变盘点位	R NRB 下一个受到阻力的变盘点位
R D 日期	R C 收盘价									
2008/7/28	1234.37	4	黑色	1234.49	1239.49	2008/7/28	4	黑色	第5块黑砖	
2008/7/25	1257.76	0		1254.49	1259.49	2008/7/25	0			
2008/7/24	1252.54	4	黑色	1254.49	1259.49	2008/7/24	4	黑色		第5块灰砖
2008/7/23	1282.19	1	灰色	1274.49	1279.49	2008/7/23	4	灰色		第8块灰砖
2008/7/22	1277.00	3	灰色	1269.49	1274.49	2008/7/22				
2008/7/21	1260.00	0		1254.49	1259.49	2008/7/21	0			
2008/7/18	1260.68	3	灰色	1254.49	1259.49	2008/7/18	7	灰色	第5块黑砖	
2008/7/17	1245.36	4	灰色	1239.49	1244.49	2008/7/17				
2008/7/16	1214.91	2	黑色	1219.49	1224.49	2008/7/16	4	黑色		
2008/7/15	1228.30	2	黑色	1229.49	1234.49	2008/7/15				
2008/7/14	1239.49	0		1239.49	1239.49	2008/7/14				
2008/7/11						2008/7/11				
基准收盘价										

表 11.25　圈叉图的输入部分

[PAF IS] 输入部分		
PAF BS 方格的对应值（以基点计）		10
PAF BRR 构成反转的方格格数		3
[PAF EURUSD] 原始数据		
PAF D 日期	PAF H 高点	PAF L 低点
2008/7/28	1260.09	1234.37
2008/7/25	1263.23	1251.75
2008/7/24	1283.22	1251.48
2008/7/23	1291.17	1276.06
2008/7/22	1277.42	1248.83
2008/7/21	1267.74	1255.70
2008/7/18	1262.23	1251.81
2008/7/17	1262.31	1241.49
2008/7/16	1245.52	1211.39
2008/7/15	1234.35	1200.44
2008/7/14	1253.50	1225.01
2008/7/11	1257.27	1225.35
基准价格		

中唯一一个可以预估反转点位，指出反转位置的技术图形。这就意味着钥匙图、圈叉图和砖块图扮演的角色是确认它们的信号是否与之重合。而交易者对这些信号的看重程度会各有不同，这还要取决于交易者采取什么样的交易策略。那些长期持仓的交易者在寻找建仓时机和波段机会时，会关注价格反转图预估的反转点位，而日内交易者则会更多地去看钥匙图、圈叉图和砖块图发出的信号。

第十一章 融汇贯通——整合价格反转图、钥匙图、砖块图和圈叉图

表 11.26 圈叉图的处理部分

	[PAF PS] 编程人员数据处理部分								
	PAF UP 上升趋势参数		PAF DP 下跌趋势参数		PAF LP 该趋势段的最后一格	PAFPR 价格反转		PAF SC 符号数目	PAF PS 趋势段符号	PAF CN 列号
PAF TF 趋势标记	PAF NUV 下一个上升趋势值或方格顶部（前一日高点）	PAFBFH 方格底部（目前的高点）	PAF NDV 下一个下跌趋势值或方格底部（前一日低点）	PAF BCL 方格顶部（目前的低点）		PAF H 高点	PAF L 低点			
下跌			1250.00	1240.00	1240.00	1270.00		2	O	3
下跌			1280.00	1260.00	1260.00	1290.00		3	O	3
上升	1280.00	1290.00			1290.00		1260.00	2	X	2
上升	1270.00	1270.00			1270.00		1240.00	1	X	2
上升	1260.00	1260.00			1260.00		1230.00	1	X	2
上升	1250.00	1260.00			1260.00		1230.00	2	X	2
上升	1220.00	1240.00			1240.00		1210.00	3	X	2
下跌			1220.00	1210.00	1210.00	1240.00		2	O	1

表 11.27　圈叉图的制图部分

PAF CP 图中价格坐标	PAF SPC 趋势段的各列			PAF BX 突变为 X 列	PAF BO 突变为 O 列	PAF HX X 列的最高点	PAF LO O 列的最低点
	1	2	3				
1290.00		X		1290.00		1290.00	
1280.00		X	O				
1270.00		X	O				
1260.00		X	O				
1250.00		X	O				
1240.00		X	O				
1230.00		X					
1220.00	O	X					
1210.00	O						1210.00

在本章中举的这些例子，只显示出了在一个价格点的情况。对于可以上网的版本，交易者可以点击任意一个价格点，就可以看到我们说的这些矩阵之间的各种关联，而且，交易者也不需要费劲去找每个技术图形中的重要点位，因为系统会自动对它们进行重点标注。

价格地标矩阵这个概念也为下一代智能图表和工具打下了逻辑方面的基础。矩阵是可以通过编程来解决一些关于市场情况的问询，并对于关键区域做出提示，比如价格反转图中预估的反转点位与一些关键技术指标发生重合，如移动平均值或是斐波那契阻力位，那么该数据单元就会被重点标注出来。对于钥匙图来说，当阴线变成阳线，或是阳线变成阴线的时候，如果与上述类似的技术指标重合的话，也同样会对该点位进行重点标注。如果圈叉图中的 X 列或 O 列出现在了 45 度角的趋势线

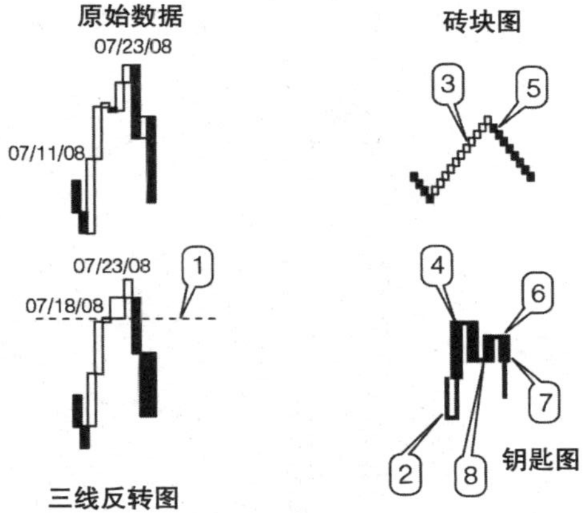

第十一章　融汇贯通——整合价格反转图、钥匙图、砖块图和圈叉图　　243

原始数据

日期	开盘价	高点	低点	收盘价
7/28/2008	1257.76	1260.09	1234.37	1234.37
7/25/2008	1253.51	1263.23	1251.75	1257.76
7/24/2008	1283.22	1283.22	1251.48	1252.54
7/23/2008	1278.87	1291.17	1276.06	1282.19
7/22/2008	1257.08	1267.74	1248.83	1277.00
7/21/2008	1261.82	1277.42	1255.70	1260.00
7/18/2008	1258.22	1262.23	1251.81	1260.68
7/17/2008	1246.31	1262.31	1241.49	1260.32
7/16/2008	1214.65	1245.52	1211.39	1245.36
7/15/2008	1226.83	1234.35	1200.44	1214.91
7/14/2008	1241.61	1253.50	1225.01	1228.30
7/11/2008	1248.66	1257.27	1225.35	1239.49

圈叉图

价格	列		
	1	2	3
1290.00		×	
1280.00		×	○
1270.00		×	○
1260.00		×	○
1250.00		×	
1240.00		×	
1230.00	○		
1220.00	○		
1210.00	○		

（注释）
1. 价格反转图预估的反转点位是 1260.32，
2. 2008 年 7 月 16 日，1 号腰部的点位是 1214.91，
3. 2008 年 7 月 23 日预估反转会发生在第 7 块灰砖出现或之后，
4. 2008 年 7 月 24 日，1 号肩部的点位在 1282.19，
5. 2008 年 7 月 24 日开始出现下行的趋势，
6. 2008 年 7 月 28 日，2 号肩部的点位是 1257.16，
7. 2008 年 7 月 25 日或之后，腰部在 1252.54 出现，
8. 2008 年 7 月 25 日，2 号腰部的点位是 1252.54，
9. 2008 年 7 月 11 日至 7 月 15 日之间为列 1，
10. 2008 年 7 月 16 日至 7 月 23 日之间为列 2，
11. 2008 年 7 月 24 日至 7 月 28 日之间为列 3。

图 11.5　标普 500 的价格地标图
资料来源：彭博社

上，交易者也会得到提示。再比如砖块图，当它的黑砖或灰砖序列与布林线的轨道线出现重合的现象，系统也会给出类似的提示。该矩阵变得更智能化的潜力很大。

  有个问题经常会被问及，那就是将价格反转图、钥匙图、圈叉图和砖块图等整合为交易系统是不是我们下一步要做的事。这样的系统可以通过遗传算式来进行构建和开发，实际上它的原理是要从过去的错误中吸取教训。而回溯式测试的使用空间很有限。有个比它好得多的方法，它就是前瞻式的测试，也就是让交易处在受到监控的交易计划中，这样的设计可以让系统对实施计划中暴露出的弱点进行出击。不过，最好的方法不是进行这样前瞻式的测试并生成一个交易系统，而应该是对交易者进行提示。交易提示比交易系统更靠谱，因为这些提示属于提早的警示程序，会避免任何一个交易系统中都有的致命缺陷，即不能够捕捉到对价格有影响的所有变量。这些提示让交易者能使用人工智能来体察到影响市场的任何细微的变化，这远比那些交易系统的功能强大得多。

第十二章

投资者情绪分析的新方向：文字图示化

在这一章，我们要介绍的是情绪分析在交易市场中应用的一种新形式，那就是刚涌现出来的文本挖掘这个领域。

这本书前面的章节分析的都是情绪表现在技术图形中的形态。我们首先关注的是交易者如何运用那些别具特色的技术图形来判别市场情绪。通过研判蜡烛图、折线图、点线图、价格反转图、钥匙图或者砖块图中的走势，我们能够推断出市场中的价位都是买方和卖方博弈的结果。每天的收盘价都显示出市场情绪在背后起作用。从这个角度来看的话，我们认为技术分析或者是图形解读都可以作为形态科学的分支。而技术图形的类型也就是样本数据推演出的不同形态。这样看来，价格反转图、钥匙图、圈叉图和砖块图都显示了不同的形态，只不过是采用了不同的坐标而已。应用这些图形其实与跨界的任何一种模式识别过程都没有太大区别。我们可以将形态分析领域的一些准则应用到图形解读中去，而这些准则可以追溯到形态特征科学（生物形态学）当中去。[①]

让我们对下面的这句话展开一些思考："形态是带有确定性的实体，它是由多个点构筑在一起形成的，点与点之间保持着几何上的关系"[②]识别出市场中惊异情绪产生的形态真的与在人群中认出一个人没什么不同。从这样的推导看来，图形也属于形态科学的一种形式。

目前，能令我们感到兴奋的是，对市场情绪进行分析的艺术与科学正在不断地发展和进步。在这种理念的感召下，技术图形已经不再是简单描绘出价格运行的轨迹，而且能记录下那些代表各种不同观点的数据。我们不仅可以看到有关消费者和制造商情绪的数据，也能看到根据这些数据做出的各种技术图形。除此之外，在情绪分析领域有个新的分支，它是一种全新的数据类型，可以用于对市场进行评估并制定交易策略。我们在此将这个领域称之为文本挖掘。其实整个这个领域包括了信息抽取（IE）、自然语言处理（NLP）、文本挖掘和事件分析。美联储的经济学家已经认识到收集实时数据集的必要性，使得收集当前的经济状况数据比手头原有的数据更加精确。近期的一份研究报告中说：

在世界范围内的经济、金融和政策群体当中，经济的总体状况是最核心重要的东西，有非常大的人力物力都投入到了对这些真实的经济状况不断演变过程的评估当中。从文字报道上看，就是成千上万的报纸、杂志、电视节目和博客时时刻刻纠结在如何看待不断变化的经济状况，并对未来进行预测的问题上，这还不算那些在制造业和服务行业就职的员工队伍，其中包括金融服务行业、中央银行、政府和非政府组织等。最关键的核心问题就是这种持续不断的纠结本身。那些需要即时做出真正的决策的真实存在的经济机构，想要得到的是关于真实的经济活动状况的准确而及时的评估。那些诸如国家经济研究局（NBER）发布的经济周期大事记，都是在事件发生后很长时间才发布经济扩张与紧缩的情况，它们在这方面就派不上什么用场。[3]

在这份报告的结论中，它对文字的重要性也做出了明确的认可。以下就是作者的原话：

我们期望……纳入那些宏观经济和金融数据之外的指标。特别感兴趣的是加入那些定性的信息，比如头条新闻。[4]

第十二章 投资者情绪分析的新方向：文字图示化

费城的联邦储备银行已经建立了实时数据研究中心。研究的重点放在如何将对经济情况的预测等实时数据作为追踪经济状况的一部分，同时也要分离出那些杂音产生的信号。

这个研究方向的意义非常重大，因为这样的研究会让实时高频的观点调查带给交易者很多新信息。最近一项研究指出了这个新的研究门类的重要性：

在金融市场中，交易者面临的问题是，他们从各式各样观点截然不同的地方得到了太多的信息，这些信息来自新闻专线、论坛、博客和协作式工具等。为了在交易中做出准确的判断，交易者不得不对那些相关的信息进行有效地过滤，以便他们能够对新信息做出及时的反应。[5]这个领域很新，不过它正迅速发展为一门拓扑学，并为技术工具的构建提供逻辑支持。下面这张表显示了它的整体逻辑脉络。

当然，我们感兴趣的是如何将"文本挖掘"应用到交易中去。最近的一项计算机智能研究也在关注如何把它用在股票预测上：

把挖掘文本文件与时间序列同时使用，是当前数据挖掘领域的新课题，比如根据新闻报道来预测股票价格的波动。以前的研究已经指出，在新闻报道和股票价格之间的确存在着某种关系。不过，所有现行的方法都只是挖掘单一的时间序列。股票之间的内在关系没有能很好地表现出来。而同时挖掘多重时间序列不仅能获得更多的信息，而且挑战性还远远大于前者。在这方面的研究还没有跟上。在本文里，我们要以有效市场假说为基础，试图探索用它来挖掘多重时间序列的机会，并提出一个系统性的框架。[6]

美联储最近发布了一篇文章，文中也对文本的影响予以了关注。

在 2004 年 1 月 28 日召开政策会议之后，美联储的声明导致国债市场出现了有记录以来的最强烈的反应，在声明发表后的半个小时，2 年期和 5 年期的国债收益分别下跌了 20 个和 25 个基点，关于联邦公开市场委员会（FOMC）的声明引发市场反应的数据，我们已经记录了 14 年多，这次是它对市场影响最大的一次。"我们发现，在 5 年期和 10 年期国债收益的可解释的变化中，有 75% 到 90% 要归功于路径因素（与声明有联系），而不是由联邦基金目标利率引起的。"该研究断言，"中央银行的举动是否比言语更有影响力呢？我们发现这个问题的量化答案是'不。'特别值得一提的是，那种认为 FOMC 声明对金融市场产生影响只是出于单一因素（即联邦基金目标利率的变动）的观点是错误的。我们找到了第二个因素，它与 FOMC 对当前联邦基金利率的决策无关，却与 FOMC 发表的声明有关，在 FOMC 会议前后，5 年期和 10 年期国债收益的可解释的变动中，有四分之一以上是源于第二个因素。"[7]

在知道了文字的重要性和它对市场可以产生影响的情况下，目前摆在我们面前的问题是，对于那些没有高效的经济和计算机模型的普通交易者，如何能够采用文字分析来作为判别市场情绪的分析工具。我们是不是要坐等该领域出现更大进展后才能普及开呢？实际上不需要等那么久，即使在文本挖掘的早期阶段，我们也能用文字云（或标签云）这种新的技术分析手段来判别情绪。文本挖掘要先扫视文件，生成单词出现的频率与次数，然后进行单词联想式分析，而文字云就是其中一项。在 www.wordle.net 上，可以找到公开发表的有关方法和文本挖掘的一些早期研究的例子。该网站有一个功能，将文本插入它的程序中，就可以生成单词出现频率的一个排列，这样你就可以马上看出哪些单词是很重要的。

图 12.1 的文字云是关于美联储主席伯南克 1 月在伦敦商学院发表的演讲内容。[8]

让我们把图 12.1 与图 12.2 的文字云做个比较。图 12.2 的文字云是对欧洲中央银行行长特里谢在 2009 年 4 月 18 日发表的一个重要讲话的分析,它的题目是《危机在全球展现出的多面性》。⑨

通过对伯南克与特里谢的这两张文字云进行快速比较,我们立刻就能看出他们两人在讲话时的侧重点不同。在特里谢的讲话中,global(全球)、imbalances(不平衡)和 trade(贸易)这几个词显得很突出,而相比之下,这些词在伯南克的讲话中很少出现。理解这两位银行界的关键人物在观念上的区别是很重要的,这些文字云可以帮助投资者搞清楚欧洲与美国在对未来预期和市场情绪方面的差异。文字云是朝着正确方向迈出了一步,但在文本挖掘应用在交易的过程中,还需要做更多量化的工作。交易者需要知道的东西远比他们从文字云中得到的要多得多。无论是当用词的频率和侧重点发生变化时,还是出现新词(新的事件)或是原先用的单词不再使用的时候,都应该能对交易者做出提示。

在使用文本挖掘进行技术分析的下一步是让任何一位交易者上传一个讲稿或是文件,然后文本挖掘的应用程序就会生成一个文字矩阵,即文字的一种有序排列,它可以显示出用词的频率,也能比较不同文件之间的用词频率变化。这样一个工具的使用能帮助交易者更好地掌握宏观经济环境的情况。当我们辨别出讲话的重心发生改变时,它应该能为公共政策的取向提供一些线索。什么样的事件正引起市场的恐慌?这是滞胀还是通胀的表现呢?信贷收紧了吗?资产有泡沫吗?在侧重点上发生的细微变化,都会为交易者揭示很多方向性的东西,这比看图得到的还要多。

即便是这个方法的开发仍处在初级阶段,它已经显示出了自己很大的潜力,让我们拭目以待吧。我们将对伯南克与特里谢的讲话进行一些文本挖掘，然后来看看结果如何。

文本挖掘分析可以分成两种类型。第一种方法类似于时间序列分析法，它是把同一个人现在的讲话与之前的讲话进行比较。而比较伯南克与特里谢或者其他人之间的讲话则属于横向比较分析法。

分析结果中有几方面内容应该是交易者会感兴趣的。首先就是关键词的使用频率。在前后不同场次的讲话中，某个词的使用频率是增加了还是减少了？另一方面是与别人不同的，即具有唯一性词语的出现。如果这样的词语是第一次出现，那么它就是一个重要的信号。当那些举足轻重的政策制定者在草拟讲话稿时，每个词都会权衡再三的。所以说，在经济数据发布或演讲中是否有新词出现，这个词的出现与其他词联系有什么关系（称为上下文中的关键词），会成为很有用的指标。当把一个人的讲话与另一个的讲话进行对比时，这种分析就类似于横向数据之间的分析。比如，在伯南克与特里谢的讲话中，有些词两个人都用到了，而有些词只出现在其中一个人的讲话中。而且他们在用词的频率上也有很大的差异。让我们看一下针对近期伯南克（见表 12.1、表 12.2 和表 12.3）与特里谢（见表 12.4）的讲话所作出的情绪矩阵。我们首先是对伯南克不同时间的讲话进行评估，然后我们评估的是特里谢的几次讲话，最后是将伯南克与特里谢的讲话放在一起比较。

讲话中的用词往往会与市场情绪不谋而合，还可以看作是市场情绪的先行指标。可以想见，重要的政府官员的任何一个官方声明都会考虑到每个用词将要产生的影响，而对它们反复斟酌。所以我们对讲话中出现了哪些单词，它们出现的频率，及与其他单词的接近程度等进行关注是有道理的。当你看第一遍时，就要把讲稿中所有的单词分拆出来，统计它们出现的次数。单词的出现频率是拿来比较两次讲话中情绪改变的第一个线索。在比较伯南克的两篇讲话时，我们找到那些在第二次讲话

第十二章　投资者情绪分析的新方向：文字图示化　　　251

中用到的次数比第一次讲话时明显增多（见表 12.1）单词，并将它们排序。单词使用频率的增加不是偶然的，它是我们度量态度变化的直接工具。价格其实是态度变化的结果，与价格相比的话，文字分析就是一个先行指标。为什么 economy（经济）这个词在第一次讲话中出现了 3 次，而在第二次讲话中出现了 10 次？这不是赶巧了。为什么 creditors（债务人）这个词在第一次讲话中没有出现，而到了第二次讲话中出现了 5 次。balances（平衡）这个词在第一次讲话中也没出现，但在第二次讲话中出现了 4 次。liquidity（流动性）这个词在第一次讲话中出现了 4 次，但是在第二次讲话中出现了 10 次。

使用频率下降的比较

对伯南克本人的前后两次讲话进行比较，我们看到他在不同程度上降低了一些词的使用频率。比如，在第一次的讲话中，prices（价格）这个词出现了 21 次，而在第二次讲话中，它只出现了 10 次。同样的，boom（繁荣）这个词在第一次讲话中出现了 9 次，可到了第二次讲话，我们就看不到它了。还有 Inflation（通胀）这个词在第一次讲话中出现了 10 次，第二次讲话中只有 5 次。Oil（石油）这个词在第一次讲话中出现了 6 次，而在第二次讲话中也只有 2 次。我们能够看出第二次讲话对那些与经济增长、通胀和繁荣相关活动的关注度在降低。

比较伯南克与特里谢的讲话：横向分析

交易者都想在评估国家间的宏观发展，甚至是企业间的长远发展时掌握先机，他们现在依靠的是那些滞后的宏观经济指标和对企业态度的调查结果。在不远的将来，交易者就能用上文本挖掘来比较两份文件中单词的出现情况。比如，将英国中央银行的会议纪要与美联储的会议纪要进行比较，可以深入了解它们之间在政策和侧重点上有无明显的区别。也可以对行业领军人物的讲话及其企业的年度报告进行文本挖掘，那些数据就能转变为该行业的先行指标。在对两个人的讲话或对两个国家的文件进行横向比较时，重要的是判别哪些词是他们共用的，哪些词是它们各自独有的。让我们看一下伯南克与特里谢的两篇讲话。

在伯南克的讲话中最常被提及的单词（见表12.3）与在特里谢的讲话中最常见的单词（见表12.4）的比对中，我们能够看出这两个讲话尽管相隔时间不长，但是在侧重点上却有着明显的差别。

当我们对特里谢的讲话进行文本挖掘时，也发现与伯南克的讲话相比，有些词只出现在了特里谢的讲话中，那么这些词就引发了人们很大的兴趣。特里谢17次用到了refinancing（再融资）这个词，又有13次用到了turbulence（紊乱）这个词。而伯南克却没有用过它们之中的任何一个词。我们还注意到longer-term（长期）这个词只出现在了特里谢的讲话中，它表明了对远期的政策目标会优先考虑。而伯南克则没有使用这个词。

伯南克与特里谢两人都用到了的单词

我们同样也来考察影响伯南克与特里谢两人都用到了的单词。在这些单词中，使用频率的不同也能揭示出他们的本意。伯南克有23次提到了credit（信贷）这个词，而特里谢提到了它3次。伯南克使用了economy（经济）这个词11次，而特里谢提及了它1次。伯南克有28次讲到financial（金融的）这个词，特里谢用了14次。最为暴露无疑的是，伯南克提及markets（市场）这个词16次，而特里谢只有4次。

第十二章 投资者情绪分析的新方向：文字图示化

图 12.1　伯南克讲话的分析：文字云
资料来源：www.wordle.net

图 12.2　特里谢讲话的分析：文字云
资料来源：www.wordle.net

表 12.1 伯南克讲话的文本挖掘：使用频率增加的单词

单词	基准演讲	下一次演讲	增加的提及次数
Federal（联邦）	8	32	24
Financial（金融的）	26	46	20
Reserve（储备）	5	25	20
Markets（市场）	14	32	18
Firms（机构）	0	17	17
Funds（基金）	1	17	16
Treasury（财政）	1	17	16
Assets（资产）	1	15	14
Banks（银行）	1	15	14
Funding（资助）	2	14	12
Economic（经济的）	8	17	9
Congress（国会）	0	8	8
Provide（提供）	0	8	8
AIG（美国国际集团）	0	7	7
Economy（经济）	3	10	7
Institutions（机构）	7	14	7
Money（货币）	0	7	7
Rate（利率）	0	7	7
Case（情况）	0	6	6
Company（公司）	0	6	6
Interest（利益）	3	9	6
Liquidity（流动性）	4	10	6
Program（项目）	0	6	6
Should（应该）	1	7	6
About（关于）	2	7	5
Address（陈述）	1	6	5
Allow（许可）	0	5	5
Authority（权威）	0	5	5
Creditors（债务人）	0	5	5
Legislation（立法）	0	5	5
More（更多）	7	12	5
Paper（报纸）	1	6	5

表 12.2 伯南克讲话的文本挖掘：使用频率下降的单词

单词	基准演讲	下一次演讲	减少的提及次数
Prices（价格）	21	10	−11
Boom（繁荣）	9	0	−9
Domestic（国内）	8	0	−8
Longerterm（更长期）	8	0	−8
Subprime（次级）	8	0	−8
Global（全球的）	9	2	−7
Some（一些）	12	5	−7
Demand（需求）	7	1	−6
Factors（因素）	6	0	−6
House（房屋）	6	0	−6
Rates（利率）	6	0	−6
Broader（更广泛）	7	2	−5
High（高点）	5	0	−5
Housing（住房）	10	5	−5
Inflation（通胀）	10	5	−5
Rapid（快速）	5	0	−5
Risk（风险）	7	2	−5
Affected（受影响的）	4	0	−4
Both（都是）	9	5	−4
Commodity（商品）	5	1	−4
Emerging（涌现）	5	1	−4
Exchange（兑换）	4	0	−4
Growth（增长）	12	8	−4
Oil（石油）	6	2	−4

表 12.3 文本挖掘：只在伯南克讲话中出现的单词

只出现在伯南克讲话中的单词	提及次数
Subprime（次级）	24
Federal（联邦）	17
Mortgages（抵押）	15
Discount（折扣）	14
Prices（价格）	14
Housing（住房）	13
Window（窗口）	13
Growth（增长）	12
Inflation（通胀）	11
Investors（投资者）	11
Borrowers（借款者）	9
Products（产品）	9
Broader（更广泛）	7
Institutions（机构）	7
Securites（债券）	7
Tax（税收）	7
Vehicles（载体）	7
Funds（基金）	6
Further（进一步）	6
Investment（投资）	6
Mortgage（按揭）	6
Notably（显著地）	6
Risks（风险）	6
Strains（压力）	6
Structured（结构性）	6

表 12.4 文本挖掘：只在特里谢讲话中出现的单词

只出现在特里谢讲话中的单词	提及次数
Refinancing（再融资）	17
Euro（欧元）	13
Turbulence（紊乱）	13
Area（区域）	12
Eurosystem（欧元体系）	12
Eurosystem's（欧元体系的）	9
Provided（假设）	9
Ecb（欧洲中央银行）	8
Framework（框架）	8
European（欧洲的）	7
Longerterm（长期）	6
Maintenance（维护）	6
Observed（注意到的）	6
Operational（运作的）	6
Tensions（紧张）	6
Allowed（许可的）	5
Cooperation（合作）	4
Exceptional（例外的）	4
Main（主要）	4
Maturity（到期）	4
October（十月）	4
Procedures（程序）	4
Three（三）	4
Agreement（协议）	3
Alleviate（减轻）	3
Allotment（拨款）	3

对联邦公开市场委员会的声明进行文本挖掘

全球的交易市场都等着看联邦公开市场委员会（FOMC）在发布声明的时候会说些什么。这些声明都不会很长，字数大概有65个单词。因此，对每个词都要仔细去研读。大家已经达成了共识，这些声明在发布后的那一刻，它们一定对市场的走势起到推动作用。

2008年1月22日，FOMC不同寻常地宣布降低利率75个基点。仅仅在8天以后，它再次宣布降低利率50个基点。这些声明都推动了市场的走势。目前，并排分析是常用的分析方法，你可以通过阅读两个并排在一起的声明，来比较它们在关键词上的侧重点。

这个方法其实是很笨拙的。有了文本挖掘，这个问题几乎可以在一瞬间解决。当对表12.5中的声明中单词的出现频率和独有单词的出现进行挖掘，并记录下每个关键词在这段时间内出现的次数，我们对情绪上的细微变化就有了更深的认识。这个记录频率的图表是一种新的图形，交易者很快就能用上。我们把FOMC从2007年1月31日到2009年4月30日的每一个声明做了文本挖掘。你可以在 http://www.sobolsoft.com 这个网站上找到我们使用的文本挖掘的软件。

我们选择了几个关键的单词，并从2007年1月的声明就开始记录它们出现的频率。我们看到Economic（经济）这个词出现的频率呈上升趋势（见图12.3），反映出FOMC关心经济增长问题。与之相对应的是，对Inflation（通胀）这个词的关注度出现了上下摇摆，而且实际上它的使用频率在下降（见图12.4）。而Federal（联邦）这个词在一整年中都很少用到，可是在年尾时却出现了突然的拔高（见图12.5）。Market（市场）这个词的使用频率也随着时间的延伸而发生着变化（见图12.6）。对Growth（增长）这个词的使用情况很有趣，因为它从2008年8月见到峰值

第十二章　投资者情绪分析的新方向：文字图示化

后，就出现了陡然下跌（见图12.7）。

关键的问题就来了，哪些词的关注度在增加？又有哪些词的关注度在降低呢？在此，我们的建议是，用图表语言来反映不同时间的出现频率，是对市场情绪的技术分析中涌现出来的很重要的形式。

表12.5　两份联邦公开市场委员会声明的并排列表（彭博社出版）

2008年1月30日的声明文本	2008年1月22日的声明文本
联邦公开市场委员会（以下简称"委员会"）今天决定调低联邦基金的目标利率50个基点，调整后的利率为3%。	联邦公开市场委员会（以下简称"委员会"）已经决定调低联邦基金的目标利率75个基点，调整后的利率为3.5%
金融市场仍然承受着相当的压力，对一些企业和家庭的信贷已进一步收紧。而且，最近有信息表明，住房市场的收缩在加剧，劳动力市场有些疲软。	委员会认为经济前景走弱，对经济增长向下拉动的风险在加强，继而采取行动。同时，短期资金市场的紧张有些许宽松，更广义金融市场的情况继续恶化，对一些企业和家庭的信贷已进一步收紧。而且，有关收入的信息表明,住房市场的收缩在加剧，劳动力市场有些疲软。
委员会期望在接下来的季度中，通胀将会变得温和，但是仍有必要继续仔细监控通胀的变化情况。	委员会期望在接下来的季度中，通胀将会变得温和，但是仍有必要继续仔细监控通胀的变化情况。
今天的政策性举动，与之前采取的那些行动在一起产生的合力，将会有助于促进经济在一段时间内的温和增长,减轻经济活动中的各种风险。不过，对经济增长向下拉动的风险依然存在。委员会将继续评估这些金融和其他方面的事态发展对经济前景产生的影响，并将在需要的时候及时把这些风险做出陈述。	我们可以预见，对经济增长向下拉动的风险依然存在。委员会将继续评估这些金融和其他方面的事态发展对经济前景产生的影响，并将在需要的时候及时把这些风险做出陈述。

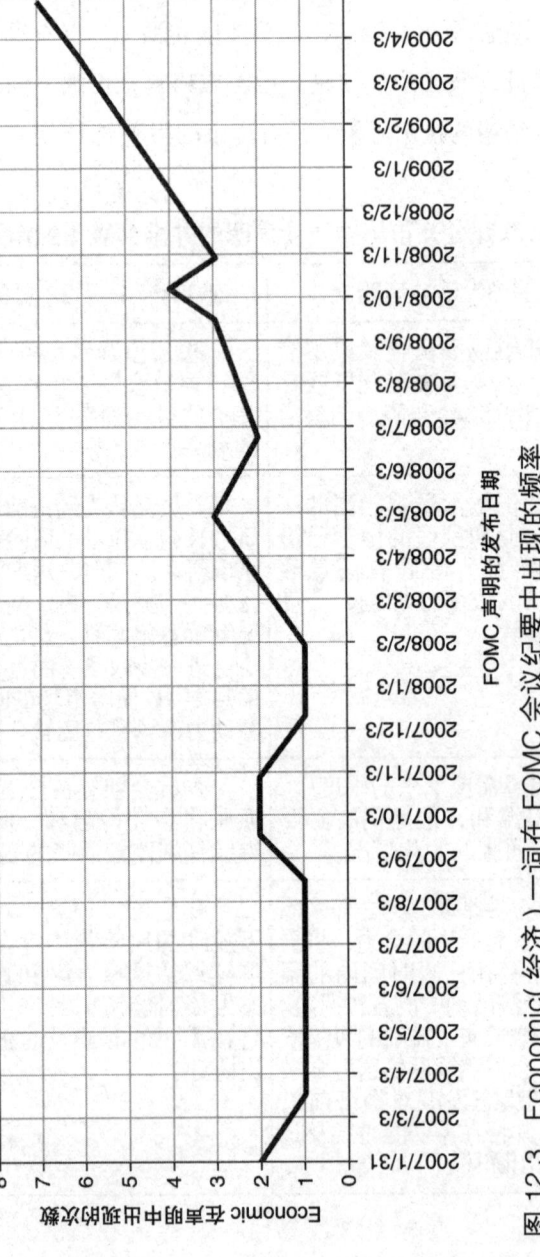

图 12.3 Economic(经济)一词在 FOMC 会议纪要中出现的频率

第十二章 投资者情绪分析的新方向：文字图示化

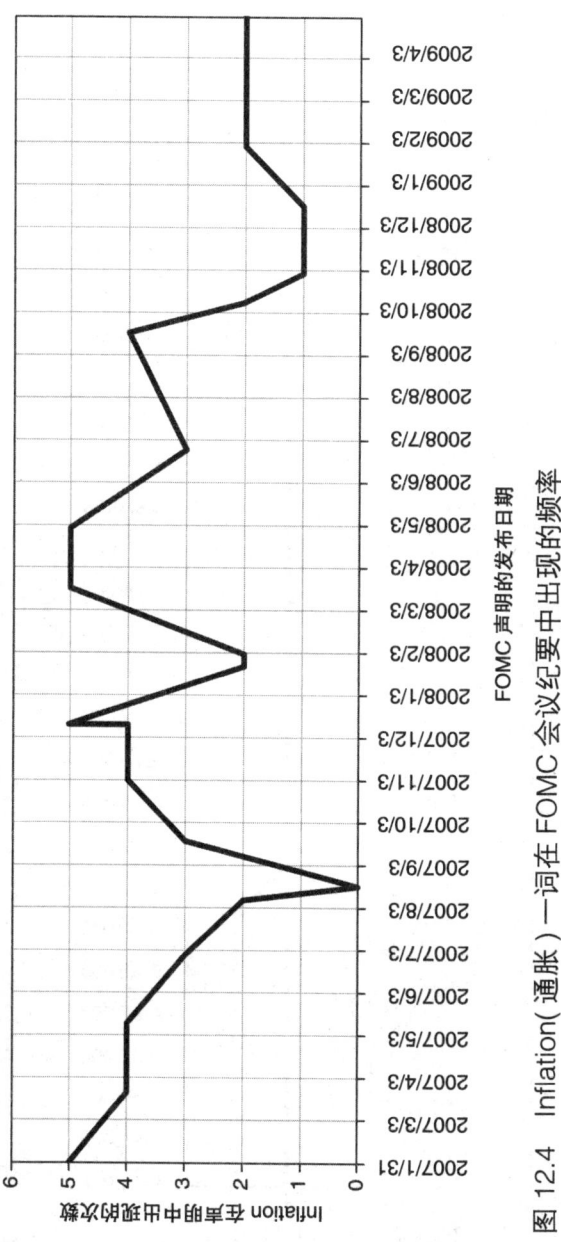

图 12.4 Inflation(通胀) 一词在 FOMC 会议纪要中出现的频率

262 拐点交易策略 SENTIMENT INDICATORS

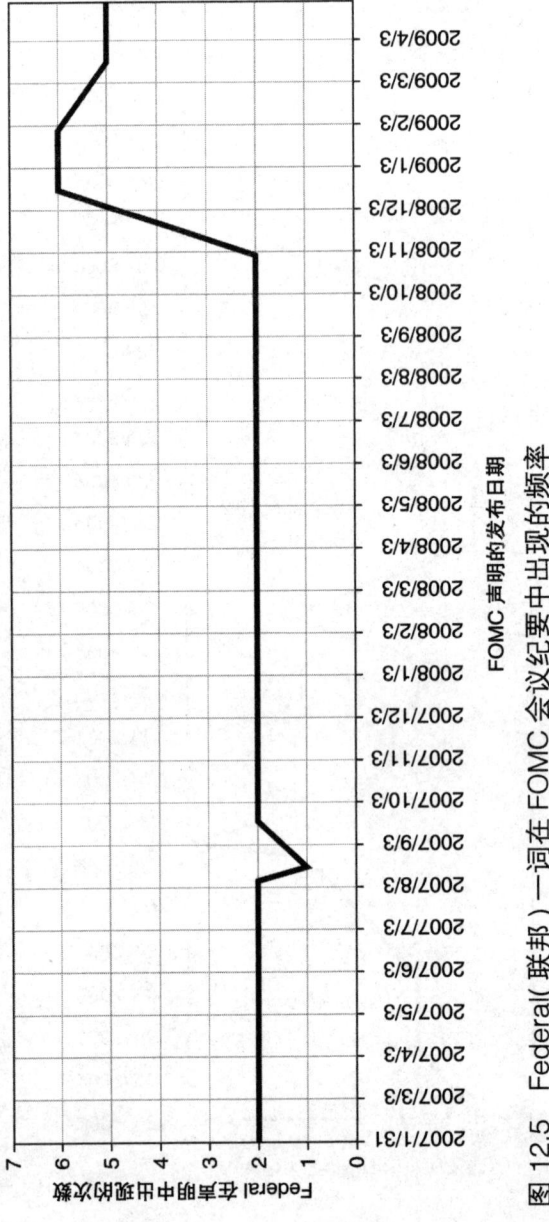

图12.5 Federal(联邦)一词在FOMC会议纪要中出现的频率

第十二章 投资者情绪分析的新方向：文字图示化

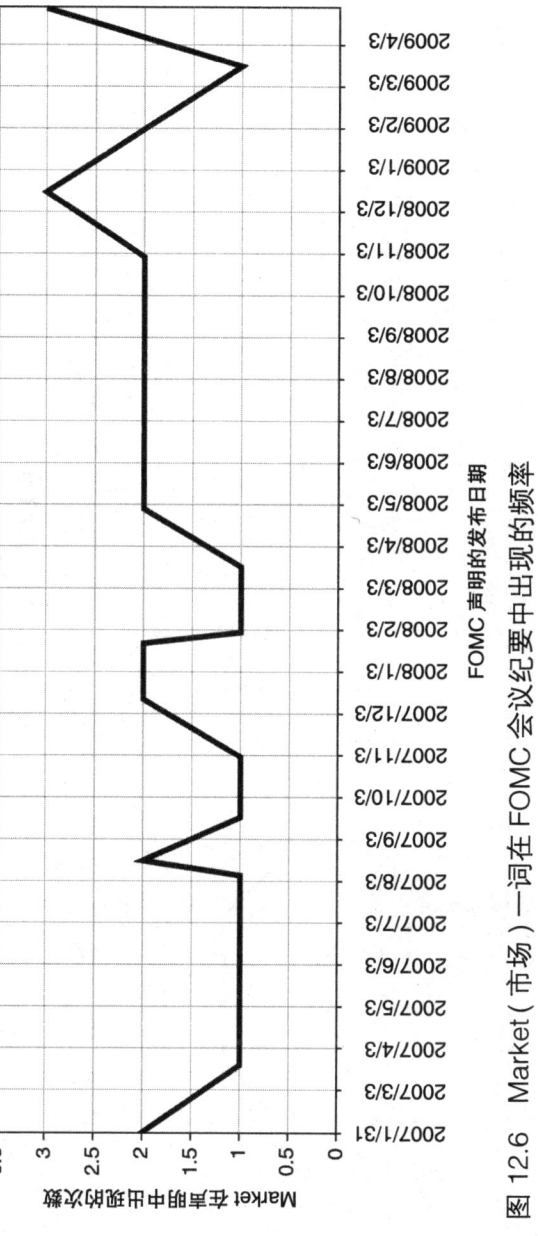

图 12.6 Market（市场）一词在 FOMC 会议纪要中出现的频率

264 拐点交易策略 SENTIMENT INDICATORS

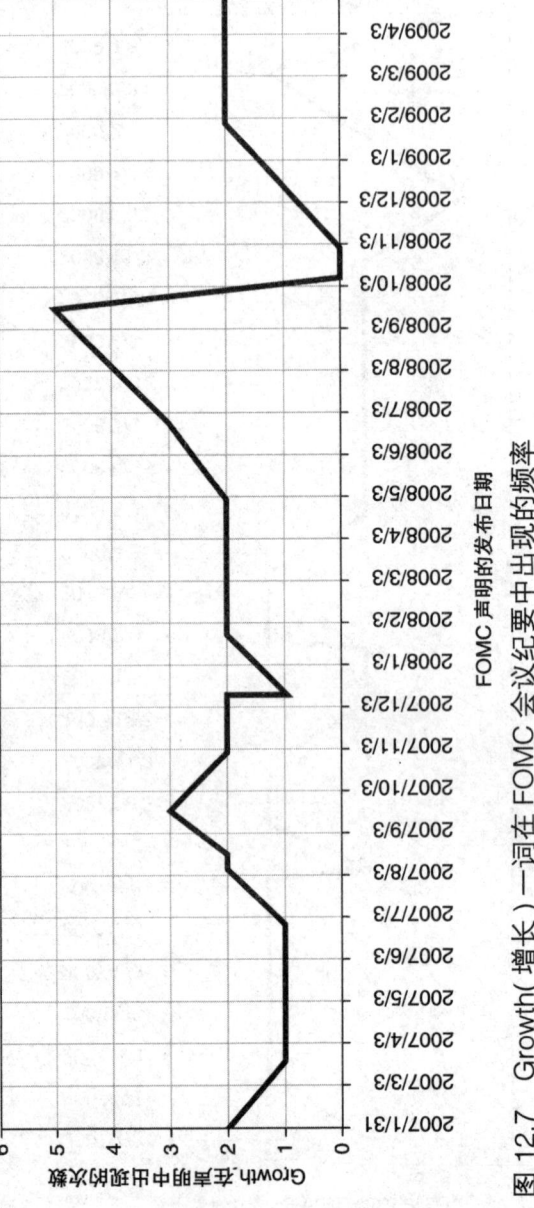

图 12.7 Growth(增长)一词在 FOMC 会议纪要中出现的频率

FOMC 会议纪要

中央银行的会议纪要也在发布，并同样会对市场产生影响。对会议纪要的文本挖掘让交易者可以洞察情绪的变化。现在有程序能将文件中的关键词图示化。它们可以用不同颜色和形状的文字框来表示文字在重要性上的差异。比如，红色通常被用来标注关键词。法国的 Eagle Software 公司将 2008 年 12 月 16 日，2008 年 1 月 28 日和 2009 年 3 月 18 日的 FOMC 会议纪要文本进行了处理，开发出了一个展示方法，可以关键字组织在一起，用 INCELLS 的形式表现出来。（完整的单词分解表见表 12.6）每个日期的会议纪要都对应着一张图，文字的重要性由颜色，文字框的大小和与中心点的距离来表示。

实际上，排在前 25 位的单词清单记录下来的是政策制定者所追踪的概念。从交易者的角度看，这些会议纪要之间的差异应该是需要重点关注的。这里我们举个具有关键性的例子：decline（下降）这个词在 12 月 16 日的纪要中出现的频率是 17%，而在 3 月 18 日的纪要中，这个频率跌到了 10%。同期，Inflation（通胀）这个词的出现频率保持在 5～7% 的这个区间。

表 12.6 该段时期内的关键词使用总结 资料来源：eeagle.com

12月16日的会议纪要			1月28日的会议纪要			3月18日的会议纪要		
关键词	文中出现次数	比例	关键词	文中出现次数	比例	关键词	文中出现次数	比例
market（市场）	76	21%	market（市场）	97	17%	federal（联邦）	43	13%
decline（下降）	60	17%	federal（联邦）	78	13%	reserve（储备）	38	11%
federal（联邦）	54	15%	reserve（储备）	64	11%	purchase（采购）	36	11%
price（价格）	49	14%	bank（银行）	63	11%	decline（下降）	34	10%
economic（经济）	45	12%	foreign（国外）	53	9%	bank（银行）	32	10%
rate（利率）	45	12%	decline（下降）	47	8%	financial（金融）	32	10%
condition（状况）	42	12%	system（系统）	45	8%	February（二月）	31	9%
reserve（储备）	42	12%	currency（货币）	43	7%	rate（利率）	31	9%
activity（活动）	39	11%	condition（状况）	40	7%	price（价格）	30	9%
participant(参与者)	39	11%	economic（经济）	40	7%	continue（继续）	28	8%
continue（继续）	36	10%	price（价格）	40	7%	economic（经济）	27	8%
financial（金融）	31	9%	financial（金融）	39	7%	condition（状况）	26	8%
further（进一步）	31	9%	credit（信贷）	38	7%	increase（增加）	26	8%
remain（剩余）	30	8%	open（公开）	38	7%	Treasury（财政）	25	8%
Fund（基金）	29	8%	Security（证券）	38	7%	securities（债券）	24	7%
monetary（货币）	28	8%	period（时期）	32	6%	further（进一步）	22	6%
credit（信贷）	26	7%	rate（利率）	31	5%	program（项目）	21	6%
policy（政策）	26	7%	meet（会见）	31	5%	remain（剩余）	21	6%
October（十月）	25	7%	Treasury（财政）	31	5%	level（水平）	20	6%
quarter（季度）	25	7%	increase（增加）	29	5%	quarter（季度）	20	6%
inflation（通胀）	24	7%	program（项目）	29	5%	credit（信贷）	19	6%
bank（银行）	23	6%	operation（运作）	29	5%	business（商务）	17	5%
increase（增加）	23	6%	purchase（采购）	27	5%	debt（债务）	16	5%

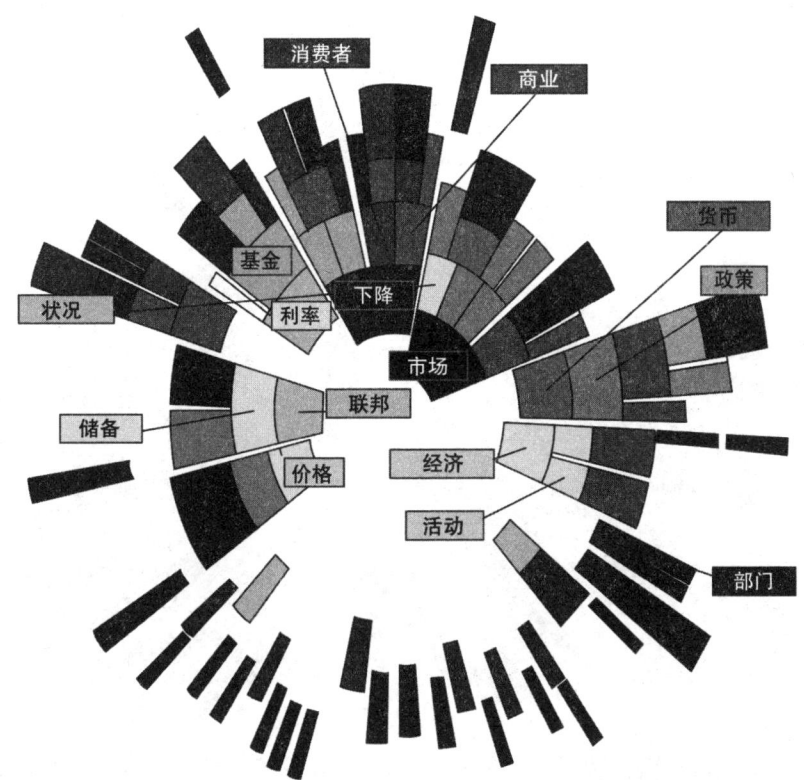

图 12.8　将关键词图示化（2007 年 12 月 16 日 FOMC 会议纪要）
资料来源：eeagle.com

比较伯南克与特里谢的重要讲话

　　2008 年 1 月 10 日，伯南克发表了一个有关金融市场的重要讲话。一年零一个月之后，在 2009 年 2 月 20 日，特里谢就欧洲中央银行（ECB）如何应对金融危机发表了讲话。通过文本挖掘的分析方法，我们能看到哪些词是这两位政策制定者碰巧都用到的，哪些词只是其中一位用到过。在比较当中，引人注意的还是那些只出现在其中一位讲话中的词。尽管金融危机是全球性的，但从这些词中能看出这两位政策制定者的倾向，他们的关注点存在着很重要的差异。特里谢最常用的 20 个词便显出

268 拐点交易策略 SENTIMENT INDICATORS

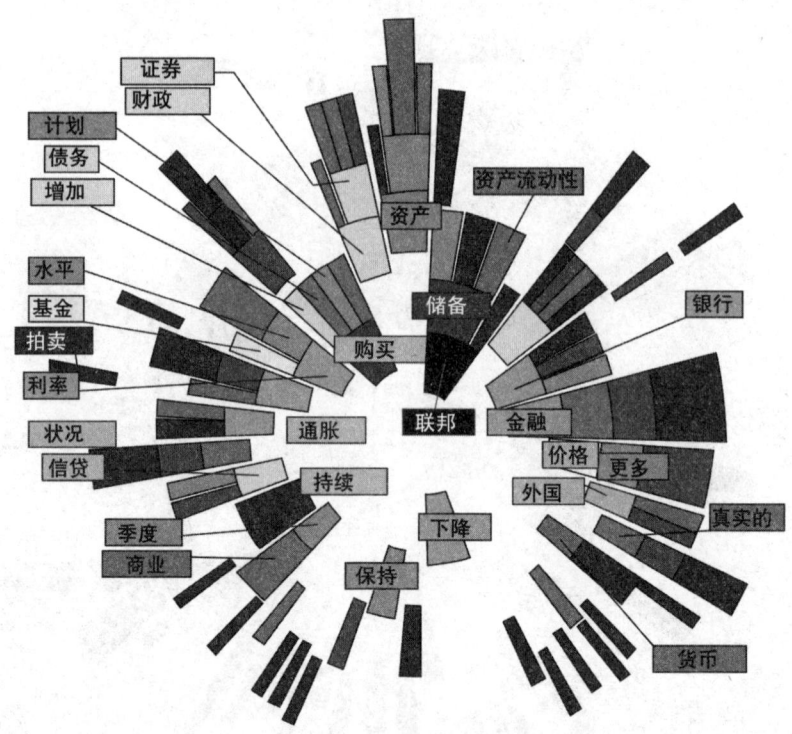

图 12.9 将关键词图示化（2008 年 1 月 28 日 FOMC 会议纪要）
资料来源：eeagle.com

他对未来的预期是以欧洲为中心的，将应对危机本身看作时一个过程，而伯南克在那个时期关心的是引发危机的与住房市场有关的问题。[10]

你会看到文字如何会成为市场预期的先行指标。情绪分析的未来发展将朝着从政策制定者的关键声明中提取实时信息的方向走。根据主要政策制定者的声明，会做出实时的文字图表来反映单词使用的频率，在不同声明中共同出现的一些单词及其只出现在某个声明中的另外一些词，它们很快会变成交易者每天都离不开的工具。让人兴奋也是很重要的一点，当文本挖掘使得实时文字分析，这些文字本身会成为不同的

第十二章　投资者情绪分析的新方向：文字图示化　　　　　　　　　　269

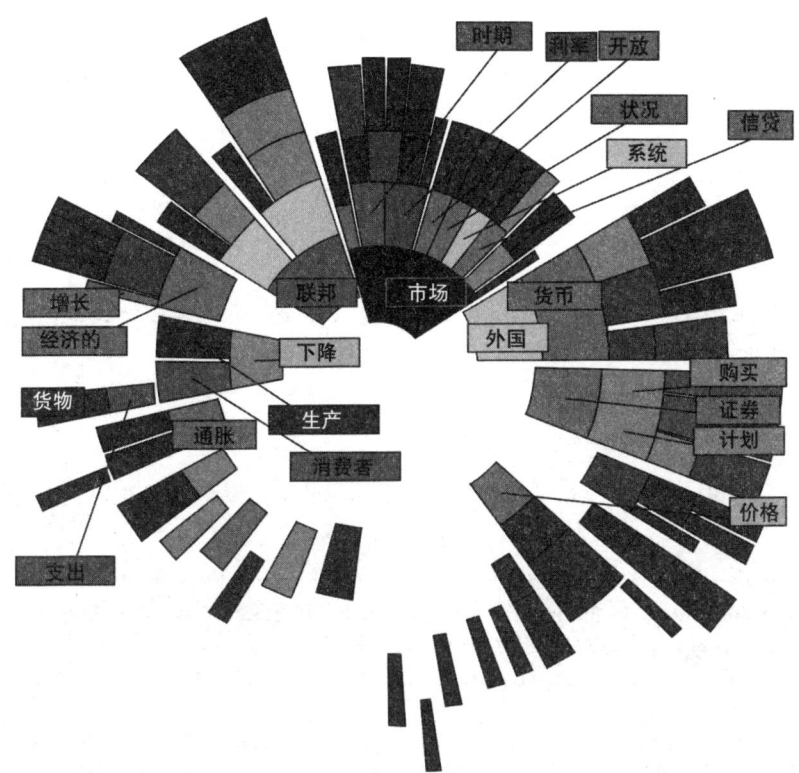

图12.10　将关键词图示化（2009年3月18日FOMC会议纪要）
资料来源：eeagle.com

情绪单元，而一个新级别的指标和信号就此产生。我们离实现这个目标的日子不远了。

在这里，文本挖掘是作为对价格运行进行技术分析的一部分而存在的。

① .Subhash R. Lele and Joan T. Richtsmeier,《形态统计分析中不变的方法（An Invariant Approach to Statistical Analysis of Shapes）》

② .http://palstrat.unigraz.at/method%20in%20ostracodology/ContrgeomMorphom_vol13Berr（080708）

③ .Nii Ayi Armah and Norman R. Swanson,《透视黑匣子的内部：用扩散指数法在大规模宏观时间序列环境中建立代理关系（Seeing inside the Black Box: Using Diffusion Index Methodology to Construct Factor Proxies in Large Scale Macroeconomic Time Series Environment）》，摘自2008年7月8~19日费城联储银行工作报告, http://www.philaddelphiafed.org/research-and-data/publications/working-papers/2008/wp08-19.dpf

④ .Ibid

⑤ .Uta Hellinger,《金融市场中的事件与情绪判别（Event and Sentiment Detection in Financial Markets）》，德国Karlsruhe大学，hellinger@aifb.uni-karlsruhe.de

⑥ .G.Pui Cheong Fug, J. Xu Yu 和 WaiLam,《股市预测：将文本挖掘融入到实时新闻的分析中去（Stock Prediction: Integrating Text Mining Approach Using Real-Time News）》。2003年香港IEEE国际计算机智能国际会议

⑦ .Refet S., Gurkaynak, Brian P. Sack 和 Eric T.Swanson,《中央银行的举动是否比言语更有影响力呢？对资产价格的反映见诸货币政策性行动与声明（Do Actions Speak Louder Than Words? The response of Asset Pricestc to Monetary Policy Actions and Statements）》，No.2004-66联储工作报告（2004年11月），见 http://ssrn.com/abstract=633281 86

⑧ .http://www.federalreserve.gov/newsevents/speech/bernanke20080110a.htm

⑨ .http://www.ecb.int/press/key/date/2009/html/sp090418.en.html

⑩ .http://www.ecb.int/press/key/date/2009/html/sp090220.en.html; http://www.federalreserve.gov/newsevents/speech/bernanke20080110a.htm

第十三章

趋势之外：独立于时间的循环周期指标

对于周期指标如何成为了技术分析中一支重要的新生力量，本章将会进行更详细的介绍。

帮助交易者提高判别各种价格形态的能力，和在形态发生变化时的感知能力，一直就是本书追求的目标。在解读那些技术图形时，比较传统的方法是过滤掉时间因素来观察价格的波动情况，并在价格形成趋势的时候探寻其中的变化。当然，我们现在已经知道了，交易者可以利用价格反转图、钥匙图、砖块图和圈叉图它们各自的优势，来帮助确认价格形态中出现的各种变化。这些图形中生成的价格界限或地标性价位，都可以对趋势走向或价格形态中的各种变化进行验证。但是只有这些就够用了吗？交易者怎样才能进一步揭示出评估中的价格行为里更多的东西呢？

值得庆幸的是，为了在市场中占得先机，交易者对知识的渴求让他们没有止步于蜡烛图、价格反转图、钥匙图、砖块图或是圈叉图。当前已经出现了新一代的先进技术指标，它们可以让交易者根据价格数据来辨别出其中隐藏的形态。这些指标中有一些是来源于物理学，其他的是出自于制造控制领域。过去很少有交易者听说过它们，那是因为它们一直都作为专业的研究工具，只是到了现在，那些终端软件产品才通过零售到了交易者手中。交易者应该认真对待它们，因为无论是单独使用它们，还是把它们与前面讲那些技术图形结合在一起来用，这些技术指标都会为交易者带来新的视野。总体上来讲，这些新形式的技术指标的功能是过滤掉价格形态中的杂音，指出该形态中的规律性。这些指标也体现了统计学的分析和科研上的进步。它们被统称为循环周期指标。让我们来看几个它们在交易分析中的应用实例。

对周期的判别和预估

  在技术图形中，价格形态看起来经常重复出现的现象是很明显的，大家都会认识到这一点，我们面临的很大挑战就是要发现基础的形态都是什么样子的。即使价格在图形上给我们的直观反映是在一个趋势中或是窄幅振荡的走势，而这些生成图形的数据也还是未经过处理的原始数据。从科学分析的角度来看，它们本身就包含着某个波形。我们之前介绍过的通道形态其实就是一种波的存在形式。不过，当我们采用了高频数据和较小的时间间隔时，就很不容易辨别出波的存在。而对于一般交易者，他们除了简单的图形分析手段之外，没有别的工具来对形态的周期变化进行解码，结果他们忽视了这些周期的存在。而最终他们会错过一些很重要的关于趋势的方向或是可能出现的拐点的提示信号。在我们讲过的那几个技术图形中，没有哪一个能辨识出价格中的波形，它们的作用都体现在将原始的价格数据直观化，生成各种技术图形。而交易者应该试图去解答的一个问题是，他们观察到的价格变化是否与嵌入在这些拐点里的波形发生重合。比如，在图 13.1a 中，我们所看到的形态非常接近于一个价格走势的技术图形。任何一个交易者都会把认定这个图形中的阴影区域是趋势线划出来的。而当你再仔细一看，就会发现它不过是根据图 13.1b 中的算式，由 Mathematica 软件生成的图形。

关键是交易者要揭开生成这张图形的隐身形态是什么。

下一次当你看到一张图形时，就要记住有可能是某个隐身形态生成了这样一张价格走势图。从人的本性出发，大家总是认为价格运行就是线性的，但实际上并不一定都如此。在现实中，大量的价格走势背后其实是周期性的波浪形态。忽视了这个可能真实存在的东西，就可能导致交易者对价格可能发生的运行路径产生误判。

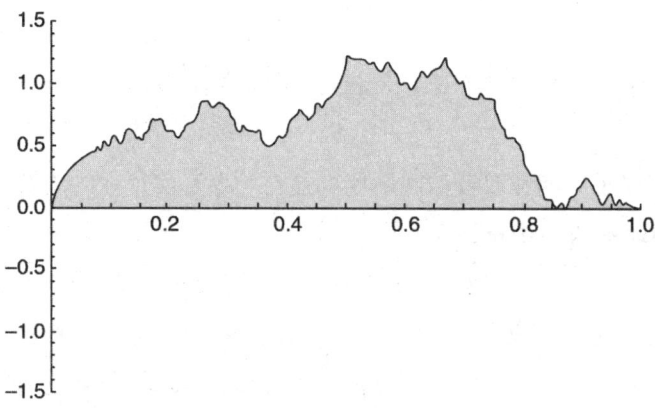

图 13.1a　按照数学算式模拟出的价格运行图
资料来源：Mathematica.com

$$\sum_{k=1}^{\infty} \frac{\alpha\cos(k^{\beta}\pi x) + (1-\alpha)\sin(k^{\beta}\pi x)}{k^{\beta}}$$

图 13.1b　数学算式
资料来源：Mathematica.com

什么是波？

首先让我们来明确一下波到底是什么。大多数的交易者恐怕已经忘了基本的几何学和三角学，但是这个世界认识波已经有几千年的历史了。数学家对几何学中发现波的记载,可以追溯到公元前200年,也就是希帕查斯的时代。

从数学的角度看,波就是正弦的函数,图13.2中的波形应该是大家都非常熟悉的。

在自然界中,七年的太阳黑子周期是最确定的周期之一。这个周期的波峰和波谷(见图13.3)的可预测程度很高。

另一个关于波的例子是双音谐波周期(见图13.4)。

太阳黑子周期和双音谐波周期都是自然界真实存在的周期,无疑是这些物理现象的一部分。

那么价格数据又如何呢?它们有周期性吗?让我们来看一些真实的交易数据。我们采用的是1分钟图中澳元/美元的交易数据。对这些数据进行统计分析的结果表明,在16分钟的时间间隔下,该数据存在着明显的波状形态。我们可以将该数据转换为五种不同的波形:正弦整流波、锯齿波、规则正弦波、矩形波和三角形波(见图13.5至图13.9)。

下一步就是要判定哪种波是与之最匹配的。我们注意到,在所有这些不同的波形中,出现过几次波的拐点与数据的波峰或波谷重合的情况。

对于周期出现时呈现的状态,交易者应该敏感起来。正弦波出现得更为频繁。除此之外,复合波也是很常见的。图13.10就是把1分钟澳元图的四种波形复合在一起的状态。

第十三章 趋势之外：独立于时间的循环周期指标

当我们运用周期指标的时候，需要确认的问题是，这个清楚呈现出来的波形是一个复合波，它是在试图生成一种最匹配的波。

周期指标背后的主要设想就是要将隐身在价格数据之中波形给找出来。波为什么会出现是无法回答的问题。它们是自然界的一部分。只要有能量的作用，波形就是其中的一部分。这就类似于为什么斐波那契比例很有效这样的问题。波的起始可以是一个外在事件的结果，比如某条新闻，引起了价格在一段时间内的上涨，导致了波峰的出现，接下来的下跌又导致了波谷的产生。价格行为本身或许也隐藏着某种形态的波。没有人能预测是什么造成了波的出现。那就让我们暂且同意，波是自然与能量运行结构中的一部分，波也的确存在于价格运行当中。

尽管我们不想把这一章变成关于波的物理教程，但理解一些有关波的几个主要术语是很有必要的。它们包括振幅、周期和频率。

► 振幅：波的高度。
► 周期：完成一个波形需要的时间。
► 频率：在周期中振荡的次数（1/周期）

如果我们能判别出价格数据中波的周期循环，就能得到所有这些关键数值。如果这个指标是有效的，它就能判定出周期的起点，也能预测出将来周期会怎么循环。这样的预测对预估波峰和波谷也是适用的。实际上，它成为了判定时机的工具，是对其他技术分析进行确认的指标。要注意的是，在使用波的周期指标时，重点就要放在对其他信号确认的作用上，而不是单独来用这些指标。

因此，技术分析的任务就是要为任何数据的序列生成与之最匹配的波形。这不是一件无关紧要的事，它对于我们如何理解价格运行是至关重要的。交易者一般看到的是实际发生的交易价格,但却看不到它背后的隐身形态。而周期指标就是要将价格或"时间序列"分解成几个部分。当这些价格数据被去除了趋势,揭下了面具,交易者会看到我们熟悉的趋势元素以直线的形式表现出来。那些没有去掉趋势的周期程序,都未能遵循统计中普遍接受的惯例来做。

在周期的振荡中还有一个季节性的因素,它是由外部原因造成的,但也是可以预测的。经过一些高级的统计处理过程(用现在的电脑很容易来进行编程),我们就能得到价格数据的周期性元素。如果这些数据有周期性的波峰和波谷,通过几次这样的收放,就能够发现它的循环周期。

任何数据序列的最后一个因素都是随机的,即杂音。这个杂音是无法解释的,也是不可重复,并且没有规则的。

当把所有这些元素重新归到一起,你会得到一张传统的技术图。这里让人惊奇的是:要理解技术图形背后的形态,就要将该图形解构为我们刚才讨论过的几个元素。让我们来看看在实际操作中,如何来进行这样的解构。

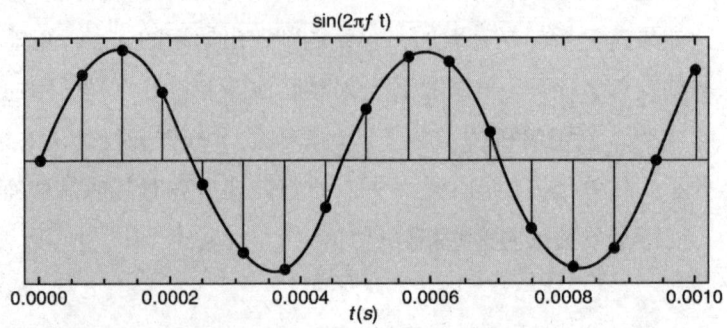

图 13.2 常见的正弦波
资料来源:Mathematica.com

第十三章　趋势之外：独立于时间的循环周期指标

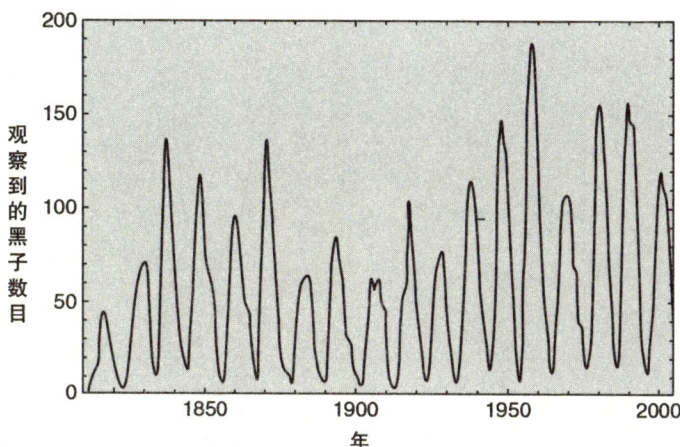

图 13.3　七年的太阳黑子周期
资料来源：Mathematica.com

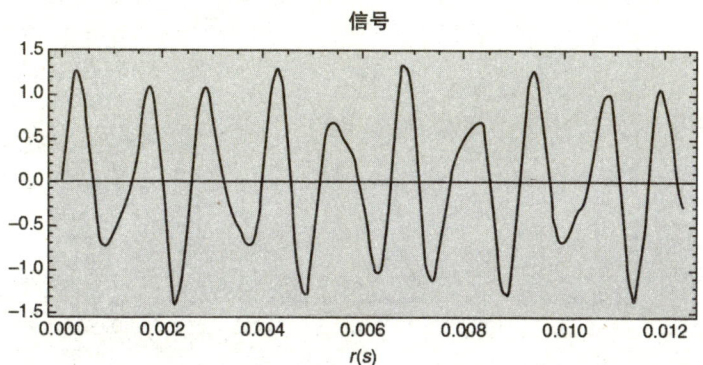

图 13.4　双音谐波周期
资料来源：Mathematica.com

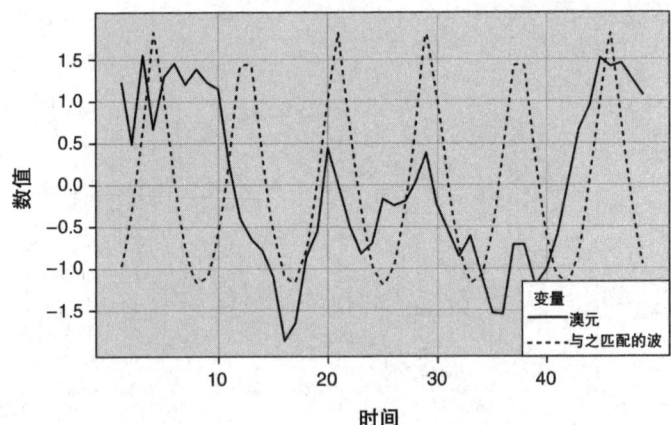

图 13.5　正弦整流波
资料来源：Abe Confas 和 Joseph Egbulefu

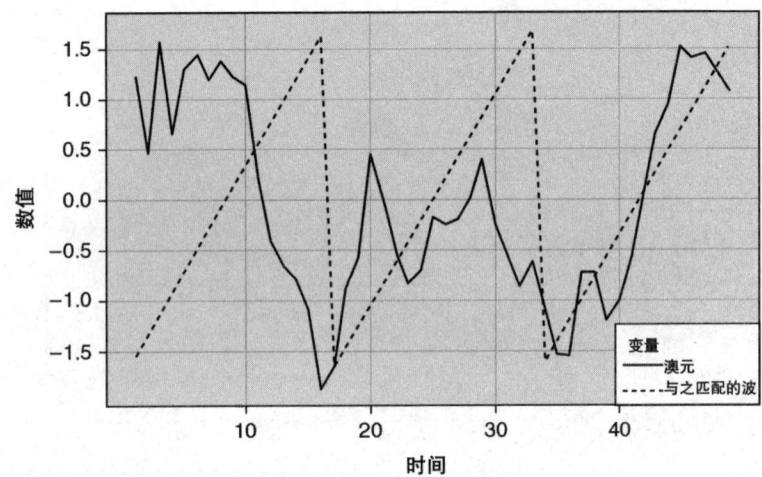

图 13.6　锯齿波
资料来源：Abe Confas 和 Joseph Egbulefu

第十三章　趋势之外：独立于时间的循环周期指标

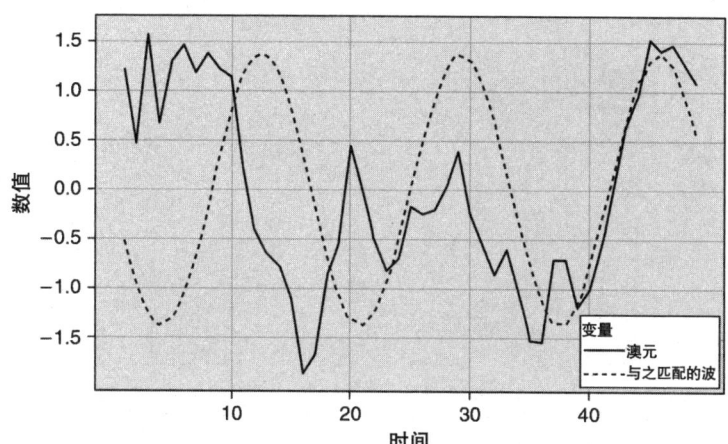

图 13.7　正弦波
资料来源：Abe Confas 和 Joseph Egbulefu

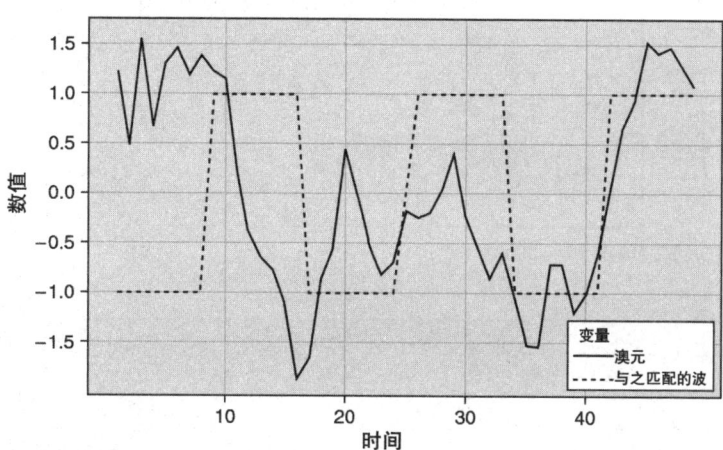

图 13.8　矩形波
资料来源：Abe Confas 和 Joseph Egbulefu

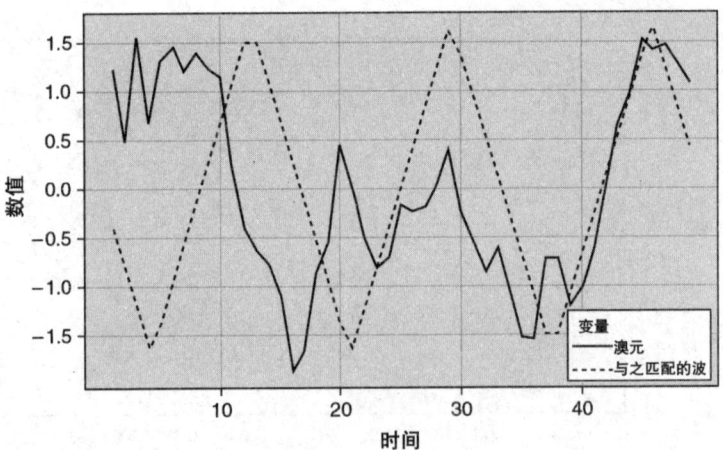

图 13.9 三角形波
资料来源：Abe Confas 和 Joseph Egbulefu

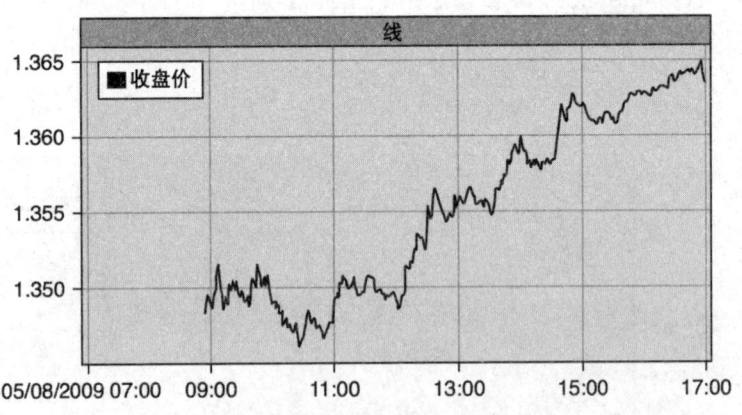

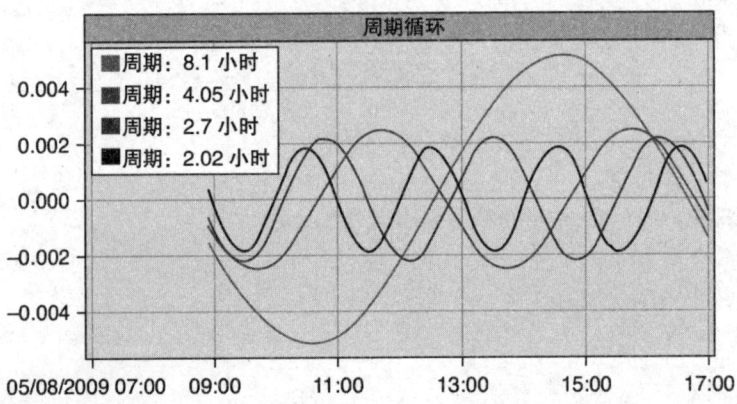

图 13.10 复合波
资料来源：Abe Confas 和 Joseph Egbulefu

生成带有周期性的波的方法

傅里叶分析

目前周期指标采用的是傅里叶分析法，它是对价格数据进行滤噪的标准方法。在技术分析的资料中，经常出现的谐波分析这个术语，实际上就与傅里叶分析有关。傅里叶分析所做的就是提取数据，然后按照数据构建波形。交易者有好几种方法来生成傅里叶分析。见多识广的交易者可以用 EXCEL 和现有的标准算式来生成傅里叶波。

使用 1 分钟澳元 / 美元图（见图 13.11）中的数据，我们可以看到价格的顶部与循环周期的波峰重合，而价格的底部也与周期的波谷重合。

下一步就是要预估或预测带有周期性的波接下来会如何运行。运用周期指标的交易者要记住的是，要预测的周期越长，预测出错的可能性就越大。图 13.12 中显示的是波接下来将会走出的形态。

毫无疑问，在价格运行中确实存在着周期循环，而且能够辨别并呈现在图像上。科技的进步使得交易者通过零售渠道就可以得到这些周期分析工具。在你购买有关周期指标的终端产品之前，要考虑到以下几个关键的问题：

生成这个周期的方法是什么？
基本上来看，它们使用的都是傅里叶分析法及其变型。这就包括了标准傅里叶和快速傅里叶。

生成周期性波需要多少个数据点？
有些软件卖家要求的数据点会多一些。对于那些要求数据点相对少的卖家，应该小心为上。想要使周期判别更加可靠，理应需要更多的数据点，而不是越少越好。

软件能否预估出带有周期性的波形将来会如何走？能估计多远？

根据时间序列的不同，软件能够预估的周期长短也各有不同。这一方面的指标可以验证该工具预测周期能力的强弱。

在软件上你能否上传自己的数据序列，并生成属于你自己的波形？

这个功能很重要。它可以让那些做事认真的交易者来评估自己手头的数据。

软件能否准确指出波形的匹配程度？

要注意看该软件是否可以将数据在预期的波形中勾勒出盈亏的情况。是否有在预估的拐点生成胜算大的匹配波形的能力，是任何一个软件的目标，也是评估这个软件的标准。

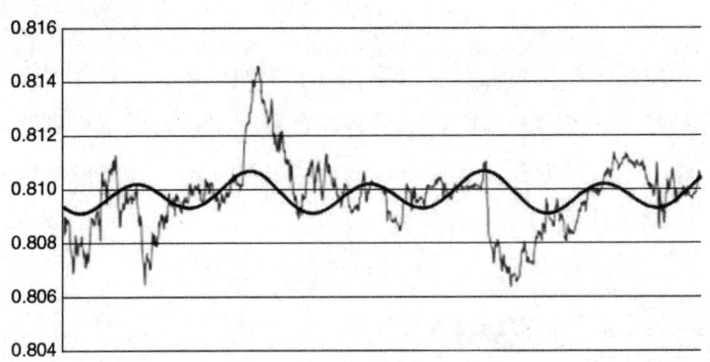

图 13.11　对 1 分钟澳元 / 美元图的傅里叶分析
资料来源：Abe Confas 和 Joseph Egbulefu

第十三章 趋势之外：独立于时间的循环周期指标

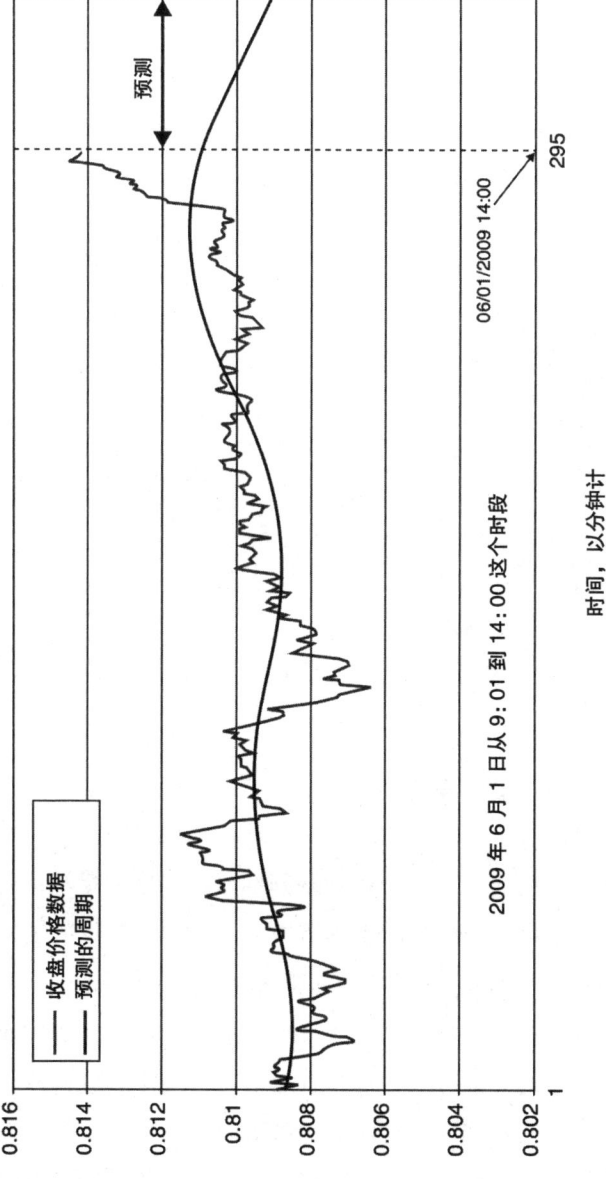

图 13.12 澳元/美元 1 分钟图的周期预估
资料来源：Abe Confas 和 Joseph Egbulefu

周期与交易量数据

周期分析的应用范围是可以超出价格数据之外的。对于交易者来说，将周期分析应用在成交量数据的分析上，应该是很有价值的。以往的交易经验告诉我们，交易量是市场情绪的晴雨表。当你将周期分析引入到交易量数据中以后，你可以用预测出的顶部或底部来辅助交易战略的制定。在图 13.13 中，我们用交易量的数据生成了一个正弦波。

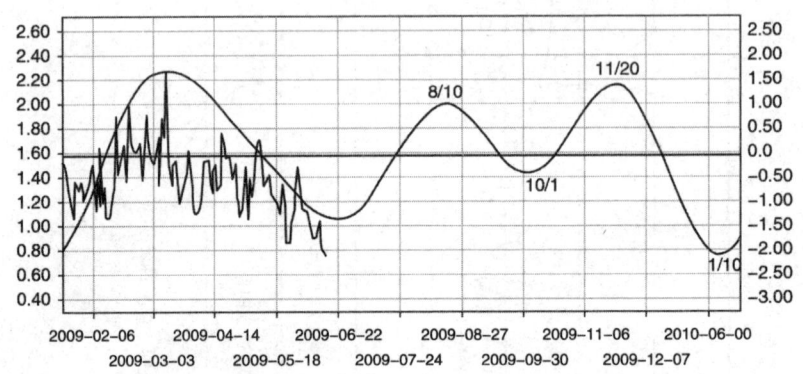

图 13.13　每日 SPS 交易量数据
资料来源：Abe Confas 和 Joseph Egbulefu

小波分析的时代就要来了

除了傅里叶分析法，一个新的周期判别方法和预估指标正处在方兴未艾的阶段。它必将成为交易的工具箱中又一样非常有用的法宝。它被称为是小波分析法。小波分析法比傅里叶分析法又进了一步，在小波分析的程序中，将价格数据都分割成了很小的部分，把数据解构成了一个趋势或周期的重要组成部分，并对拐点加以确认。小波分析能预测出接下来价格可能运行的轨迹。它肯定会比傅里叶分析有用得多。那些看重周期指标，并将其纳入到自己工具箱的交易者，应该保持对小波分析法应用情况的关注。表 13.1 对傅里叶分析和小波分析进行了比较。

表 13.1 傅里叶分析与小波分析的比较

资料来源：Abe Confas 和 Sridhar Iyer

比较标准	傅里叶分析	小波分析
基础	正弦和余弦	通过某些原型通用函数（称为小波）的位移，或是垂直或水平方向上尺度的收缩来构筑。
价格数据的假设——信号内容方面	该方法假设输入的价格数据序列代表了一个正弦的不确定的总和，其中相、幅度和频率各异。	该方法很灵活，因此对数据序列不预设任何限制性条件。
价格数据的假设——频率方面	该方法假设信号是平稳的，这意味着随着时间的推移，频率方面是保持不变的，时间数据序列中的频率元素是任何时候都存在的。	该方面处理的是非平稳的信号。这就意味着在时间序列数据中，它的频率是可以随着时间的推移而改变的。小波分析能够抓住那些时而出现，时而消失，然后又出现的频率元素。
价格数据特征的捕捉——趋势、突发的变化和不可持续性	不能捕捉到这些特征，因为傅里叶变换过程（FT）是建立在关于正弦和余弦的假设的基础上的。	能够捕捉到价格数据中的趋势、突发的变化和不可持续性，因为小波变换分析的基础很灵活。
处理过程的灵活性	傅里叶变换过程是不灵活的，原因在于它的基础原理和对数据平稳性的假设。短时傅里叶变换过程（STFT）比傅里叶变换过程有了提高。时间序列数据被分割成了小块，假设每小块的信号是平稳的。短时傅里叶变换过程低点缺点：这个过程是不可逆的，即原始信号无法被重建；对于所有频率来说，窗口大小的选择都只有一个，很不实用，因为对于低频信号，窗口尺寸应按比例放大，而对于高频信号，窗口尺寸应按比例缩小。	处理过程很灵活。小波变换分析采用的窗口技术，可以有多个不同的可变尺寸。这就可以处理高频信号的短期爆发和低频信号的长期趋势。能够预测出价格数据中的趋势、突发的变化和不可持续性的能力是很重要的，小波变换不会忽视输入的时间序列里的相关数据。
多重比例的时间框架分析	对于多重比例的时间框架分析，表现欠佳。	可以在多个时间框架的图中，对数据进行多重比例的分析，交易者也可以被相应地分为：抢帽客、日内交易者、波段交易者和长期持仓者。

比较标准	傅里叶分析	小波分析
作为价格预测工具的应用	因为它给输入的数据加上了很多的假设,所以将其作为价格预测工具的作用很有限。	通过与中枢网络、通用算式和其他方法的结合,小波分析能有效地对价格进行预测。
应用表现	操作效率还不错,但是碰到了处理那些大批量的时间序列数据时,就会力不从心。	操作效率更高。在电脑上运行很顺畅。能够用来对大量的跳动点数据进行实时分析。

最后要提到的是灰波周期预测的出现,它是周期指标中最新的一员,可以用于金融和价格数据的预测。中国福州大学的陈可嘉和张齐申(音译)在运用这个灰波分析新方法来预测经济周期的路上走在了前面。这些研究人员开发出的曲线预测法,应用在中国经济调查数据中的准确度非常高。[1]

我们可以断定,下一代的周期指标将会带来更令人兴奋的分析工具,它们可以在所有的数据和图形当中应用。

---

[1]. 陈可嘉和张齐申在2007年11月中国南京召开的IEEE灰色系统与智能服务国际会议上发表的文章:灰色系统和智能服务。

后 记

　　为了提高交易者的技术分析能力，这本书在蜡烛图之外开拓出一些新路，不仅介绍了运用反转图、钥匙图、砖块图、圈叉图和周期图等新方法，还介绍了一种前所未有地将这些技术图形整合在一起的矩阵。要知道，这些技术图形已经问世很长时间了，大部分都超过了一百年。现在有了新的数据整合和成像的方法，可以说是让它们如虎添翼，能量倍增。这些技术图形都是在计算机技术出现之前就为人所知，但其后长时间被弃之不用，而现在又能重新启用，并且更加被器重，总会让人感到有些不寻常的地方。这也是我们所见证的技术创新屡上台阶的结果。第一代的自助交易者出现在1996年左右，以Netscape浏览器的出现为标志，正是得益于这样的技术突破，交易者可以使用桌上的电脑来交易。这是在线自助交易变革的开始。第二阶段是便携式电脑的诞生给交易带来了便利。第三阶段就是我们现在经历的低成本平板电脑的出现。使用平板电脑，交易者可以在显示屏上同时观看多个图表，它的功能超过了以往任何时候的电脑。很多交易者现在有四个或者更多的显示屏。下一次数字技术的革新恐怕要把交易墙装到交易者家里去了！事实上，显示屏这个词可能用得不太确切。我们应该把它想成分析界面。以后有可能实现的是，让每个显示屏上显示完全不同类型的图表或是信息。

　　接下来的交易技术时代将会成为"智能"图形与"智能"平台的时代。在不远的将来，那些平台和图形将不只是简单地以接近纳米级别的高速来执行，而且它们还能内置很多教学内容，在同一时间内提供多个不同时间框架的图形和不同市场的信息。没有理由说价格反转图、钥匙图、圈叉图和砖块图及其他代表价格运行的技术分析信息不能被加载进去。比如，在不久的将来，价格反转图可以在价格反转点位正好发生在斐波那契 0.618 的阻力线时改变其显示颜色，以此作为提示信号。而对钥匙图来说，当阴线变成阳线，或是阳线变成阴线的时候，如果这个点位接近于三线反转图中的反转点位或是斐波那契的关键点位，可以将其设置为闪动。几乎任何一种从价格数据中衍生出的情境都能为这些技术图形增加新的亮点。我们还研究了在价格形态发生改变，趋势突变，或是重新回到以前的形态中时，如何用新的周期指标来进行判别，这也为交易者提供了一个新的评估方法。

这本书对这些别具一格的技术图形进行了深入而富有创新的探索，为交易者提供了很好的实用方法。

而对有关情绪数据的图形进行技术分析并没有就此止步。我们还对方兴未艾的文本挖掘进行了探讨，这个方法可以作为实时情绪分析的一种手段。只要能对这些文字进行正确地追踪，就既能察觉到市场情绪中大的变化，也能体会出政策的微小变动，从而帮助交易者将信息中的杂音分离出来。

交易者在进行技术分析时，眼界不能太窄，应该要考虑到产生各种情绪的方方面面的因素。通过使用这些非比寻常的技术图形，文本挖掘和周期分析，交易者对价格运行的理解会更深、更全面。